Günter Wermusch
Falschgeldaffären

Günter Wermusch

FALSCHGELD AFFÄREN

Verlag Die Wirtschaft
Berlin

Lektor: Peter-Michael Fritsch

ISBN 3-349-00390-7
© Verlag Die Wirtschaft 1988
Am Friedrichshain 22, Berlin, 1055
Lizenz-Nr. 122
Druckgenehmigungs-Nr. 195/511/88
LSV 0309-01
Gesamtgestaltung: Jörg Brosig
Bildnachweis: Staatsbank der DDR (3); Münzkabinett Berlin (3);
Archiv des Autors (4); Verlag Die Wirtschaft (1); Birgit Faust (1)
Printed in the German Democratic Republic
Gesamtherstellung: Märkische Volksstimme Potsdam
Bestell-Nr.: 676 232 6
01280

Inhaltsverzeichnis

Vorwort

Über einen Zeitraum von mehr als 2000 Jahren spannt sich die folgende Darstellung von Falschgeldaffären. Dennoch ist dies keine Geschichte der Falschmünzerei. Der Verfasser war vielmehr bemüht, einige der prägnantesten Episoden vor ihrem historischen Hintergrund zu schildern.

Dabei wurde der Begriff der Falschmünzerei auch auf das erstreckt, was wir heute allgemein als Münzverschlechterung, also Geldmanipulation im Auftrag der fürstlichen Herrscher, bezeichnen. Kein römischer Kaiser hat sich bei den ständigen Münzverschlechterungen, die schließlich, etwa parallel zum Niedergang des weströmischen Weltreichs, zu völligem Zusammenbruch des antiken Geldwesens führten, je als Falschmünzer verstanden. Später wird der Begriff *monetae falsarius* von der päpstlichen Kurie unterschiedslos auf hochherrschaftliche Münzverfälscher wie auch auf private Falschmünzer angewandt. Zum Höhepunkt der Auseinandersetzungen zwischen dem Heiligen Stuhl in Rom und den Fürsten um den weltlichen Herrschaftsanspruch kommt es an der Wende vom 13. zum 14. Jahrhundert in Frankreich, dessen Herrscher, Philipp der Schöne, in Geschichtswerken noch heute als »Falschmünzerkönig« bezeichnet wird. Schon dies allein rechtfertigte es, dem Leben und Wirken dieses Herrschers ein selbständiges Kapitel zu widmen. Zugleich war das, was unter Philipps Herrschaft in der Münzpolitik geschah, bei vielen späteren Landesvätern fürstlichen Geblüts wiederzuentdecken. Auch die Beweggründe waren im großen und ganzen die gleichen. Die Fürsten haben es oft weit schlimmer getrieben als der illustre König der Franzosen, doch der Beiname »Falschmünzer« ist fortan keinem von ihnen mehr verliehen worden. Einem Nachfolger Philipps des Schönen auf dem französischen Thron, Philipp von Valois, war es vorbehalten, das Recht des Herrschers auf Münzmanipulation zum Gesetz zu erheben.

Kein königlicher oder gar kaiserlicher Herrscher ist jedoch

auch vor der Zeit Philipps des Schönen jemals für Münzbetrügereien zur Verantwortung gezogen worden, obgleich der Papst jedem Falschmünzer den Bannfluch androhte und auch den Hohenstauferkaiser Friedrich II. als *monetae falsarius* bezeichnete. Auch die späteren großen und kleinen Landesfürsten sind wegen ihrer Verstöße gegen die kaiserlichen Münzedikte im Heiligen Römischen Reich Deutscher Nation – wie in anderen Ländern – nie belangt worden.

Ganz anders verfuhr man mit den kleinen Falschmünzern, die oft aus Existenznot zu diesem letzten Mittel griffen. Sie wurden auf bestialische Weise gefoltert und hingerichtet.

Ein spezielles Kapitel wurde dem »*Geschäft mit der Sammelleidenschaft*« gewidmet, in dessen Mittelpunkt der wohl berühmteste Münzfälscher, Carl Wilhelm Becker, steht. Becker hat zahlreiche Nachfolger gefunden, die bis heute Millionengewinne aus dem Betrug an Münzsammlern ziehen.

Das Kapitel »*Internationale Geldfälscher*«, das sich den Fälscherpraktiken Friedrichs II. von Preußen und Napoleon Bonapartes widmet, bildet gewissermaßen die Vorgeschichte jener großangelegten Falschgeldskandale internationaler Dimension, die ihren Höhepunkt in der Pfundnotenfälschung der deutschen Faschisten im KZ Sachsenhausen gefunden haben. Die in den Kapiteln »*Der schwarze Prinz*« und »*Die Tscherwonzenaffäre*« geschilderten Fälle waren Schulbeispiele, aus denen die SS-Schergen nachweislich gelernt hatten.

Auffallend bei vielen großen Falschgeldaffären der zwanziger Jahre ist, daß man den »Schuldigen« bereits benannte, bevor die Untersuchungen begonnen hatten: Sowjetrußland. So war es auch in dem wohl gerissensten Coup der Falschgeldgeschichte: der portugiesischen Banknotenaffäre 1924/25, ebenso in der Affäre um den »*schwarzen Prinzen*«. Doch sind dies nur zwei Beispiele von vielen.

Politisch motiviert hatte auch eine Bande von Berufsverbrechern in Frankreich Ende der vierziger Jahre die Herstellung von *Travellerschecks für Palästina*. Was daraus wurde, ist eine Persiflage im Miniformat auf jene Konjunkturritter, die in den trüben Wassern internationaler Spannungen fischen.

Am Schluß der Auswahl stehen zwei Fälle aus der »privaten« Fälscherszene der jüngeren Vergangenheit.

Der Verfasser hofft, mit dieser Auswahl aus der Falschgeldgeschichte und seiner Darstellungsweise nicht nur das Interesse der Fachleute zu finden, und wäre für kritische Hinweise dankbar.

Berlin, im September 1987   Günter Wermusch

Antike Falschmünzer

Wie viele Füße mochten über die weiße Marmorplatte hinweggegangen sein, seitdem Baumeister sie in die Treppe zu einer Villa in der Polis[1] Dyme eingefügt hatten?

Die dort eingravierten Worte jedenfalls, an den Rändern bis zur Unleserlichkeit abgetreten, haben erst im Jahre 1878 das Interesse der Wissenschaft erregt, als sie in der Zeitschrift *Bulletin de Correspondence Hellenique* abgedruckt wurden.

Dyme, im Nordwesten der peloponnesischen Halbinsel, am heutigen Golf von Patras, gelegen, war einst eine blühende Hafenstadt mit fruchtbarer Feldmark und gehörte zu den vier Poleis, die den Achaiischen Bund (280–146 v. u. Z.) gründeten: eine politische und militärische Koalition gegen makedonische Herrschaftsansprüche.

Die Tragödie, von der die Inschrift kündet, hat sich vermutlich in der Zeit des Bundes ereignet. Sie enthält das Todesurteil über sechs Falschmünzer:

»*Unter dem Priester Philokles, dem Schreiber Damokritos und dem Ersten Ratsherrn Kleon hat die Stadt folgende Leute zum Tode verurteilt, weil sie sich an heiligem Gut vergangen und Kupfergeld geprägt haben, nämlich Drakion alias Anti /.../ oder wie er sonst heißen mag, weiter .../.../ tis, den Goldschmied, dann /.../ anios alias Panthaleion oder wie er sonst heißen mag und schließlich Moscholaos, Sohn des Moscholaos.*

Unter dem Ersten Ratsherrn Damophanes (wurden wegen gleichen Vergehens verurteilt – G. W.) *der Sohn des Dromas /.../ illas und unter dem ersten Ratsherrn Phileas der Sohn des Olympichon /.../ as.*«

Wer auf die weiße Marmorplatte in den Ruinenfeldern des antiken Dyme zuerst aufmerksam geworden ist, wissen wir nicht. Vielleicht war es ein Einwohner des später neben und auf den Ruinenfeldern von Dyme entstandenen Ortes Kato Achaia, vielleicht ein Archäologe. Ebenso-

---

1 Stadtstaat

wenig ist bekannt, wann dies geschah. Die Namen der Falschmünzer sind nicht mehr lesbar. Auch die genaue Datierung der Inschrift kennen wir nicht. Die griechischen Urkunden aus jener Epoche haben ihre eigene Zeitrechnung: nach dem jeweiligen Staatsschreiber (grammatistes) des Bundes oder nach dem Oberpriester oder Ratsherrn der Polis.

Die Marmorplatte ist wahrscheinlich in der Markthalle von Dyme aufgestellt worden. Die letzten (hier durch Absatz getrennten) Zeilen hat man offenbar später dazugeschrieben. Sie beziehen sich auf Fälle, die möglicherweise ein halbes oder ein Jahr nach dem erstgenannten Urteil verhandelt worden waren. Denn die Ersten Ratsherren (Boularchoi) wechselten halbjährlich. Offenbar war zu dieser Zeit die Falschmünzerei in Dyme ein blühendes Gewerbe. Der Anklagepunkt, der Goldschmied und seine Kumpane hätten sich an heiligem Gut vergangen, könnte darauf hindeuten, daß sie das Kupfer aus einem Tempel gestohlen hatten. Allerdings wäre auch denkbar, daß der Priester die Oberhoheit über die Münzprägung hatte und der Tempel in den Genuß des Schlagschatzes kam. Die Falschmünzer hätten dann den Tempel um ihm zustehende Einkünfte betrogen.

Dokumente wie die Marmorplatte von Dyme sind äußerst selten. Denn Gerichtsurteile wurden in den griechischen Poleis nur dann in Stein eingemeißelt und öffentlich ausgestellt, wenn der Delinquent gesucht wurde, eine Art Fahndung also. Demnach wären die Bösewichte entkommen. Andererseits hatte der Achaiische Bund einheitliche Münzen, deren Fälschung somit Bundesangelegenheit war und die jeweilige Stadt verpflichtete, solche Vergehen öffentlich anzuprangern.

Die Marmorplatte von Dyme ist wohl das älteste amtliche Zeugnis privater Falschmünzerei und ihrer Bestrafung. Wir wissen sehr wenig von den privaten Falschmünzern der Antike und kennen lediglich ihre Produkte. Doch auch bei diesen ist es nicht immer nachweisbar, ob sie nicht »auf höhere Weisung« hergestellt wurden. Fast paradox erscheint es uns heute, wenn ausgerechnet Diogenes von Sinope (um 412 – um 323 v. u. Z.), der berühmte Philosoph der Bedürfnislosigkeit, der, glaubt man der Legende, in einer Tonne gehaust und sogar den Becher weggeworfen hat, als er einen Knaben aus der Hand trinken sah,

Falschmünzer gewesen sein soll. So jedenfalls weiß es sein Namensvetter, Diogenes Laertios[2], in seiner *Vitae philosophorum* zu berichten. Diogenes von Sinopes Vater, Hikesios, war Münzpächter und Geldwechsler in Sinope, der Hafenstadt an der südlichen Schwarzmeerküste, und soll den Sohn angehalten haben, ihm bei der Herstellung gefütterter Münzen zu helfen.

Quod licet Iovi…

Die Erfindung des Geldes ist zwar älter als die der Falschmünzerei, aber vielleicht nur um ein paar Tage. Dieses hübsche Bonmot ist natürlich symbolisch zu verstehen. In der Tat lagen zwischen den ersten Münzen, die im 7. Jahrhundert v. u. Z. in dem kleinasiatischen Königreich Lydien aus einer Legierung von etwa 40 Prozent Gold und 60 Prozent Silber geprägt wurden, und der Verringerung ihres Goldanteils bei gleichem Nominalwert (Nennwert) etliche Jahre. Aus welchem Grund dies geschah, können wir nur vermuten. Die dem Herrscher tributpflichtigen Städte hatten sehr bald erkannt, daß man viel Geld sparen könnte, wenn man die Legierung verschlechterte. Um solcherlei Bubenstücken Einhalt zu gebieten oder sie wenigstens zu erschweren, beschloß König Kroisos[3], der wegen seines Reichtums sogar sprichwörtlich geworden ist, eine getrennte Gold- und Silberwährung einzuführen und sich das Recht der Geldprägung (in der Münze von Sardes) allein vorzubehalten. Als dann die Perser Lydien eroberten und dabei den ungeheuren Goldschatz des Kroisos an sich rissen, war es mit dem königlichen Münzregal (Münzrecht) für einige Jahrzehnte vorbei. Die Münze von Sardes wurde geschlossen. Die Perserkönige Cyros und Kambyses hatten noch zu wenig Beziehungen zu Griechenland, um sich des Geldes als allgemeinen Zahlungsmittels zu bedienen. Das erste königliche Geld der Perser stammt von Dareios (reg. 522–486 v. u. Z.) und ist später als dareisches Geld bezeichnet worden.
Doch datieren wir den Beginn der Geldwirtschaft nicht

2 Von seinen Lebensdaten ist nichts bekannt. Sein Werk *Über Leben, Meinungen und Aussprüche berühmter Philosophen* entstand um 220 u. Z.
3 Regierungszeit 560–547 v. u. Z.

erst mit der Erfindung der Münze. Die ersten Formen des Geldes, des allgemeinen Tauschmittels, auf das man auf dem Markt den Wert seiner eigenen und der gewünschten Ware beziehen konnte, waren Dinge des täglichen Bedarfs und Vieh. Gegen Ende des 3. Jahrtausends v. u. Z. beginnt in Mesopotamien das Silber Geldfunktionen in Form von Hacksilber, abgewogenen Stücken (die später Stempel erhielten) oder Ringen anzunehmen.

Geldfälscherei ist unter diesen Verhältnissen ausgeschlossen, wenngleich Betrügereien durch falsches Abwiegen durchaus nicht selten sind. Sie ist ein Kind der sich im Laufe der Jahrhunderte immer mehr ausbreitenden Münzgeld- und (später, etwa ab dem 18. Jahrhundert) Papiergeld-Wirtschaft.

Nachdem im 6. Jahrhundert v. u. Z. die Perser und Griechen die Münzwirtschaft übernommen hatten, prägten fast alle griechischen Landschaften eigenes Geld. Doch setzten sich die Münzen der Landschaft Attika, wo die ergiebigen Silbergruben von Laureion lagen, nicht nur in den griechischen Poleis durch.

Solon (um 640–560 v. u. Z.), der griechische Politiker und Dichter, uns vor allem als weiser Gesetzgeber bekannt, wird im Jahre 594 v. u. Z. mit Sondervollmachten ausgestattet, um die wirtschaftliche und politische Krise des athenischen Staates zu beenden. Im Zuge der dazu verordneten Maßnahmen führt er in Athen auch die attische Währung (den euböischen Münzfuß) ein. Auf diese Weise schafft er wesentliche Voraussetzungen dafür, daß die Kaufleute Athens bald eine beherrschende Stellung im damaligen »Welthandel« einnehmen. Und um diese Stellung nicht zu gefährden, fordern Solons Gesetze für Falschmünzerei jeglicher Art die Todesstrafe.

Gesetze werden jedoch vom Staat erlassen, der selbst Träger der Münzhoheit, des Münzregals, ist. So mußten die Solonschen Gesetze wie auch die Gesetzgebungen aller späteren Herrscher dem Grundsatz folgen: »*Quod licet Iovi, non licet bovi*«[4]. Denn was dem Untertanen bei schwerster Strafe verboten war, diente den Herrschern als Mittel zum Auffüllen der eigenen Kasse, zur Finanzierung von Kriegen usw. Kurz: Geldmanipulationen waren eine Art Steuer. Den Begriff »Inflation« kannte man damals ebensowenig wie die vielschichtigen Besteuerungs-

4 lat.: Was dem Jupiter erlaubt ist, gilt nicht für den Ochsen.

systeme unserer Tage. Dennoch hat das Volk zu allen Zeiten die Geldverfälschungen der Obrigkeit, die oft Not und Elend zur Folge hatten, ebenso scharf verurteilt wie die Sünden der »privaten« Falschmünzer. *»Welche Seuche, welche höllische Unholden beraubet, verderbet, presset und benötet die Christen so sehr als der grossen Herren Betrug an der Müntze!«* klagt Jakob Doepler 1693 in seinem *Theatrum poenarum.* In gleicher Weise äußert sich Dante in der *Göttlichen Komödie* (1320), während antike Literaten noch recht vorsichtige Worte gebrauchen.

Das Füttern von Münzen, also die Vergoldung oder Versilberung eines Kerns aus weniger wertvollem bzw. unedlem Metall, war schon sehr früh bekannt. So finden sich gefütterte Stücke bereits unter den ersten zweiseitig geprägten Münzen Korinths, Mitte des 6. Jahrhunderts v. u. Z. Oft ist sich der Sammler gar nicht bewußt, daß es sich bei dieser oder jener antiken Münze um ein gefüttertes Stück, ein *Subärat* – so lautet der bereits in der Antike gebräuchliche Terminus für jenes Falschgeld – handelt. Bei der obenerwähnten Münze, einem korinthischen *Stater,* fiel das niedrige Gewicht von 7,58 g auf (es lag bei den korinthischen Silberstatern gewöhnlich um 8,7 g).

Verläßlich ist die Gewichtsbestimmung allerdings nicht. So erwarb ein schweizerischer Münzsammler im Jahre 1978 einen Silberstater aus Thera, der heutigen Insel Santorin, der um 530 v. u. Z. geprägt sein mußte. Das Gewicht entsprach dem äginetischen Münzfuß[5], der zwischen 12 und 12,5 g lag.

Da der Stater eine Oxidschicht aufwies, kam er in die Restaurierungsabteilung des Schweizer Landesmuseums. Dort stellte man fest, daß es sich um eine Kupfermünze mit dünnem Silberüberzug handelte.

Herodot (484–425 v. u. Z.), der griechische Geschichtsschreiber aus Halikarnassos, weiß von Polykrates (reg. 538–522 v. u. Z. auf Samos), dieser habe, »einer freilich unverbürgten Überlieferung nach, in Samos eine Menge Geld aus Blei prägen und vergolden lassen«. Er habe es den Lakedämoniern, die Samos angegriffen und belagert hatten, ausgehändigt und sie so zum Rückzug bewogen. Herodot ist vorsichtig. Er weiß es nur aus der Überlieferung. Dennoch ist die Kriegslist des Polykrates, von

5 benannt nach der Hafenstadt Ägina. Er war bis Mitte des 5. Jahrhunderts v. u. Z. der am weitesten verbreitete Münzfuß.

dessen sagenhaftem Glück auch eine Ballade Schillers berichtet, durchaus wahrscheinlich. Noch recht wenig Erfahrungen mit der Herstellung gefütterter Münzen hatten offenbar Athens Münzmeister nach dem Ende des Peloponnesischen Krieges (431–404 v. u. Z.), der Athens Wirtschaftskraft völlig erschöpfte. Aristophanes (um 445 – um 385 v. u. Z.), der berühmte attische Komödiendichter und Zeitgenosse dieser Vorgänge, klagt in seinen *Fröschen:*

»Oftmals hat es mir geschienen:
unserm Staat ergeht es ganz
Ebenso mit seinen besten Bürgern,
jedes Lobes wert,
Wie es mit der alten Münze
und dem neuen Golde geht;
Denn auch jene, die doch wahrlich
weder falsch ist noch zu leicht,
Ja, die unter allen Münzen, die ich kenn, die beste ist
Und allein ein gut Gepräge trägt
und Klang und Geltung hat
Unter den Hellenen allen und im Ausland überall:
Jene braucht ihr nicht mehr,
sondern dieses schlechte Kupfergeld,
Gestern oder auch vorgestern geprägt,
von schlechtem Klang!«

Diese damals geprägten *Tetradrachmen*[6] mit Kupferkern sind heute außerordentlich selten; denn im Jahre 393 v. u. Z. wird diese Münze in »Verruf gebracht«, also eingezogen. Auch von diesem Vorgang berichtet Aristophanes (in *Die Weibervolksversammlung*):

»Mir hat sich das Gepräge
Fest eingeprägt. Denn von verkauften Trauben
Bracht ich das Maul voll Kupfermünzen heim:
Nun ging ich auf den Markt, um Mehl zu kaufen,
Und wie ich schon den Mehlsack unterhielt,
Da rief der Herold aus: »Die Kupfermünzen
Sind nicht mehr gültig; 's gilt nur Silbergeld!«

Allerdings war der Betrug mit subäratem Geld durch den Staat nicht die Regel. Gehäuft traten solche Münzen in Kri-

---

6 griechisches Vier-Drachmen-Stück, Silbermünze zwischen 14 und 17 g Gewicht. Die gefütterten Münzen dieser Art waren offenbar so ungeschickt hergestellt, daß sich die dünne Silberschicht bald löste und das Kupfer zum Vorschein kam. Ein Exemplar dieses Tetradrachmons besitzt das British Museum in London.

senzeiten in Erscheinung, wenn, wie im gerade erwähnten Fall, die Wirtschaft zerrüttet war. Die antiken Herrscher wußten sehr wohl, daß schlechtes Geld auf die Dauer kein Heilmittel sein konnte. Denn der Kaufmann im Nachbarland ließ sich damit nicht hintergehen. Zum weitaus überwiegenden Teil stammen die verfälschten Münzen wohl aus privaten »Betrieben«. Sie lassen sich von den echten Stücken mitunter durch deutliche Abweichungen in den Münzbildern und später auch in den Beschriftungen unterscheiden. Ganz sicher ist man sich hier jedoch nie, da Abweichungen zwischen den Stempeln für eine Münze auch unter den staatlichen Prägewerkzeugen die Regel sind.

Hinzu kommt die ungeheure Mannigfaltigkeit der antiken Münzen. Sie dienten den »Alten« nicht nur als Zahlungsmittel, sondern seit dem 5. Jahrhundert v. u. Z., besonders aber seit der Blütezeit des römischen Sklavenhalterstaates, als eine Art Zeitung, die über wichtige Ereignisse berichtete, propagandistische Losungen enthielt usw. Bei den häufigen Neuprägungen sind ältere Münzen eingeschmolzen worden, von denen dann nur wenige Stücke, mitunter gar nur ein einzelnes Exemplar, auf uns gekommen sind. Und wenn deren Gold- oder Silbergehalt dann unter dem üblichen Münzfuß lag oder gar ein subärates Stück vorlag, wagte später niemand zu entscheiden, ob der Staat oder ein »Privatbetrieb« der Fälscher gewesen war.

Mit der privaten Fälschung befaßten sich, wie wir aus dem »Plakat« von Dyme sowie aus dem Beispiel des Diogenes bereits wissen, vor allem Goldschmiede und Münzmeister. Und das blieb so bis zum Ende der Münzgeldwirtschaft. Sie beherrschten die Technik des Legierens und das Nachschneiden der Stempel besser als jede andere Berufsgruppe. Wieviel gefälschtes Geld schon in der Antike auf das Konto betrügerischer Münzmeister oder Münzarbeiter gekommen ist, wissen wir nicht. Sie hatten ja die Möglichkeit, die Fälschungen mit echten Stempeln herzustellen.

Besonders die Herstellung subärater Münzen muß sehr aufwendig gewesen sein. Natürlich haben uns die antiken Vorfahren nicht das Rezept hinterlassen, wie sie dabei vorgegangen sind. Doch läßt es sich mit einiger Sicherheit rekonstruieren. Man bereitete einen Kupferschrötling mit dem erforderlichen Gewicht vor (bei den Römern in Form von Plättchen, bei den archaischen Griechen waren es Kugeln) und rieb deren Oberflächen sorgfältig blank. Dann umschloß man den Schrötling fest mit der Silberfolie und setzte ihn in einem Gefäß der Schmelztemperatur von Silber (960 °C) aus. Da die Schmelztemperatur von Kupfer mit 1083 °C nur wenig höher liegt, wurde auch die obere Schicht des Kupferfutters weich und bildete zusammen mit der Silberfolie eine Art Legierung, die auch beim späteren Prägen nicht riß. In gleicher Weise verfuhr man beim Füttern von Goldmünzen.

Der Gewinn, den der Falschmünzer auf diese Weise erzielte, war recht beträchtlich. Das für einen subäraten Denar[7] verwendete Silber wog durchschnittlich 0,45 g, so daß man mit dem Silber eines vollwertigen Denars zehn und später noch acht subärate Denare herstellen konnte. Bei den Preisverhältnissen in der Spätzeit der Römischen Republik und in den ersten beiden Jahrhunderten der Kaiserzeit war ein Denar viel Geld. Der Jahressold eines Legionärs beispielsweise betrug im 1. Jahrhundert 225 Denare.

Römisches Falschgeld

Roms Geldwirtschaft setzt erst verhältnismäßig spät ein: um 290 v. u. Z. Die erste stadtrömische Münze ist der *As,* ein Prachtstück von einer Kupfermünze im Gewicht von einem römischen Pfund (327,45 g). Später wird seine Masse zunächst auf 236 g verringert, um dann, mit dem sich ausweitenden Geldverkehr, vor allem aber seit dem Aufkommen des Silbergeldes (*Didrachmen,* etwa seit 235 v. u. Z.) weiter reduziert zu werden (bis auf 13,64 g um 89 v. u. Z.). Der berühmte *Denar,* eine Silbermünze mit 4,55 g Rauhgewicht (bei 97−98 Prozent Silbergehalt), kommt erst um 213 v. u. Z. in Verkehr. Sein wechselvolles Schicksal war gewissermaßen symbolisch für das des Weltreiches der Römer. Noch heute erinnert der *Dinar* im Geldsystem mehrerer arabischer Länder an diese römische Silbermünze − ebenso in Jugoslawien. In anderen europäischen Ländern überlebte er als Pfennig noch das Mittelalter (Ungarn, Frankreich, Italien). Im britischen Wäh-

7 Vgl. den folgenden Abschnitt.

rungssystem steht der Buchstabe *d* bis heute für den Penny, und auch in den beiden deutschen Staaten findet man mitunter noch das Zeichen ₰ für den Pfennig.

Eigene Goldmünzen prägt Rom erstmals im Zeitraum 222–205 v. u. Z., darunter Stücke im Wert von 60, 40 und 20 Asses. Der *Aureus* wurde erst unter Caesar zur Hauptgoldmünze.

Als während des 2. Punischen Krieges (218–201 v. u. Z.) das Heer des Karthagers Hannibal die römischen Truppen bei Cannae vernichtend geschlagen hatte, setzte in Rom das ein, was wir heute als allgemeine Mobilmachung bezeichnen würden. Dazu gehörte auch die Verringerung des Münzfußes. Der Senat, das gesetzgebende Organ der Republik, beschloß, den Metallgehalt der Didrachme (*Quadrigat*, 6,98 g Gold) und des noch 81,9 g wiegenden As um ein Drittel zu verringern. Es war eine Notmaßnahme, um mit dem im *aerarium*, dem Schatzhaus, befindlichen Münzmetall besser haushalten zu können. Zugleich ordnete der Senat an, alles Gold, Silber und Kupfer an das Schatzhaus abzuliefern. In privatem Besitz durften sich nur noch höchstens ein Pfund Silber und 5000 Asses befinden.

Eine solche »Geldverdünnung« war noch kein Münzbetrug. Die Republik hatte die Münzen lediglich zum Kreditgeld gemacht, und zwar mit Wissen ihrer Untertanen. Allerdings finden sich aus dieser Zeit auch vergoldete Zwanzigasstücke mit Kupferkern. Am Ende der drei Punischen Kriege, 146 v. u. Z., stellten die Römer geordnete Geldverhältnisse her. Der Denar wog jetzt jedoch nur noch 3,88 g, und der As war auf 34,9 g verringert worden. Offenbar war es zu einer Veränderung im Wertverhältnis von Gold und Silber gekommen. Gold war billiger geworden, so daß man das Gewicht der Silbermünze verringerte. Doch sind dies nur Vermutungen. Die Römer waren mit dem Sieg über Karthago in den Besitz riesiger Edelmetallhorte des Gegners sowie seiner reichen Edelmetallager auf Sardinien und in Spanien gekommen. Allein bei Carthago Nova (dem heutigen Cartagena) förderten um 180 v. u. Z. 40 000 Sklaven und Staatsverbrecher Gold und Silber für Rom. Der As war ohnehin nur noch Symbol für den tatsächlichen Wert des Kupfers in seinem Verhältnis zu den Edelmetallen, folglich ebenfalls Kreditgeld, für dessen gleichbleibenden Kurswert sich der Staat verbürgte.

Krisenzeiten in der Römischen Republik wie auch in der Kaiserperiode lassen sich dann mit fast monotoner Regelmäßigkeit aus dem Zustand des Münzwesens ablesen. Da ist zunächst die demokratische Reformbewegung der Gracchen (133–121 v. u. Z.). Die Brüder Tiberius und Gaius Gracchus versuchten, gegen den Widerstand der Senatsmehrheit den Niedergang der römischen Agrarwirtschaft, verursacht durch den Ruin freier Bauern und die hemmungslose Ausdehnung der mit Sklavenarbeit bewirtschafteten Latifundien der Aristokratie, mit einer Bodenreform zugunsten der freien Bauern entgegenzutreten. Sie scheiterten. Die Aristokratie behielt die Oberhand. Doch setzte nun fast ein Jahrhundert nicht mehr abreißender Kämpfe um soziale und politische Wandlungen ein.
Um das Jahr 122 v. u. Z. beginnt die erste große Krise des römischen Münzwesens. Massenweise kamen subärate Denare auf den Markt, so daß bald niemand mehr einschätzen konnte, wieviel Geld er wirklich besaß. Allgemeine Unsicherheit breitete sich aus, die Preise stiegen. Private Falschmünzer trugen das ihrige bei. Zu keiner Zeit waren sie wohl sicherer vor Nachforschungen. Dann kam der sogenannte Bundesgenossenkrieg (91–89 v. u. Z.). Die italischen Stämme, bis dahin stets Bundesgenossen, wenn es darum ging, Rom bei militärischen Abenteuern mit Hilfstruppen und Reiterei zu unterstützen, ansonsten aber als Nichtrömer diskreditiert, verlangten Gleichstellung bzw. Unabhängigkeit. In dieser Zeit erließ der Senat ein Gesetz[8], nach dem jeder achte Denar subärat geprägt werden sollte. Als der Krieg beendet war und die italischen Stämme trotz militärischer Niederlage das Bürgerrecht erkämpft hatten, ließ man neue Denare ohne gefütterte Exemplare prägen. Und zum Zeichen, daß es sich um vollwertiges Geld handelte, wurden die Ränder der Münzen rundum mit Einkerbungen versehen. Offenbar geschah dies, um ausländische Kaufleute von der Vertrauenswürdigkeit des neuen Geldes zu überzeugen, denn außer den gezähnten Exemplaren (Serrati genannt) wurden zu gleicher Zeit auch normale vollwertige Stücke geprägt. Tacitus (um 56 – um 120 u. Z.), der berühmte römische Geschichtsschreiber, berichtet später in seiner *Germania*, daß die Germanen das gezähnte Geld anderen Münzen vorgezogen hätten.

8 Lex Livia de aere argento miscendo.

Doch war es damit noch nicht getan. Das Falschgeld blieb weiter im Umlauf. Im Jahre 87 v. u. Z., als der Kampf zwischen den Optimaten (der aristokratischen Senatspartei) und den Popularen (Gegnern der aristokratischen Senatsherrschaft, die für Reformen zur Rettung der politischen Ordnung eintraten) einen Höhepunkt erreichte, befand sich auch die römische Geldwirtschaft in einer schweren Krise. Massenhaft hatte das schlechte Geld das gute aus dem Umlauf verdrängt. Der Verfasser eines aus dieser Zeit stammenden Vorwortes zur *Casina*, einer Komödie des berühmten Dichters Plautus (um 230–184 v. u. Z.) beklagt hier den Niedergang des Theaterlebens mit den Worten: »*Die neuen Komödien, die jetzt entstehen, sind schlimmer noch als das neue Geld.*« Es bestand das strenge Gebot, jede Münze in Zahlung zu nehmen. Ihre Echtheitsprüfung mittels Klangprobe war untersagt.

Nun berichten Cicero (106–43 v. u. Z.), der große Redner und Schriftsteller, sowie später auch Plinius, der Prätor (Vorsitzender der Geschworenenhöfe; Stufe der senatorischen Ämterlaufbahn) Marius Gratidianus habe im Jahre 87 ein Edikt erlassen. Danach sollten Probierbüros eingerichtet und jeder bestraft werden, der künftig noch mit verrufener Münze bezahle. Das Edikt selbst kennen wir nicht im Wortlaut. Doch läßt sich den Worten Ciceros, die Römer hätten Marius mit Ehren und Zeichen ihrer Dankbarkeit überhäuft, unschwer entnehmen, daß seinem Edikt zufolge alles schlechte gegen gutes Geld auf Staatskosten eingewechselt wurde. Nur sollte der Segen nicht lange anhalten. Der Bürgerkrieg mit all seinen Schrecken tobte weiter. Als Cornelius Sulla, der von den Popularen geächtete Führer der Optimaten, im Jahre 83 v. u. Z. Rom erobert, räumt er mit Blut und Schwert unter seinen Gegnern auf. 10000 Anhänger der Popularen sollen damals hingemetzelt worden sein. Sein Gegner, der Konsul Gaius Marius, war im Jahre 87 v. u. Z. mit den Verfechtern der Optimatenpartei nicht viel sanfter verfahren. Sulla aber läßt nun auch das rückgängig machen, was der Prätor Marius Gratidianus den Römern geschenkt hatte: die Stabilität der Münze. Fortan galt es wieder als Gesetz, daß alles von den staatlich bestallten Münzmeistern geprägte Geld in Zahlung zu nehmen war.

Legionsdenare

»Miscuit denario IIIvir Antonius ferrum«: Der Triumvir Antonius hat den Denar mit Eisen legiert. So lesen wir im 33. Band von Plinius' (23–79 u. Z.) *Naturgeschichte.* Nun ist da so ein technisches Problem: Silber mit Eisen legieren? Gemeint sind die Denare, die Marcus Antonius (Mark Anton) im Jahre 31 v. u. Z. vor der Seeschlacht bei Actium, einem Vorgebirge der Adria, für seine Legionäre prägen ließ.

Dieser Mark Anton gehört wohl zu den schillerndsten Figuren der Zeit, da die Römische Republik im Todeskampf liegt. Von der Geschichte ist er vielleicht etwas zu übel beurteilt worden. Denn wer später über Oktavian, den Augustus (Erhabenen), den ersten Kaiser des Weltreichs, schrieb, durfte dessen großen Rivalen nicht ebenso lobpreisen.

Ein Taumel des Genießens, der schwelgerischen Lebensfülle hat Rom erfaßt. Die Machtfrage scheint nach den Jahrzehnten blutigen Bürgerkrieges endgültig entschieden. Gaius Julius Caesar, der große Streiter der Popularen, regiert seit dem Jahre 48 v. u. Z. mit diktatorischen Vollmachten. De facto ist Rom bereits eine Monarchie, und kurz darauf wird Caesar zum Diktator auf Lebenszeit ernannt.

Mark Anton ist jetzt, im Herbst des Jahres 48, Herrscher in der Weltstadt am Tiber, deren Einwohnerzahl sich der Million nähert. Der Diktator weilt in Ägypten, dessen 21jährige Königin Kleopatra mit Erfolg um die Gunst des alternden Caesar buhlt.

Ein Kampfwagen, mit zwei Löwen bespannt, jagt durch die engen Gassen Roms, auf denen, einem Senatsbeschluß zufolge, kein Reittier traben darf. Mark Anton präsentiert sich so dem Volk, das ihn zum Ärgernis der Großen der Gesellschaft bejubelt. Der 34jährige Mark Anton zeigt sich als Abkomme des Herkules, in grobem Leinen, der kurze Rock bedeckt kaum die Oberschenkel. Haudegen im Krieg, Lebemann im Frieden, so wird uns der großgewachsene, kräftige Mann mit der kühnen Adlernase in den Chroniken geschildert. Kein Geringerer als Shakespeare hat sich später in seinen Dramen *Caesar* und *Antonius und Kleopatra* dieser Figur angenommen.

Der um das Jahr 82 v. u. Z. in einer vermögenden Aristokratenfamilie Gebürtige muß schon als 24jähriger, von zahlreichen Gläubigern bedrängt, Rom verlassen. Er geht nach Griechenland, zeichnet sich als Heerführer und Held aus, kehrt nach Rom zurück und wird dort im Jahre 49 v. u. Z. zum Volkstribunen gewählt, dann zum *magister equitum*, zum Obersten Richter, und 48 v. u. Z. ist Mark Anton Konsul. Die *equites* waren die Vertreter des Handels- und Finanzkapitals. Wie Mark Anton wieder zu so viel Geld gekommen ist (die Ämter in Rom waren käuflich, und ein Ritter mußte mindestens 400 000 *Sesterzen*[9] nachweisen, um diesem Stand angehören zu dürfen), weiß niemand. Er liebt das Geld, trennt sich jedoch ebenso schnell davon, wie er es in die Hände bekommt; er ersteigert den von Caesar beschlagnahmten Palast des Pompejus und hat dann das Geld nicht, um zu bezahlen, bezieht den Palast dennoch.

Kytheris, die berühmteste Schauspielerin im Rom jener Zeit, ist lange die im wahrsten Sinne teure Geliebte des Tribuns, der alle Lasterhöhlen Roms kennt. Er heiratet Fulvia, die erste Dame Roms. Heiraten ist eine Macht- und Geldfrage, so jedenfalls sieht es Mark Anton. Doch ist die eheliche Treue für die Mächtigen schon zu jener Zeit kein bedrückendes Problem.

Am 15. März des Jahres 44 v. u. Z. eilt dann eine furchtbare Schreckenskunde durch die Gassen der Weltstadt am Tiber: Caesar ist von Angehörigen der Senatspartei ermordet worden. Das Volk, die Anhänger der Caesar-Partei, vor allem die 150 000 Angehörigen der *Plebs*, des verarmten und von Staatszuwendungen lebenden »Proletariats«, das sich aus freien, jedoch durch die Bereicherungspolitik der Aristokratie von ihrem Boden vertriebenen Bauern, von der Sklaverei verdrängten Handwerkern zusammensetzt, ansonsten aber in Wahlkampagnen das Stimmvieh abgibt, begehrt auf. Sie bilden schließlich auch die Stütze der neuen Regierung: des Triumvirats (Dreimännerkollegiums): Mark Anton, Oktavian und Lepidus. Der letztgenannte war ein Heerführer Caesars. Oktavian ist erst 19 Jahre alt.

Doch der Staatsschatz ist leer. Und dort, woher er bislang einen großen Teil seiner Nahrung bezog, Asien und Makedonien, stehen die Heere der Caesarmörder Brutus und Cassius. Der Bürgerkrieg kehrt mit all seinen Greueln zu-

9 Von 89 bis 44 v. u. Z. galt der Sesterz 4 Asses oder ein Viertel Denar.

24

rück. Der später als so großmütig gepriesene Oktavian soll
Vater des Gedankens gewesen sein: 120 Senatoren und
3000 equites, Repräsentanten von Grundbesitz und Geld-
kapital, werden abgeschlachtet. Auch Cicero, der Mark
Anton mit wüstem Geschimpf überhäuft hat, wird mit einem Schwerthieb ins Jenseits befördert.

Doch die Beute reicht nicht, obgleich selbst die Tempel
geplündert werden. Die Münzmeister werden angewiesen, mit dem Silber sparsam umzugehen. So wird so mancher Denar subärat, also mit Kupferkern, ausgeprägt.

Bei Philippi in Makedonien ringt Mark Anton schließlich
mit 20 Legionen die Truppen der Caesarmörder nieder.
Auch Brutus und Cassius fehlt schließlich das Geld, um
die Truppen zu bezahlen. Der Ausweg heißt Fälschung. Es
war ungefährlich, die Silbermünze zu verfälschen, die
Goldmünze dagegen wog man oft nach. Daß sich unter
der glänzenden Oberfläche von so manchem Denar des
Brutus mit der Freiheitsmütze und den zwei Dolchen ein
Kupferkern verbarg, ahnte der Legionär nicht.

Brutus und Cassius stürzen sich in ihre Schwerter. Mark
Anton ist der Triumphator. Er teilt das Reich unter den drei
Männern auf und nimmt sich selbst die Balkanhalbinsel,
Kleinasien, Syrien und Ägypten. Lepidus erhält Afrika. Ok-
tavian wird zum Herrscher über Italien sowie die nördli-
chen und westlichen Provinzen.

Caesar hatte große Pläne. Bis nach Indien sollte sich das
Römische Imperium erstrecken, und alles Gold dieser
Welt sollte in Rom zusammenströmen. Seine nächsten
Angriffspläne richteten sich gegen Persien, gegen die Par-
ther. Caesars Tod unterbrach die Kriegsvorbereitungen.

Nun wendet sich Mark Anton diesem Ziel zu. Doch er
braucht Geld, um die Truppen, die sich ohnehin an der Bevölkerung in Griechenland und im Morgenland schadlos
hielten und recht dreist in ihren Forderungen geworden
waren, zufriedenzustellen. Sein Blick fällt auf Ägypten.

Caesar hatte acht Jahre zuvor dort den Machtkampf zwischen Kleopatra und ihrem Bruder, Ptolomaios XIV., zugunsten der Königin entschieden. Sie diente dem großen
römischen Gönner mit ihrer Zuneigung, schenkte ihm sogar einen Sohn. Finanziell hielt sich Caesar durchaus
schadlos: 10 Millionen Denare, das gesamte goldene
Tischgerät der Ptolomaier und die Tempelschätze fielen
als Tribut an ihn und seine Legionäre.

Von 46 bis 44 v. u. Z. führte Kleopatra in Rom einen prunk-vollen Hof. Nach Caesars Ermordung ging sie zurück in ihr Königreich, eine Halbkolonie Roms.

Die Prunksucht der Kleopatra verbarg nur mangelhaft die wirtschaftlichen und sozialen Krisenerscheinungen unter ihrem Volk. Schon ihr Vater, der zwölfte Ptolomaier, ge-nannt der »Flötenspieler« (Auletes), war nur noch eine Marionette Roms. Für seine Inthronisierung soll er 6000 Talente (36 Millionen Denare) an Rom gezahlt haben. Schon ein Jahr später (57 v. u. Z.) mußte Auletes nach ei-ner Bürgerrevolte in Alexandria sein Land fluchtartig ver-lassen und in Rom Zuflucht suchen.

Nun war es schon im Altertum nichts Ungewöhnliches, daß ein gestürzter Herrscher das mitnahm, was er hienie-den als das Liebste erachtete: den Staatsschatz. Man mußte schließlich vorsorgen. Vom Flötenspiel allein ließ sich im Exil schlecht leben. Außerdem sollten die römi-schen Gönner dem so mitleidslos Vertriebenen wieder zu seinem Thron verhelfen. Sie taten es dann auch. Aller-dings mit dem Geld des Auletes. Für 10 000 Talente (60 Millionen Denare) erklärte sich der Gouverneur von Syrien, Aulus Galinus, bereit, die königliche Ordnung von Roms Gnaden in Ägypten wiederherzustellen. Im Jahre 55 v. u. Z. durfte Ptolomaios XII. die Untertanen wie-der mit seinem Flötenspiel ergötzen. Ägyptens Wirtschaft aber, ohnehin von drückenden Steuerlasten erschöpft, war ruiniert, und in den Beziehungen zu den Nachbarstaa-ten übewog der Tauschhandel. Denn was die Münzstät-ten verließ, war gar zu sehr mit Kupfer versetzt, so daß es der ausländische Kaufmann als Münze nicht akzeptieren wollte.

Mark Anton weiß um die riesigen Zuwendungen, die da-mals aus Ägypten gekommen waren; er kennt auch Kleo-patra, eine faszinierende Frau. Von der wirtschaftlichen Misere Ägyptens weiß er nichts. Im Herbst des Jahres 41 v. u. Z. ist Mark Anton in Alexandria, und jene später so romantisch verklärte Liebesaffäre beginnt.

Mark Anton ist nicht mehr der Herkules der Jugendjahre. Der reichlich beleibte 41jährige läßt sich jetzt von den Orientalen als Gott Dionys verehren. Viel Geld bringt die Liebesaffäre indes nicht ein. Kleopatra aber, jetzt 28jährig, glaubt, wiederum den Mächtigsten der Römer zum Ge-mahl zu haben.

Erst im Frühjahr 40 v. u. Z. erfährt Mark Anton von dem, was sich inzwischen in Rom ereignet hat. Fulvia, die von dem Treiben des ungetreuen Gemahls in Alexandria nichts ahnt, initiiert zusammen mit Mark Antons Bruder, Lucius Antonius, einen bewaffneten Aufstand gegen Oktavian. Mark Aurel sollte Alleinherrscher über das Reich werden.

Der Aufstand mißlingt, Fulvia flieht nach Griechenland, wo sie im Jahre 40 v. u. Z. stirbt. Erneut droht ein Bürgerkrieg. Doch Oktavian läßt sich diesmal noch besänftigen. Und Mark Anton erklärt sich zu einem Familienbündnis bereit, heiratet Oktavia, die Schwester Oktavians. Im Winter des Jahres 39/38 v. u. Z. erlebt Athen die Flitterwochen des Paares. Athens Stadtväter lassen Mark Anton als Gemahl der göttlichen Athene feiern. Der erkennt die Gunst der Stunde und verlangt als Brautgabe 1000 Talente aus dem Tempelschatz der Athene. Das waren sechs Millionen Denare.

Zwei Jahre später heiratet Mark Anton Kleopatra. Er braucht das Geld Ägyptens, auch wenn es viel weniger ist, als er angenommen hatte. Der Sieg im Partherfeldzug soll ihn zum Triumphator machen. Der Feldzug (im Jahre 36 v. u. Z.) scheitert. Auch die späteren Herrscher Roms haben in den Kriegen gegen die Parther nicht mehr Glück gehabt. Das Ansehen Mark Antons in Rom sinkt, während der Stern Oktavians immer heller strahlt. Mark Anton besteht auf den gegebenen Verhältnissen, will die Reichsteilung, möglicherweise gar die Trennung des Orients von Rom. Der Orient braucht Rom nicht, Rom aber den Orient. Die Absichten Mark Antons werden in Rom bekannt, auch der Abschiedsbrief an Oktavia, gleichsam Symbol dieser Bestrebungen. Nun endlich darf Oktavian zum Feldzug gegen den unbequemen Mitregenten rüsten. Anfang September des Jahres 31 kommt es zur Seeschlacht bei Actium. Oktavian triumphiert. Mark Anton tötet sich selbst. Spätere Phantasie hat das Verhältnis zwischen Kleopatra und Mark Anton und auch ihren Tod noch mit vielen schönen Details versehen. Was uns an diesem Ende der Affäre interessiert, ist die eingangs zitierte Bemerkung von Plinius. Bei den angeblich mit Eisen legierten Denaren handelt es sich um die berühmten Legionsdenare des Mark Anton, deren Vorderseite eine Galeere zeigt, während die Rückseite die Nummern der Legionen angibt: LEG I, auch

PRI(ma), LEG II usw. bis LEG XXX.[10] Diese Denare bestanden zu einem Fünftel aus Kupfer. Etliche Exemplare waren subärat. Sie enthielten einen Kupferkern. Doch hat man auch Stücke mit Eisenkern gefunden. Plinius war kein Münzfachmann und hat möglicherweise das Füttern mit Legieren verwechselt. Er schöpfte ja aus 20 000 ihm überkommenen Schriften, wie er selbst schreibt, und von jener Seeschlacht bei Actium trennten ihn rund hundert Jahre. Wir wissen nicht, wie hoch der Sold war, den Mark Anton seinen Legionären damals ausbezahlt hat. Schon bei einem einzigen vollwertigen Denar (3,88 g) je Mann wären es 524 kg Silber gewesen. Doch wird wohl kein Soldat für einen lumpigen Denar sein Leben gewagt haben.

Die Legionsdenare des Mark Anton galten als derart schlecht, daß sie noch unter Kaiser Trajan (98–117) von der Einschmelzung für Neumünzungen ausgeschlossen wurden. Erst als unter Mark Aurel (161–180) der Niedergang des römischen Münzwesens einsetzt, wandern auch sie in den Schmelztiegel.

Kaiserliches Geld

Unter der Herrschaft des ersten Kaisers, Octavianus Augustus (27 v. u. Z. – 14 u. Z.), erlebt das Römische Reich eine Zeit der politischen und wirtschaftlichen Konsolidierung. Augustus errichtet eine Militärdiktatur, die zwar noch den demokratischen Schein wahrt, de facto aber den Senat wie auch die Volksversammlung zu Schattenparlamenten degradiert.

Alle wirtschaftlichen Reformbewegungen während der Republikzeit waren gescheitert. Das Sklavereisystem hatte zwar unbestritten gewisse Produktivitätsfortschritte gebracht. Doch war es niemals geeignet, dem Römischen Reich eine eigene wirtschaftliche Basis zu bieten.

Nicht nur Karl Marx, der sich mit der antiken Geschichte intensiv befaßt hat, schreibt hierzu: »Das alte Rom entwickelt schon in der spätern republikanischen Zeit das Kauf-

---

10 Eine Legion hatte zu dieser Zeit 300 Reiter und 4200 Mann Fußvolk. Weshalb unter den Legionsdenaren des Mark Anton bis heute keine Exemplare der Legionen XXVII und XXVIII gefunden wurden, ist ungeklärt.

mannskapital höher als es je zuvor in der Welt bestanden hat, ohne irgendwelchen Fortschritt gewerblicher Entwicklung.«

Kriegsbeute und die Ausplünderung fremder Völker waren die Hauptstütze der römischen Wirtschaft und damit auch des Geldwesens. Noch ist Rom mächtig, und nichts scheint in den folgenden 150 Jahren der *Pax Romana,* des römischen Friedens, von Zerfallserscheinungen zu künden. Doch: »Der Herrscher selber verkündete dem Gemeinwesen Frieden und nicht Kampf... In dieser Atmosphäre lässiger Zufriedenheit fanden die bevorrechteten Schichten, zumal die städtische Mittelschicht, ihre Ideale im Vergnügen, in der Jagd nach Gewinn und der Erlangung der materiellen Vorteile der Kultur für sich und ihre Familie... Der schöpferische Geist schwand; die Wissenschaft wiederholte ihre alten Ergebnisse... Wir fühlen die Müdigkeit und Gleichgültigkeit, die nicht nur die Kultur des Staats untergrub, sondern auch seine politische Ordnung, seine militärische Kraft, sein wirtschaftliches Gedeihen«, schreibt Michael Rostovtzeff. Auf welch schwachen Füßen das römische Staatswesen bereits zu Beginn der Kaiserzeit stand, macht schon der Kaiserbiograph Sueton (um 70 – um 140) deutlich, wenn er schreibt, daß die Niederlage gegen die Germanen im Teutoburger Wald (im Jahre 9) »*das Reich fast an den Rand des Abgrunds* [brachte]. *da drei Legionen*[11]... *völlig vernichtet wurden*«.

Zur Festigung des Geldwesens ließ Augustus eine neue Münzordnung verkünden, die bis zum Ende des 3. Jahrhunderts gültig blieb. Hiernach galt ein Aureus von 7,79 g Gold ($1/42$ Pfund) soviel wie 25 Denare zu je 3,9 g ($1/84$ Pfund, bei etwa 97 Prozent Feingewicht) und 100 Sesterzen (Messingmünzen von 27 g Gewicht). Ein Sesterz galt wiederum 4 Asses (zu je 10,8 g Kupfer).

Offenbar hatten die Finanzexperten des Kaisers das Wertverhältnis zwischen den Metallen für ebenso unwandelbar gehalten wie die Regierungsform der »Erlauchten«. Dennoch hat der Ende des 2. Jahrhunderts beginnende Niedergang des römischen Münzwesens damit nichts zu tun.

---

11 Unter Augustus hatte eine Legion 6100 Mann Fußvolk und 726 Reiter sowie mehrere hundert Mann leichte Truppen und Hilfstruppen. Gegen Ende von Augustus' Regierungszeit unterhielt das Römische Reich ein ständiges Heer von 25 Legionen.

Geldwirtschaft und Handel stehen in den ersten beiden Jahrhunderten noch in voller Blüte. Doch dienen beide in erster Linie dem Luxus der vermögenden Schichten. Besonders der Orienthandel ist für das Schatzhaus ein Faß ohne Boden. Die orientalischen Kaufleute verlangen für Gewürze, Edelsteine, Elfenbein, Seidenstoffe, aber auch exotische Tiere wie Elefanten, Affen, Papageien vor allem Gold. Auf wenigstens 100 Millionen Sesterzen jährlich schätzt Plinius den jährlichen Goldabfluß. Das waren fast 8 t Gold jährlich.

Man mag diese Zahl anzweifeln. Antike Schriftsteller haben oft übertrieben. Zudem hat Plinius in diese Angabe wohl auch das Silbergeld einbezogen, das auf den Handelswegen durch Germanien bis an die Gestade der Ostsee abfloß. Dennoch zehren diese unproduktiven Geldanlagen ständig am römischen Staatshaushalt. Und was die römischen Händler an Waren ausführen – leinene Gewänder und Stoffe, Blei, Kupfer, Eisen, Glaswaren, mitunter auch Sklaven – kann den Verlust an Edelmetallgeld kaum merklich verringern.

Wir wissen nicht, wie groß die jährliche Gold- und Silberausbeute in den iberischen und gallischen Bergwerken gewesen ist. Für Spanien liegt eine Schätzung von 6,5 t Gold vor.

Ein Mittel, um den Goldabfluß einzudämmen, kennt man jedoch. Speziell in Indien sind später zahlreiche subärate Goldmünzen schon aus Augusteischer Zeit gefunden worden. Kamen sie aus der kaiserlichen Münzanstalt oder haben sich römische Kaufleute das Falschgeld privatim herstellen lassen? Wir wissen es nicht.

Nero

Seit dem Ende des 3. Jahrhunderts v. u. Z. erscheinen auf den silbernen und kupfernen Geldstücken Roms die Namen der Münzbeamten, später auch auf den Goldmünzen. In der Kaiserzeit erhalten die Münzen dann nur noch das Konterfei des Herrschers mit entsprechenden Legenden. Diese Schriftzüge und Bilder erleichtern dem Numismatiker heute die Zurechnung der Münzen zu den jeweiligen Epochen und Herrschern. Doch schon im Jahre 1663 befaßt sich eine numismatische Abhandlung mit einer

Gruppe von zehn Münzen, die von dieser Regel abweichen. Seitdem hat das Rätseln um die Herkunft dieser Geldstücke, von denen heute 139 Typen bekannt sind, nicht aufgehört.

Versetzen wir uns in die Zeit des Claudius Drusus Germanicus Nero (37–68). Petronius, der »Schiedsrichter des guten Geschmacks« und Höfling Neros, hat uns in seinem *Satiricon* ein Sittenbild aus dem Rom jener Zeit hinterlassen. Der hemmungslos triebhafte Kaiser lebt der »feinen« Gesellschaft Perversion und Verschwendung vor. *»Zu dieser wahnsinnigen Geldverschwendung ermunterte ihn, außer der Zuversicht auf seine Kaisermacht, auch noch die ihm unvermutet eingeflößte Hoffnung auf Entdeckung unermeßlicher verborgener Reichtümer...«*, schreibt Sueton. Ebenso halten es die vermögenden Schichten. *»Trimalchio besitzt Ländereien in allen Himmelsrichtungen und Geld über Geld. In der Kammer seines Pförtners liegt mehr Silber, als mancher an Vermögen hat. Und Sklaven hat er... Beim Herkules, ich schätze, höchstens der zehnte Teil von ihnen hat seinen Herrn je gesehen«*, weiß Petronius in seinem *Gastmahl des Trimalchio* zu berichten. Trimalchio, ein Freigelassener ohne Bürgerrecht, ist nur Symbolfigur. Die eigentliche Oberschicht anzugreifen, der Petronius selbst angehört, wäre unter den Verhältnissen der Kaiserzeit, besonders unter Nero, ein Sakrileg mit unabsehbaren Folgen gewesen.

Im Juli des Jahres 64 bricht in Rom der große Brand aus. Sechs Tage lang wütet das verheerende Flammenmeer, 10 der 14 Regionen der Stadt in Schutt und Asche legend. Der Kaiser aber soll nachts vom Maecenasturm aus das Inferno jauchzend beobachtet haben. Daß Nero selbst den Brand gelegt habe, behaupten zwar schon antike Schriftsteller, doch ist dies umstritten. Willkommen war er ihm schon; denn nun hatte er Raum genug, jenen ungeheuren Palast, das »Goldene Haus«, zu errichten, das dem größen- und verfolgungswahnsinnigen Herrscher vorschwebte. *»Das Vestibül war der Art, daß darin der fünfunddreißig Meter hohe Koloß, ein Porträt Neros, stehen konnte, die Ausdehnung des ganzen Baues so ungeheuer, daß seine aus drei Säulenreihen bestehenden Säulenhallen anderthalb Kilometer lang waren... In dem Gebäude selbst war übrigens alles mit Vergoldungen, edlen Gesteinen und Perlmutt ausgelegt.«* Das ist nur ein Auszug aus der Schilderung des Sueton. Der Palast verfügte über alle Raffinessen antiker Technik, einzig und allein ausersehen, dem pervertierten Lustempfinden des Herrschers zu frönen. »*Als er dieses Prachtgebäude nach seiner Vollendung einweihte, sagte er... bloß, jetzt fange er doch endlich an, wie ein Mensch zu wohnen.*« Gleichzeitig aber mußten auch die zerstörten Stadtregionen neu aufgebaut werden.

Das alles kostete ungeheuer viel Geld. Die Hoffnung auf den verborgenen Schatz erwies sich als trügerisch. Die Staatskasse war so erschöpft, daß Nero »*selbst die Soldzahlungen der Soldaten und die Pensionen der Veteranen aussetzen und verschieben mußte; da nahm er seine Zuflucht zu falschen Anklagen und Räubereien*« (Sueton). Solcherlei »Feldzüge« gegen vermögende Bürger, bei denen oft ganze Geschlechter ausgerottet wurden, um Defizite der Staatskasse zu beheben, waren schon zu den Zeiten der Bürgerkriege gang und gäbe und lebten in der Kaiserzeit fort. Auch die nun einsetzende Verfolgung der Christen, denen man die Schuld an der Brandkatastrophe andichtete, war nicht zuletzt aus dem allgemeinen Geldmangel zu erklären.

Was in den antiken Chroniken nicht auftaucht, ist die erstmalige Verschlechterung des Augusteischen Münzfußes in jener Zeit. Angesichts der allgemeinen Geldnot wird der Feingehalt der Goldmünze wie auch der Silbermünze verringert, um aus der gleichen Menge Edelmetall mehr Münzen schlagen zu können. Von nun an betrug das Gewicht der Aurei nur noch 7,29 g und das der Denare 3,41 g (Durchschnittswerte). Der Denar erhielt zudem eine Beimengung von 5 bis 10 Prozent Kupfer.

Die Römer mögen davon zunächst kaum Kenntnis genommen haben. Von Klagen über Preissteigerungen wissen wir jedenfalls nichts, wenn man von Verteuerungen des Getreides absieht, die infolge von Mißernten hin und wieder vorkamen. Zum Ende von Neros Schreckensherrschaft hat eine solche Teuerung nicht unwesentlich beigetragen, als ein aus Afrika erwartetes Schiff im Jahre 68 statt Getreide Sand für eine Kampfarena brachte. Nicht nur die Plebs, jene von den Almosen des Staates lebende Masse, begehrte dagegen auf. Doch hatte dies mit der Geldverfälschung nichts zu tun. Nach wie vor genügten ein paar Asses, um den Hunger zu stillen, und auch die

Großen der Gesellschaft verspürten keinerlei Einschränkung ihres Wohllebens. Nur Indien hat seitdem die römischen Denare nicht mehr akzeptiert, und auch in Germanien bevorzugte man Münzen aus vorneronischer Zeit.

Die Ausschweifungen des perversen Herrschers, seine »Hochzeit« mit einem entmannten Knaben, sein der Öffentlichkeit nicht unbekannt gebliebener Sexualverkehr mit der eigenen Mutter und deren von ihm angestiftete Ermordung, das weibische Gehabe und der lächerliche Pomp um seine eigene Person (stets mußten Volksmassen zusammengetrieben werden, um ihm zuzujubeln), die Hinrichtung zahlreicher Noblen, auch aus dem eigenen Geschlecht, führten schließlich zu Tumulten im Heer, dem noch am wenigsten lethargischen Element der römischen Gesellschaft. Der Legionär kämpfte und plünderte im Namen seines gottgleichen, unfehlbaren Herrschers. Aber nun schien das Maß übervoll zu sein. Wie ein Berserker hatte Nero unter allen gewütet, die ihm verdächtig erschienen, ihm als Künstler nicht den erwarteten Beifall zollten. Es muß in der Tat schwergefallen sein, einer solchen Karikatur auf Herkules, dem sich Nero wie so mancher seiner Vorgänger und Nachfolger verwandt fühlte, zuzujubeln. Ein von der Freßsucht aufgeschwemmter Bauch auf zwei dünnen Beinen, ein Kopf mit stumpfem blonden Haar und ausdruckslosen blaugrauen Augen, der ganze Körper mit Flecken überzogen und stets übelriechend, so wird uns der Mann geschildert, der 14 Jahre lang ein Weltreich regieren durfte. Sein Talent als Sänger, Zitherspieler und Dichter soll weniger als mäßig gewesen sein. Doch er war der Imperator, hatte Anspruch auf den Beifall seiner Untertanen.

Um den 20. März 68 bricht in Gallien[12] ein Aufstand unter den römischen Truppen aus. Sie reißen die Feldzeichen Neros von ihren Schilden und erklären dem Halbweib und Massenmörder offen den Ungehorsam. Der Statthalter Galliens, Gaius Julius Vindex, sendet Schmähschriften an Nero und fordert Servius Sculpius Galba, den Statthalter der Provinz Hispania Tarraconensis, zu einem Bündnis gegen Nero auf. Der 72jährige Galba, der seine Haare im Feldherrendienst und als Statthalter mehrerer Provinzen völlig verloren hat und selbst auf der Proskriptionsliste Ne-

12 der westliche Teil der Poebene, das heutige Frankreich, Belgien und die westliche Schweiz

ros steht, neigt inzwischen zur Trägheit. Auf ihn mag wohl auch das Sprichwort zurückgehen »Wer nichts tut, macht keine Fehler«. Aber Galba kann auf einen altehrwürdigen Stammbaum verweisen und ist deshalb der Anwartschaft auf den Kaiserthron würdig. Vindex weiß dies, er selbst ist zu unbedeutend, um diesen Anspruch geltend machen zu können. Und so fordert er Galba auf, sich mit seinen Legionen an der »Rettung des Menschengeschlechts« zu beteiligen. Am 3. April kommt das Bündnis zustande.

Als Nero von der Heeresrevolte in Spanien und Gallien erfuhr, ließ er »mobilmachen«, Sklaven und sogar Prostituierte für einen Feldzug gegen die Abtrünnigen rekrutieren. *»Zugleich mußten alle Stände einen Teil ihres Vermögens hergeben und obendrein selbst diejenigen, welche in Privathäusern oder Häuserblocks zur Miete wohnten, den Betrag einer Jahresmiete an den Fiskus zahlen, wobei er mit solcher Härte verfuhr, daß er die… Silbermünzen nur vom reinsten Silber und die Goldstücke nur vollwichtig annahm, so daß viele ganz offen alle und jede Beitragszahlung verweigerten…«* (Sueton). Nero verlangte also den Tribut in unverfälschter Münze, die vom Markt verschwunden und in private Horte gewandert war. Mit der verschlechterten Münze waren fremde Heere offenbar nicht zu bestechen, und die brauchte der verzweifelte Herrscher. Mit Prostituierten und ungeübten Sklaven war der Feldzug nicht zu gewinnen.

Doch auch die Truppen von Galba und Vindex, die sich dem Schlachtruf »Rettung des Menschengeschlechts« (SALVS GENERIS HVMANI) verschrieben hatten, benötigten riesige Geldbeträge. Und auch sie brauchten Verbündete, besonders die Truppen der Rheinarmee, die unter dem Kommando von Rufus Verginius stand.

So kommt es zur Prägung von autonomen und – anonymen Gold- und Silbermünzen in Spanien, offenbar in mehreren Feldmünzstätten. An Münzarbeitern fehlt es dort freilich. Doch die Technik der Münzprägung ist noch verhältnismäßig unkompliziert. Zudem war die Falschmünzerei wohl auch in Spanien schon seit Jahrhunderten weit verbreitet, kam doch aus der Provinz Carthagena Nova ein Teil des in der römischen Münze verarbeiteten Edelmetalls. Auch Gemmenschneider mag man für diese Arbeit verpflichtet haben (in Spanien selbst durfte zu dieser Zeit nur Kupfergeld geprägt werden).

Die Legenden der Münzen stellen gewissermaßen Kampflosungen dar: Neben dem bereits erwähnten SALVS GENERIS HVMANI finden sich u. a. LIBERTAS PVBLICA (öffentliche Freiheit), LIBERTAS RESTITVTA (wiederhergestellte Freiheit), GENIO P R (dem Genius des römischen Volkes), MARS VLTOR (Mars, der Rächer).
Etwa 520 Münzen dieses Typs, die nachweislich aus dem Umkreis Galbas stammen, sind heute bekannt. Auffallend ist jedoch der große Anteil an subäraten Stücken: etwa 12 Prozent. Und dies betrifft nur die real bekannten. Ein Teil davon war auch P.-H. Martin, Leiter des Karlsruher Münzkabinetts, der sich diesen Münzen in einer sehr sorgfältigen Untersuchung gewidmet hat, nur aus Katalogen bekannt.
M. H. Crawford, eine international anerkannte Kapazität in Numismatikerkreisen, behauptet, daß grundsätzlich alle subäraten Münzen aus privaten Fälscherwerkstätten stammen. Eine Ausnahme räumt er jedoch ein: Bürgerkriegssituationen. Diese These ist durchaus umstritten. Auch in anderen Notlagen mag der Staat auf Münzbetrug zurückgegriffen haben. Andererseits mag man auch die Hypothese Martins anzweifeln, daß die Fälschungen unter Galbas Bürgerkriegsmünzen von offizieller Seite bestellt worden sind. Er beruft sich auf »Stempelgleichheiten zwischen vollwertigen und subäraten Stücken«. Diese Stempelgleichheiten sind kein Beleg. Subäräte Münzen konnten nur Leute herstellen, die in diesem »Handwerk« hinreichend Erfahrungen hatten: professionelle Falschmünzer, auf die Galba zweifellos zurückgegriffen hat.
Im übrigen hat der Versuch, die Rheinarmee mit diesem Geld zu bestechen, offenbar nicht viel genützt. Denn Vergilius' Truppen schlagen die des Vindex (wahrscheinlich Ende April 68) vernichtend. Wie es zu diesem Kampf kam, ist ein Rätsel; man vermutet, daß Vergilius, der selbst gegen Nero konspirierte, die Herrschaft über seine Legionen entglitten war. Denn immerhin gehörte er später zu den Vertrauten von Kaiser Galba. Wir wissen zwar viel aus der römischen Geschichte, ein offenes Buch ist sie uns jedoch nicht.
Ende des zweiten Jahrhunderts setzt die Zerrüttung des römischen Münzwesens ein, Abbild des Niedergangs der römischen Sklavenhalterwirtschaft. Ausgangs des dritten Jahrhunderts ist aus dem Denar, der neben dem Aureus

den Anspruch verdiente, Weltmünze zu sein, eine Weiß-
kupfermünze[13] mit 2 bis 5 Prozent Silber geworden. Die
Preise sind auf fast das Tausendfache gestiegen. Geldwirtschaft, Handel und Gewerbe liegen darnieder. Das Römische Weltreich ist nur noch ein Schatten dessen, was
es einst gewesen ist. Noch gibt es große Namen unter
den Herrschern: Aurelian, Diokletian und schließlich Kon-
stantin, der Anfang des 4. Jahrhunderts den berühmten
Solidus, eine Goldmünze von 4,55 g, prägen läßt und im
Jahre 330 Konstantinopel zur Hauptstadt des Römischen
Reiches erhebt. Um das Jahr 395 kommt es zur endgültigen Reichsteilung. Das Weströmische Reich erliegt acht
Jahrzehnte später dem Ansturm der Barbaren, und am
4. September 476 setzt der Germanenfürst Odoaker den
letzten weströmischen Kaiser Romulus Augustulus ab.
Eine Ironie der Geschichte: Unter einem Romulus wird –
der Sage nach – Rom geboren, mit einem Romulus geht
es unter, zerbrochen an den inneren, aus dem Niedergang
der Sklavereiwirtschaft geborenen Widersprüchen, die jedoch zu keiner Zeit die wirkliche ökonomische Basis des
einst von der Eroberung und Plünderung fremder Völker
prosperierenden Imperiums gewesen ist. In ihrem Schoß
war die Feudalwirtschaft entstanden, die Stütze des Ost-
römischen (Byzantinischen) Reiches, aber auch der zahlreichen sich gerade erst aus gentilwirtschaftlichen Verhältnissen lösenden Gemeinwesen des Okzidents. Die in
der Nachbarschaft Roms angesiedelten Völker hatten
zwar das, was von seinem Geldwesen gebieben war,
übernommen, doch sollte es selbst in den am weitesten
fortgeschrittenen Staatengebilden noch über ein Jahrtau-
send dauern, bis das Geld dort eine Rolle spielte, die sich
auch nur einigermaßen mit der vergleichen läßt, die ihm in
den städtischen Zentren des Römischen Weltreichs einst
zugekommen war. Seine allumfassende Herrschaft tritt
das Geld erst an, als das Bürgertum den endgültigen Sieg
über die Feudalverhältnisse erringt.

13 Ein wohl von den Römern erfundendes Verfahren. Man hatte inzwischen entdeckt, daß eine Lösung aus Kochsalz und Weinstein zwar das
Kupfer angreift, nicht aber das Silber. Der Kupferschrötling, der nur einen
geringen Anteil Silber besaß, wurde in die Lösung gelegt, bis das Silber in
geringer Tiefe vom Kupfer befreit war. Anschließend wurden die Schröt-
linge in Trommeln blankgerieben und geprägt. Da die dünne Oberfläche
jedoch bald abgegriffen war, überzog man sie später noch mit Zinn und
Blei.

Die Sünden
des schönen
Philipp

Sieben Jahrhunderte sind vergangen seit jenem Oktobertag des Jahres 1285, als das Volk von Paris vor der *Sainte-Chapelle* einem jungen Mann zujubelte. Der 17jährige Philipp aus dem Kapetingergeschlecht war vor wenigen Stunden von höchsten Würdenträgern der Kirche zum König von Frankreich gesalbt worden, mit heiligem Öl, das dem himmlischen Jenseits entstammen sollte.

Philippus IV., *Dei gracia Francorum Rex,* wie er sich nun nennen durfte, präsentierte sich seinen Landeskindern nur kurz, er hatte ihnen auch nichts zu sagen. Er stand da, eine majestätische Gestalt, mit starrem Blick, als nähme er die jubelnde Menschenmenge nicht wahr, und wandte sich dann ab, umringt von beflissenen Höflingen. Was dem Volk zu sagen war, würden seine Beamten erledigen, er, Philipp von Gottes Gnaden, sprach nicht mit dem Pöbel.

Philipp *le Bel,* der Schöne, wird der neue Herrscher künftig von seinen Zeitgenossen genannt, und unter diesem Namen ist er auch in die Geschichte eingegangen.

Philipp konnte auf eine stattliche Ahnenreihe mehr oder weniger mächtiger und erfolgreicher Herrscher zurückblicken. Drei Jahrhunderte hatten die Kapetinger, deren Geschlecht von Hugo Capet (reg. 987–996) begründet worden war, um die Reichseinheit gekämpft. Damals war das Reich noch fast unumschränkt von Territorialfürsten mit eigenem Münzrecht beherrscht, die ihrem Machtanspruch auch mit eigenen Geprägen Ausdruck verliehen. Hugo galt bestenfalls als *primus inter pares* und durfte selbst nur in Paris und Orleans prägen lassen.

Doch seitdem war vieles geschehen. Und nach der Heirat (1284) des 16jährigen Philipp mit Johanna, der Erbin des Königreichs Navarra (sie sprach kein Wort spanisch) und Gräfin der Champagne, war die Zahl der pseudounabhängigen Lehnsgebiete auf vier geschrumpft: Flandern, die Bretagne, Aquitanien und Burgund. Philipp der Schöne war beseelt von dem Ehrgeiz, auch die restlichen Gebiete unter die absolute Gewalt des Königs zu bringen und künftig keinen anderen Herrscher über Frankreichs weltliche und geistliche Angelegenheiten zu dulden als sich selbst. Die Voraussetzungen dafür waren keineswegs günstig. Wohl herrschten seit Ludwig IX. (reg. 1226–1270) geordnete Münzverhältnisse, die dem wirtschaftlichen Fortschritt in den Städten entgegenkamen. Die seitdem geprägten Silber- und Goldmünzen, die *Gros tournois* (Tournosen), *Agnels d'or* (Goldlämmer[1]), *Florins* und *Chaises d'or* (goldene Stühle[2]) waren Geldstücke, die auch in den Nachbarländern begehrt waren und dort nachgeprägt wurden.

Allerdings war dies schon alles, was Philipp III., der Vater des jungen Königs, Positives hinterlassen hatte. Das Königshaus sah sich einem verlorenen Krieg (mit Aragon), immensen Schulden und unsicheren Grenzen im Süden gegenüber. Einkünfte hatte die Krone lediglich aus ihren Domänen und aus gelegentlichen traditionellen Spenden der Barone, des Klerus und der Städte, wenn ein Mitglied der königlichen Familie heiratete oder in den Ritterstand erhoben wurde und wenn man zu einem Kreuzzug in die heiligen Stätten des Vorderen Orients rüstete.

Wir wissen nicht viel über die Pläne, die der schöne Philipp bis zu Beginn der neunziger Jahre schmiedete, und auch über sein »Innenleben« weiß die Geschichte nichts zu berichten. Er blieb bis zum Ende seiner Tage ein seelenloses Neutrum, eine Sphinx, und Generationen von Literaten und Historikern haben sich den Kopf darüber zerbrochen, was ihn zu seinen so widersprüchlichen Handlungen bewogen haben mag. Ebenso unterschiedlich fällt auch das Urteil über ihn aus, das vom habgierigen Despoten bis zum fortschrittlichen, seiner Zeit überlegenen Herrscher reicht.

Das Herzogtum Aquitanien im Südwesten Frankreichs, das unter der Lehnsherrschaft des Königs von England stand, und die reiche Grafschaft Flandern im Norden waren von Anfang an die Nahziele Philipps bei seiner Reichseinigungspolitik, einer Politik, die auch den finanziellen Ansprüchen der Krone entgegenkommen sollte.

1 so genannt nach dem auf der Vs. abgebildeten Lamm
2 so genannt nach der Vs., auf der der König auf einem gotischen Thron sitzt

Geld war das Ziel und zugleich das Mittel seiner Politik. Und an Geld hat es ihm bis zum Ende seiner Tage immer gemangelt. Er brauchte es, um die Herrschaft über das ihm unumschränkt gehörende Territorium zu festigen. Ein für damalige Zeiten riesiger Apparat von Beamten wurde eingesetzt, um das Recht des Königs in allen Landesteilen durchzusetzen.

Auf die Berater Philipps III. konnte der junge König bald verzichten. Er brauchte energische, seinen Zielen in jeder Hinsicht gehorchende Leute, fähige Juristen, die sogenannten Legisten, an deren Spitze Pierre Flote, Guillaume de Nogaret und der großartige, sich seiner Macht durch Klugheit so bewußte Enguerran de Marigny standen, Männer, die teils dem Bürgertum entstammten, oder Emporkömmlinge, die skrupellos genug waren, sich mit ihrer ganzen Persönlichkeit für die Belange der Krone einzusetzen.

Der Falschmünzer

Philipp trägt noch einen weiteren Beinamen: der Falschmünzer. Daß der ihm bis heute erhalten blieb, obgleich andere Herrscher nach ihm in der Falschmünzerei weit mehr geleistet haben, verdankt er einem »politisierenden Reimeschmied«, wie sich Karl von Valois, des Königs Bruder, auszudrücken beliebte. Dieser »Reimeschmied« war kein Geringerer als Dante Alighieri, der in seiner *Göttlichen Komödie* mehrfach sarkastische Worte für die Kapetinger fand und Philipps Geldmanipulation mit den Worten bedachte:

»Das Unheil wird man sehn, das an der Seine durch seine Münzverfälschung der herbeiführt, der sterben wird von eines Hauers Stoße.«[3]

Bereits im Jahre 1292 beginnt die *erste Sünde* des französischen Königs. Er läßt eine allgemeine Besteuerung seiner Landeskinder einführen und bittet auch den Klerus zur Kasse. Die weltliche Nobilität wird mit dem Hundertsten (in einigen Landesteilen auch mit dem Fünfzigsten) ihres Vermögens belegt, von den Städten zieht er eine Umsatz-

3 Philipp starb am 29. November 1314 an den Folgen mehrerer Schlaganfälle, von denen der erste ihn am 4. November auf der Jagd ereilte. Die Legende, er sei vom Pferd gefallen und von einem Stück Wild verletzt worden, war damals weit verbreitet.

steuer von 1 Denier je Livre ein, und die Kirche wird aufgefordert, den sonst nur in Kriegszeiten oder zu besonderen Anlässen anderer Art üblichen Zehnten zu entrichten. Dazu kommen noch »Herdsteuern« von 6 Sol per Haushalt sowie die Besteuerung der Lombarden (italienische Kaufleute und Geldwechsler in Frankreich) und der Juden.

Die Lombarden zahlten allein 1292/93 etwa 150 000 Livres. Zweifellos war diese Besteuerungsmaßnahme nicht nur der finanziellen Misere bei Hofe geschuldet. Philipp rüstete zum Krieg um Aquitanien und Flandern.

Im Jahre 1294 ziehen Philipps Truppen in Aquitanien ein, und Eduard I. von England entsendet ein Aufgebot von Kriegern zur Verteidigung seines Herzogtums. Es ist ein Krieg ohne größere Scharmützel, und bereits 1296 vereinbaren die Gegner einen Waffenstillstand, der durch Heiratsabsichten zwischen beiden Königshäusern bekräftigt wird. Liaisons zwischen den Herrscherhäusern haben das Volk in der Geschichte oft vor blutigen Auseinandersetzungen bewahrt. Friedensgarantien sind sie indes nie gewesen.

Dennoch war der Gascogne-Krieg, wie er auch genannt wird, eine für Frankreich sehr kostspielige Angelegenheit. Bis zum endgültigen Friedensschluß von Chartres im Jahre 1303 mußte ein ständiges Heer in Aquitanien unterhalten werden, das etwa 2 Millionen Livres gekostet hat.

Man hat sich heute an Millionen- und Milliardenbeträge, wo es um den Staatshaushalt, ja selbst um das Vermögen von Unternehmen oder Privatpersonen geht, längst gewöhnt. Ende des 13. Jahrhunderts aber war eine Million eine schier unvorstellbare Summe. Man rechnete in *Livres* (Pfund), *Sols* (grossus denarius turonensis[4]) und *Deniers* (Pfennigen). Dabei entsprachen 12 Denier (d) einem Sol (s) und 20 Sol einem Livre (l). Das Livre selbst war nur Rechnungseinheit; eine Livre-Münze gab es nicht.

Die am meisten kursierenden Münzen waren der Denier und der halbe Denier.

Zu Zeiten Philipps IV. gab es in Frankreich zwei Währungssysteme: das alte Pariser (p) und das neue Tournoser (t). 4 Pariser Livre entsprachen 5 Tournoser Livre.

4 frz.: gros tournois, gros d'argent; lat.: grossus turonensis argenti; dt.: Turnose

Ein geschickter Handwerker (Geselle) verdiente im Höchstfall 18 dt täglich oder im Jahr 27 lt. Ein nichtadliger Höfling (ausgenommen die höheren Beamten) erhielt zwischen 2 und 5 Sol, ein Ritter 10 Sol täglich. Die höheren Beamten wurden auf jährlicher Basis vergütet. So bezog ein Oberrichter oder Oberhofbeamter ein Jahresgehalt zwischen 365 und 700 lt. Des Königs Münzmeister, zugleich Berater in Münzangelegenheiten, Betin Caucinel, dagegen nur 250 lt. Der höchstbezahlte Mann in Philipps Gefolgschaft war Enguerran de Marigny mit einem Jahresgehalt von 900 lt.

Ein Dokument, das um das Jahr 1296 ausgefertigt wurde, liefert einen Voranschlag der Einnahmen zur Finanzierung des Gascogne-Krieges:

200 000 lt	feste Einkommen, vor allem aus den königl. Domänen
249 000 lt	Kirchenzehnter
315 000 lt	Grundsteuer der Barone (der Hundertste)
35 000 lt	Grundsteuer der Barone in der Champagne (der Fünfzigste)
65 000 lt	rückst. Steuern der Lombarden
60 000 lt	Umsatzsteuer aus Paris, Châlons, Reims, Laon und Tournai (dort meist in Form der Herdsteuer erhoben)
16 000 lt	Verkaufssteuer der Lombarden für Geschäfte untereinander in Frankreich
225 000 lt	Besteuerung der Juden (einschl. Strafgelder)
200 000 lt	Anleihen bei den Lombarden
630 000 lt	Anleihen bei vermögenden Bürgern
50 000 lt	Anleihen bei Prälaten und königl. Beamten
60 000 lt	Gewinne aus geschwächtem Geld
2 105 000 lt	Summe

Einige Positionen (wie die Besteuerung der Juden) sind zweifellos zu hoch angesetzt. Dafür aber enthält der Voranschlag einige zahlenmäßig nicht ausgewiesene Posten (den Zehnten aus Languedoc, Anleihen aus Toulouse, Beaucaire, Carcassonne).

Ob diese Gelder alle eingetrieben werden konnten, wissen wir ebensowenig, wie über welchen Zeitraum sich der Voranschlag erstreckte. Lediglich der Kirchenzehnte entsprach etwa dem jährlichen Betrag. Von den Anleihen waren 1295 bereits 632 000 lt eingetrieben worden, was indes nicht immer und überall ohne Zwangsmaßnahmen möglich war. Dennoch hatte des Königs Appell an alle Stände, dem Königreich in seinem »Verteidigungskampf« zu helfen, großen Erfolg. Daß der Krieg spätestens seit 1292 geplant war, wußte das Volk nicht.

Aber was die Krone mit den Anleihen unternommen hatte, war kaum wiederholbar. Kredite haben nun einmal die Eigenschaft, rückzahlpflichtig zu sein und Zinsen zu kosten. Manche Städte hatten indes, gewarnt durch Erfahrungen mit der Zahlungsmoral der Krone bei früheren Gelegenheiten, die von den Beamten des Königs geforderte Summe in einen geringeren Betrag umgewandelt, dafür aber auf die Rückzahlung verzichtet. So kamen 1295 aus Saintonge-Poitou 44 910 lt Schenkungen und nur 5666 lt Kredite.

Philipp IV. hat auch später noch Kredite aufgenommen, doch war ihm dabei weit weniger Erfolg beschieden als 1295. Seit diesem Jahre zog die Steuerschraube so drastisch an, daß sich die vermögenden Untertanen vor weiteren freiwilligen Spenden hüteten. Mit den vereinbarten Rückzahlungsterminen hatten es Frankreichs Könige nie genau genommen. Da es sich um Kriegsanleihen handelte, mußten die Kreditgeber wohl oder übel Verständnis aufbringen, wenn sie ihr Geld nicht zurückerhielten, solange der Krieg andauerte.

Doch da war noch jene dubiose Position in dem Voranschlag von Philipps Finanzgewaltigen, die als »Gewinne aus geschwächtem Geld« ausgewiesen war.

Bereits im Jahre 1293 führte der König mit dem in Geldfragen bewanderten Lombarden Musciatto Guidi ein vertrauliches Gespräch über die Vor- und Nachteile von Münzmanipulationen. Musciatto hatte ihm damals abgeraten, weil die Wirtschaft damit so sehr in Mitleidenschaft gezogen würde, daß die Gewinne der Krone letztlich in Verluste umschlagen mußten. Doch war der Sinn des Herrschers für volkswirtschaftliche Belange wenig ausgebildet. Auch sein Chefberater in Münzfragen, der königliche Münzmeister Betin Caucinel, gleichzeitig Vorsteher der Pariser Münzanstalt, war da kein Fachmann. Er konnte lediglich den direkten, kurzfristigen Gewinn der Krone aus Verringerungen des Feingehalts berechnen. Anders als Musciatto war er zudem ein geflissentlicher Diener seines

Herrn. Er hatte auch allen Grund, dem König gefällig zu sein. Längst war bei Hofe durchgesickert, daß der Münzmeister Edelmetall unterschlagen hatte. Jedenfalls übernahm Caucinel den Auftrag des Königs, neue Gros tournois (Sols) zu einem Nennwert zu prägen, der beträchtlich höher lag als der bisherige, und gleichzeitig den Feingehalt der Münze zu reduzieren. Jean Dimer, Aufseher der Münzstätte von Paris, der wahrscheinlich auch als Wardein wirkte, fügte sich seinem Vorgesetzten.

Ein Gros tournois hatte auf dem Höhepunkt der Manipulation, im Jahre 1305, den Nennwert von 36 statt 12 Denier, was letztlich eine entsprechende Anhebung der Preise zur Folge haben mußte. Doch konnte dies nicht über Nacht geschehen. Die mittelalterliche Wirtschaft reagierte viel träger auf Veränderungen der Währungsrelationen, als es heute der Fall ist. Der König konnte sich so mit der verfälschten und überbewerteten Münze schnell eines Teils seiner Schulden zu einem Drittel ihres Wertes entledigen. Die Barone und die Bürgerschaft waren da weit schlechter dran. Sie bezogen fortan nur ein Drittel der Grundrente aus den verpachteten Ländereien bzw. aus Kredittilgungen.

Um Unruhen vorzubeugen, hatte der König bereits 1295 seine Berater angewiesen, dem Volk diese Maßnahme als eine Art Kriegsanleihe zu erklären. Sobald der Kriegszustand beseitigt sei, werde die verschlechterte und überbewertete Münze vollwertig gegen neues Geld eingewechselt.

Philipp tat dies auf seine Weise. Bis zum Jahre 1306 ließ er fünfmal die Münze verrufen, um neue, verbesserte auszugeben und dann wieder den alten Zustand herzustellen. Verordnungen, nach denen alle in- und ausländischen guten Münzen sowie Gold- und Silbergeräte gegen die schlechte Münze dem König zu verkaufen seien, ergänzten die Maßnahmen der Krone, die außerdem noch Einkünfte aus dem Schlagschatz bezog.

Welches Ausmaß die Manipulationen mit dem Silbergeld annahmen, läßt sich aus folgenden Zahlen erkennen. Unter Ludwig dem Heiligen (1226) wurden aus einer Mark Silber noch 2 l, 14 s und 7 d ausgebracht. Im Mai 1296 waren es 3 l, 8 s, im April 1302 bereits 4 l, 8 s, und im April 1305 war mit 8 l, 10 s der Rekordstand erreicht – über das Dreifache des »guten Geldes« von Ludwig dem Heiligen.

Der Gewinn der Krone aus diesen Geldmanipulationen wird für 1296 noch mit bescheidenen 101 435 lt angegeben. Später, zwischen Johanni 1298 und Johanni 1299[5] waren es bereits 1,2 Millionen lt. Der Gedanke, die Geldbezüge seiner Vasallen wenigstens teilweise anzuheben, wäre Philipp und seinen Beratern wahrscheinlich völlig absurd erschienen. Jeder Ritter und Soldat mußte folglich für den gleichen Sold dreimal so viel leisten, und das sollte sich bitter rächen.

Im Jahre 1297 waren Philipps Truppen gegen Flandern gezogen. Die Grafschaft im Norden galt als das durch ihren Bürgerfleiß reichste Lehnsgebiet Philipps. Und nicht nur ihr Herrscher, Guy de Dampierre, sondern auch die mächtigen Städte wie Gent, Brügge, Lille oder Ypern, die ganz Europa mit ihren Tuchen belieferten, betrachteten sich durchaus als unabhängig. Das sollte nun nach Philipps Plänen anders werden. Der Angriff gegen Aquitanien (1294) hatte wohl in erster Linie das Ziel verfolgt, den traditionellen Verbündeten Flanderns, England, zu zwingen, seine schützende Hand von der Grafschaft zurückzuziehen. Und Eduard I. von England, der in seinem Reich mehr als genug zu tun hatte, um eine Revolte in Schottland niederzuringen, tat Philipp schließlich den Gefallen. Im Jahre 1300 galt Flandern als »befriedet«, und ein französisches Besatzungsheer sollte für Ruhe und Ordnung sorgen.

Ständige Übergriffe der schlecht besoldeten französischen Okkupanten und die Steuerlasten, mit denen Philipp die Städte belegt hatte, führten im Mai 1302 zu einer allgemeinen Revolte. Philipp entsandte nun ein Heer von 7000 Reitern und 20 000 Mann Fußvolk, das im Juli desselben Jahres in der blutigen Schlacht bei Kortrijk völlig aufgerieben wurde. Das war die schlimmste Niederlage, die Philipp je hat hinnehmen müssen.

Am Hofe in Paris herrscht in diesen Tagen eine bedrückte und gereizte Stimmung. Man sucht nach den Ursachen, und ganz vorsichtig bemüht man sich, dem völlig verstörten Herrscher beizubringen, daß vielleicht die schlechte Besoldung der bestens ausgerüsteten Truppen nicht unschuldig sei an der Niederlage. Philipp ist für keine Erklärung zugänglich: Eine Niederlage gegen den Pöbel lasse sich durch nichts entschuldigen. Außerdem habe er nicht

5 Johannisfest, Johannistag (Geburtstag Johannis des Täufers): der 24. Juni

mehr Geld: »Die Steuereintreiber betrügen Uns, wo sie nur können, sie haben in Senlis viel erhalten, aber nur wenig abgeliefert.«

Es ist das erste und einzige Mal, daß der König über die Moral seiner Beamten klagt. Und er weiß auch, daß die Beschuldigung nicht zutrifft. Denn was die Staatskasse mit der Geldmanipulation und den Steuern gewinnt, dient zum großen Teil Zwecken, die mit der Finanzierung des Heeres wenig zu tun haben. Unsummen kostet die Erweiterung des Königspalastes, des *Palais de la Cité.* Nicht minder kostspielig sind die rauschenden Hoffeste, aber auch die großzügigen Geschenke an ausländische Herrscher, um sich deren Nichteinmischung in seine militärischen Abenteuer zu versichern.

Die Falschmünzerei, oder sagen wir besser Münzmanipulation, war die *zweite große Sünde,* deren die Geschichte Philipp den Schönen bezichtigt. Die *dritte Sünde* des Kapetingerkönigs hat der Heilige Stuhl in Rom nie verziehen.

Im Jahre 1296 fordert Philipp die französische Kirche auf, einen doppelten Zehnten zur Verteidigung des Königreichs beizusteuern. Philipp hatte bisher durchaus nicht gegeizt mit »Gegengeschenken«, vor allem in Form von Ländereien, wenn der Klerus ihm den Zehnten (ein Viertel bis ein Drittel der gesamten Staatseinnahmen in Notzeiten) gewährte. Diesmal aber verlangt die Kirche von Frankreich größere Privilegien. Und noch bevor die Verhandlungen beginnen, mischt sich der Heilige Vater in Rom, Papst Bonifaz VIII., in die Angelegenheit ein und untersagt mit der Bulle *Clericis laicos* jegliche Kontributionen des Klerus an weltliche Herrscher.

Der Heilige Stuhl in Rom war damals durchaus nicht nur die »allerchristlichste« Institution. Seit Jahrhunderten focht er Kämpfe mit den weltlichen Herrschern um die Macht auf Erden aus. Seine nie fehlende Waffe war bis zu Philipps Zeiten die Exkommunikation, der Bannfluch, gewesen. Wer davon betroffen war, galt als vogelfrei, als außerhalb jeglicher weltlicher und geistlicher Gesetze stehend. Kaiser Heinrich IV. (reg. 1056–1106) hat die Macht des päpstlichen Bannfluchs ebenso erfahren müssen wie der große Federico, Kaiser Friedrich II. (reg. 1212–1250).

Bonifaz VIII., der 199. Papst in der Kirchengeschichte, ein

ebenso herrschsüchtiger wie jähzorniger Mann, war im Jahre 1294 zum Papst gewählt worden. Er war damals 76 Jahre alt, seinerzeit ein geradezu biblisches Alter.

Philipp IV. beantwortet die Bulle des Papstes damit, daß er jede Ausfuhr von Geld und Edelmetallen aus Frankreich untersagt. Nach einem Briefwechsel, in dem jede Partei ihren Rechtsstandpunkt verteidigt, gibt der Papst schließlich nach und erklärt, daß sich die Bulle nicht auf Frankreich erstrecke.

Nun folgte jener Vorfall, der dem seit Jahrhunderten schwelenden und gleich einem Vulkan immer wieder ausbrechenden Streit um die weltliche Herrschaft des Papstes ein vorläufiges Ende setzen sollte.

Der Bischof von Pamiers

Bernard Saisset, Bischof von Pamiers, ein treuer Anhänger des Papstes, hatte sich wiederholt gegen Philipps Arroganz und Willkür geäußert und damit nicht nur in Rom Beifall gefunden. So predigte er über Philipps Münzen: *»Ich halte dieses ganze Geld nicht einmal einen Dreck für wert. Es ist schlecht und falsch, und unrecht und falsch handelt auch der, der es hat herstellen lassen. In der ganzen Römischen Kurie fände sich niemand, der für dieses elende Geld auch nur einen Dreck hergäbe.«*

Seiner Gemeinde hatte der Priester damit aus dem Herzen gesprochen, bei Hofe reagierte man indes sehr ungehalten. Philipp duldete keine Opposition und wartete nur auf eine günstige Gelegenheit, seinen Widersacher zum Schweigen zu bringen. Saisset lieferte diese Gelegenheit bald selbst, als er den sich als Stellvertreter Gottes in Frankreich dünkenden Herrscher mit einer Eule verglich, *»dem schönsten von allen Vögeln, der absolut zu nichts taugt … und so einer ist auch unser König von Frankreich, der schönste Mann der Welt, der doch weiter nichts kann als die Leute anstarren«.* Das war offene Majestätsbeleidigung, Hochverrat. Bernard Saisset wurde Ende Oktober 1301 arretiert und in Senlis vor Gericht gestellt. Es war ein seltsamer Prozeß, in dem es an Zeugen für weitere boshafte Auslassungen Saissets nicht mangelte. Nicht einmal ein Verteidiger wurde ihm gestattet. Saisset war immerhin päpstlicher Gesandter. Trotzdem schien man allgemein milde gestimmt. Da traten Zeugen auf, die rieten, das ganze nicht zu ernst zu nehmen. Der Bischof sei ein griesgrämiger alter Mann, der nach einigen Schluck aus der Flasche (post potum) viel daherredete. Andere nannten ihn einfältig, aber einen frommen Mann. Auch das Urteil war demgemäß. Philipp verwies ihn lediglich von seinem Bischofssitz und ließ dessen Vermögen von 40 000 lt einziehen, um es mit Saissets »Einverständnis« in einem Kloster zu hinterlegen. Saisset hat das Geld nie zurückerhalten, durfte aber sieben Jahre später seinen Bischofssitz wieder einnehmen.

Chroniken berichten, Philipp sei nicht glücklich gewesen über diesen Prozeß, und das mit einigem Grund. Er brauchte den Zehnten der Kirche.

Die Reaktion des Heiligen Stuhls in Rom ließ nicht lange auf sich warten. Bereits am 5. Dezember 1301 (das Urteil in Senlis war etwa Ende November gefällt worden) überbringen Boten des Papstes die Bulle *Ausculta fili*[6], in der sich dieser nachdrücklich als oberster Richter präsentiert. Es ist eine lange Schriftrolle, die da dem König und seinem Rat unterbreitet wird. Bonifaz kündigt dem »König der Franzosen« alle Privilegien der Kirche auf. Am schmerzhaftesten trifft Philipp dabei zweifellos, daß sein gerade erst (1297) mit Rom ausgehandeltes Recht, den Kirchenzehnten auch ohne des Papstes Zustimmung zu erheben, für null und nichtig erklärt wird. Ärgerlich ist Philipp auch über die Angriffe gegen seine Politik: seine Exportverbote, die Wahl seiner Berater, seine Verwaltung des Rechts, seine Finanzpolitik und schließlich seine Münzmanipulationen (de mutatione monetae). Das Wort »Falschmünzer« (monetae falsarius) gebraucht Bonifaz jedoch nicht.

In späteren Berichten über jenen historischen Streit ist immer wieder zu lesen, Philipp habe die Bulle im Februar 1302 öffentlich verbrennen lassen. Doch ist dies weder belegt noch wahrscheinlich. Philipp beauftragt seinen Ersten Minister, Pierre Flote, mit der Regelung der Angelegenheit, und der informiert nur den engsten Kreis der Berater über den Inhalt der Bulle. Vor allem den papsttreuen Vertretern in des Königs Rat blieb er verborgen. Stattdessen resümiert Flote die Vorwürfe aus Rom in dem Satz:

6 »Höre, Sohn«. Bonifaz hatte die Bulle bereits ausgefertigt, als der Prozeß gegen Saisset noch bevorstand.

»Wisse, daß du unser Untertan in weltlichen wie geistlichen Dingen bist.« Das hatte Bonifaz zwar nicht geschrieben, doch war dies aus dem Zusammenhang zu entnehmen. Und über diesen Satz hatte die Ständeversammlung, die zum 10. April 1302 einberufen wurde, dann auch zu beschließen.

Dieser Apriltag ist ein bemerkenswertes Datum in Frankreichs Geschichte. Denn zum erstenmal wird außer dem Adel (den Baronen) und den Prälaten (Vertretern des Klerus) auch der *dritte Stand,* das Bürgertum, in Gestalt von Vertretern der Städte eingeladen. Mit diesem Schachzug war der Sieg der Krone sicher, und Flote wurde zum Dank der Titel des Großsiegelbewahrers verliehen.

Als der alte Mann auf dem Heiligen Stuhl in Rom von der Entscheidung der Ständeversammlung in Paris erfährt, ist er außer sich. Er beruft ein Konzil in Rom ein, dem jedoch nur die Hälfte der französischen Bischöfe (39 von 79) Folge leistet, und er verflucht Flote, *»den Gott schon mit teilweiser körperlicher Blindheit und völliger Blindheit im straft hat«.* Er sei ein zweiter Achitophel und werde sehr bald dessen Schicksal erleiden.[7] Die Prophezeiung des Papstes sollte sich sehr bald erfüllen: Pierre Flote fällt am 11. Juli desselben Jahres in der Schlacht bei Kortrijk. Welchen Eindruck dieser Vorfall auf die französischen Bischöfe gemacht hat, wissen wir nicht. Flotes Nachfolge trat der ebenso energische, doch wohl noch skrupellosere Guillaume Nogaret an, den der König bald darauf in den Adelsstand erheben ließ. Als unerbittlich und *»stahlhart wie die Sense des Todes«* schildert Maurice Druon[8] den hageren, schwarzhaarigen Mann mit den unruhigen dunklen Augen, der einem Teufel glich und wie ein Teufel handelte, um seinem königlichen Herrn zu dienen.

Am 18. November 1302 erläßt Bonifaz eine weitere Bulle, die *Unam sanctam,* in der er bekräftigt, daß jede Kreatur zwischen Himmel und Erde dem Heiligen Stuhl unterworfen sei: *»Wir erklären, verkünden und bestimmen, daß es für jedes menschliche Wesen absolut notwendig ist, Untertan des Römischen Pontificats zu sein, will es der Erlösung teilhaftig werden.«*

7 »et volumus quod hic Achitophel puniatur temporaliter et spiritualiter, sed rogamus Deum quod reservet nobis eum puniendum sicut iustum est«
8 Maurice Druon: Der Fluch aus den Flammen. Stuttgart 1958.

Mit diesem Schreiben hatte Bonifaz seine Karten im Machtspiel überreizt, obgleich es in weit versöhnlicheren Worten abgefaßt war als die vorangegangene Bulle. Philipp hatte auch in Italien einflußreiche Verbündete, Leute wir die Fürsten Colonna, die von Bonifaz exkommuniziert und ihres Besitzes zugunsten der macht- und geldgierigen Mitglieder seiner Familie beraubt worden waren. Von den Colonnas hatte Nogaret auch die Anschuldigung, bei der Abdankung des Vorgängers von Bonifaz, Celestin V., sei es nicht mit rechten Dingen zugegangen. Auch sei er der Ketzerei, sexueller Perversionen und anderer Verbrechen für schuldig zu befinden. Kaum etwas davon stimmte. Wie weit die Rechtsverdreherei von Philipps Legisten ging, erhellt schon daraus, wie sie einen Satz, den der jähzornige Bonifaz möglicherweise tatsächlich geäußert hatte, gegen ihn auslegten: den Satz »ich wäre lieber ein Hund als ein Franzose«. Ein Hund habe keine Seele, während doch selbst der elendste Franzose eine solche habe. Somit glaube Bonifaz nicht an die Unsterblichkeit der Seele und sei als Ketzer zu betrachten.

Solcherart Spitzfindigkeiten, am 13. Juni 1303 in der Tagung der Barone und Prälaten im Louvre erfunden und zusammengetragen, bilden den Anlaß zu dem Plan, ein Konzil einzuberufen, das über die Ketzerei Bonifaz' beraten soll. Wo und wann, wird nicht beschlossen.

Bonifaz erläßt inzwischen eine weitere Bulle, die *Super Petri solio,* die am 8. September in Paris eintrifft und verkündet, Philipp von Frankreich sei dem Bann verfallen, weil er den französischen Prälaten verboten habe, nach Rom zu reisen, Stefano Colonna Asyl gewährt habe und alle Autorität bei seinen Untertanen untergrabe.

Noch am selben Tag hat der König eine vertrauliche Unterredung mit seinem Siegelbewahrer: »Nogaret, von diesem Schreiben darf niemand etwas erfahren. Wir geben dir alle Vollmachten, bring den Papst vor das Konzil.« Guillaume de Nogaret ist kein Mann von vielen Worten, und der Handschlag, mit dem ihn der König entläßt, heißt für ihn, daß nunmehr das Schicksal des Königs in seiner Hand liegt. Nogaret zögert nicht, wählt die zuverlässigsten und tapfersten Ritter des Hofes aus und bricht mit ihnen sofort nach Anagni, dem Privatsitz des Papstes, auf. Dort läßt er mit Unterstützung der Colonnas, die auch vor Plünderungen nicht zurückschrecken, den 86jährigen Papst gefangensetzen. Bonifaz soll sogar schwer mißhandelt worden sein. Vier Wochen später stirbt der 199. Papst, aller Hoffnung und Energie beraubt, im Vatikan, nachdem ihn Bürger von Anagni aus der Gefangenschaft befreit haben. Für eines aber reicht die Energie des vom Tode gezeichneten Mannes noch: für die Exkommunikation von Guillaume Nogaret.

Dante findet bittere Worte für das Attentat von Anagni, obleich er für Bonifaz wenig übrig hat:

>>Daß alte Schuld und künft'ge minder scheine,
seh ich die Lilien[9] in Anagni einziehn
und im Statthalter Christum selber fangen.
Essig und Gall' erneuern sich, und zwischen
lebend'gen Schächern seh ich ihn getötet.<<

Philipp IV. hat den Machtkampf mit Rom gewonnen. Doch zu welchem Preis? Der Zehnte der französischen Kirche blieb von 1301 bis 1303 aus. Das war ein Verlust von fast 800 000 lt. Und Benedikt XI., ein friedfertiger Papst, ist bereit, weitere Zehnte zu genehmigen, wenn Philipp den heiligen Eid ablege, in keiner Weise an dem Attentat beteiligt gewesen zu sein. Frankreichs Herrscher leistet den Eid: einen Meineid.

Dem 200. Papst, Benedikt XI., ist nur ein Jahr auf dem Heiligen Stuhl in Rom beschieden. Sein Nachfolger ist eine Kreatur Philipps, der Erzbischof von Bordeaux, Bertrand de Goth, der 1305 auf Betreiben der französischen Krone gewählt wird und den Namen Clemens V. annimmt. Vier Jahre später bezieht er seinen Sitz im französischen Avignon, wo die Päpste im sogenannten babylonischen Exil[10] bis zum Jahre 1377 residieren.

Clemens V. entläßt Philipp am 23. 12. 1305 aus dem Bannfluch von Bonifaz und erteilt ihm Absolution für die vielen Gelderpressungen gegenüber der Kirche und die Münzmanipulationen. Er preist den von Gott gesandten Herrscher Frankreichs als >>hell leuchtenden Stern unter allen katholischen Fürsten<<. Philipp, solchen Lobhudeleien durchaus nicht abhold, antwortet damit, daß er sich zum Anwalt der Bischöfe und Äbte erhebt, die Clemens allzu scharf zur Ader gelassen hatte, um seinerseits Steuern

9 das Feldzeichen der französischen Truppen
10 in Anlehnung an die Gefangenschaft des Volkes von Israel in Babylon unter Nebukadnezar (597–538 v. u. Z.)

und Zwangsanleihen zu erpressen. Sehr freigebig ist er dabei mit Gegengeschenken: urkundlichen Anerkennungen von Privilegien und Freiheiten, ohne sich später um deren Inhalt zu kümmern. Seine Legisten sorgten schon für die ihm genehme Auslegung des Rechts.

Der *dritten Sünde,* dem Anschlag auf den Heiligen Stuhl in Rom, folgte die *vierte* auf dem Fuße.

Die Templertragödie

Seit einem Jahr herrschte Frieden. Am 18. August 1304 hatten Philipps Truppen bei Mons-en-Pévèle das Bürgerheer Flanderns besiegt und ein Jahr später (im Juni 1305) einen den Umständen entsprechend vorteilhaften Frieden ausgehandelt: eine Kontribution von 400 000 lt. Das Herzogtum Rethel (das nicht zu Flandern gehörte) sollte der Krone jährlich 20 000 lt zahlen. Solange dies nicht geschehe, sollten Lille, Douai und Bethune besetzt bleiben. Dennoch behielt Flandern seinen halbunabhängigen Status gegen Anerkennung der Oberhoheit der französischen Krone.

Ein Jahr nach dem Friedensschluß von Athis-sur-Orge geruhte seine Majestät, »*der Imperator des Königreichs, der erlauchteste Herrscher Europas, der mit himmlischem Öl Gesalbte, der mit göttlicher Heilkraft Begnadete, der Erbe Karls des Großen und Ludwigs des Heiligen, der Statthalter Gottes in Frankreich*«, das gute Geld wiederherzustellen. So verkündeten es Herolde in allen Provinzen und Städten. Per 1. Oktober 1306 sollten alle Münzstätten die Mark Silber mit 2 l 15 s und 6 d ausprägen. In den Kirchen wurden Dankgottesdienste abgehalten, doch waren sie mehr schlecht als recht besucht. Zu lange waren die Untertanen ausgepreßt worden, um nicht sofort einen neuen Anschlag zu wittern.

Man sollte recht behalten. Die Aufwertung der Währung geschah offenbar völlig unvorbereitet. Leute, die während der Zeit des überbewerteten Geldes ihr Eigentum verpfändet oder Kredite aufgenommen hatten, mußten jetzt die Zinsen und Tilgungen in Geld leisten, das nominell nur noch ein Drittel soviel galt wie bisher.

Die Chronik berichtet, daß sich Philipp gern, als einfacher Bürger verkleidet, unter das Volk mischte, Märkte besuchte, um des Pöbels Meinung selbst zu hören. Er tut es auch in diesen Tagen, obgleich ihm von Unruhen hier und dort zweifellos berichtet worden war. In der Nähe des Templerhauses wird er von der Menge erkannt und gerät in eine bedrohliche Lage. Schmährufe werden laut, geballte Fäuste drohen. Erst zögernd noch, dann immer entschlossener rücken die Bürger von Paris näher, schließen den Herrscher von allen Seiten ein. Der schöne Philipp ist bleich, steht reglos da, den starren Blick auf die Menge geheftet.

In letzter Sekunde naht die Rettung. Ein Trupp von Männern in weißen Umhängen und roten Kreuzen auf der Brust schlägt mit den flachen Schwertern auf die Menge ein, bahnt sich eine Gasse und nimmt Philipp in seine Mitte. Das Templerhaus gewährt ihm Asyl.

Später erfährt Philipp, daß es auch in anderen Städten, wie in Châlons, zu Unruhen gekommen sei. Zudem habe der Pariser Pöbel das Haus des Profos von Paris, Etienne Barbet, völlig demoliert und Barbet mit unbekanntem Ziel verschleppt.

Der »allerchristlichste Imperator von Frankreich« verstand die Welt nicht mehr. Er hatte endlich Gutes getan, und der Pöbel lohnte es ihm mit dem Angriff auf Leib und Leben seiner unfehlbaren Majestät. Bitter sind die Vorwürfe an die Berater des Königs und an die Verantwortlichen für die öffentliche Sicherheit.

Philipp hat sich für diesen aus seiner Sicht unerhörten Frevel der Pariser Bürger grausam gerächt. Wahllos wurden Männer verhaftet, von den *Enquêteurs* unter qualvollen Torturen zu dem Geständnis gezwungen, an dem Aufruhr beteiligt gewesen zu sein. Anschließend knüpfte man sie auf, an Galgen, die eilends an den Stadttoren aufgerichtet worden waren.

Philipps Berater sind in der Folgezeit emsig beschäftigt, um die Folgen der Währungsaufwertung für das Kredit- und Pachtwesen gesetzlich zu regeln. Aber dazu benötigen sie viel Zeit. Die reitenden Boten brauchen mitunter Wochen zur Beförderung der »Behördenpost« in alle Hauptorte der Provinzen, und von dort muß sie in alle Winkel des Reiches getragen werden.

Guillaume de Nogaret soll in den Tagen, die der ungeduldig erwarteten Währungsaufwertung vorausgegangen waren, auf den Gedanken gekommen sein, der gärenden

Unruhe im Volk ein Ventil zu schaffen. Jedenfalls hat er die Hauptrolle bei der im August 1306 verordneten Vertreibung aller Juden aus dem Königreich gespielt. Judenpogrome hatten schon unter den früheren Kapetingern stattgefunden. Viele Angehörige des Volkes Israel waren auf der *Judeninsel,* an der Spitze der *Ile de la Cité,* verbrannt worden.

Diesmal hat der teuflische Minister darauf gesetzt, daß das Volk die Juden schon deshalb besonders hassen muß, weil es sie, vor allem die jüdischen Pfandleiher, als mitschuldig an der Finanzmisere des Reiches betrachtete. Ihr gesamtes Vermögen wird konfisziert, und die Schuldbriefe gehen in die Verfügung der Krone und zahlloser betrügerischer Beamten über, die nun ihrerseits zu Gläubigern der einst in finanzielle Not Geratenen werden. Für die Krone ist der Ertrag relativ gering. Bis zum Jahre 1310 gewinnt sie etwa 200 000 lt aus dieser Aktion, einen Betrag also, der den Juden in Kriegszeiten manchmal jährlich abgepreßt worden war.

Was dann, ein Jahr später, am 13. Oktober 1307, geschah, sollte noch jahrhundertelang die Historiker in zwei feindliche Lager spalten: der Anschlag auf den Templerorden.

Der Orden *Ritter vom Tempel Jerusalem* war im Jahre 1119 zum Schutz der Pilger und der heiligen Stätten in Palästina gegründet worden. Seine Angehörigen mußten unter anderem den heiligen Eid ablegen, jeglichen Kontakt zu Frauen, seien es selbst Verwandte, zu meiden und allein Jesus Christus zu dienen. Die Ordensritter, in weiße Mäntel mit einem roten Kreuz auf der Brust gekleidet, hatten während der Zeit der Kreuzzüge zwar über 20 000 ihrer Tapfersten verloren, doch ihrem Orden auch ungeheuren Reichtum eingetragen. Für ihre Dienste als Schutztruppe der Kreuzfahrer strömte das Gold ganz Europas in die Truhen des Ordens, der außerdem riesigen Landbesitz erwarb. Die Priore, Komture, Marschälle und Seneschalle des Ordens hatten so bald eine neue, segensreiche Beschäftigung entdeckt. Der Templerorden wurde zum größten Bankier seiner Zeit. Die mächtigsten Herrscher Europas gehörten zu seinen Kunden. Die einst so strengen Gebote waren recht lockeren, teils auch aus dem Orient übernommenen Sitten und Anschauungen gewichen, und das »Fluchen wie ein Templer« war in Paris schon sprichwörtlich.

Philipp IV. hatte, wie schon seine Vorgänger, viele Jahre lang das Templerhaus in Paris als sein »Bankhaus« betrachtet, das seine finanziellen Angelegenheiten regelte und auch die Kronschätze aufbewahrte. Und obgleich der Templerorden ausschließlich dem Heiligen Stuhl in Rom unterstand, fand er sich bereit, am 10. August 1303 mit Philipp ein Bündnis gegen Bonifaz VIII., »jenen, der gegenwärtig der Römischen Kirche vorsteht«, einzugehen und Philipps Partei auch dann noch zu verfechten, wenn man in Rom die Absetzung des Königs von Frankreichs beschließe.

König Philipp IV. hat die Dienste der Templer schlecht belohnt. Drei Jahre später – zeitgenössische Chronisten meinen, der Plan sei entstanden, als Ordensritter des Tempels den König aus der Gewalt der meuternden Bevölkerung von Paris in das Templerhaus gebracht hatten und er dort verärgert war über den Prunk und Pomp der Templer – plant der König von Frankreich die wohl schmutzigste Intrige seiner Regierungszeit. Im Juli 1306 fordert er den Papst auf, den Großmeister des Ordens, Jacques de Molay, aus Zypern (wo sich der Hauptsitz des Ordens befand) nach Frankreich zu beordern, um ihn vor Gericht zu stellen. Clemens V. soll die Zustimmung nur unter der Bedingung gegeben haben, daß allein er über die Templer richten dürfe, sie ihm aber in jedem Fall auszuliefern seien.

Am 13. Oktober 1307 läßt der König in einer Blitzaktion das Templerhaus besetzen und alle dort anwesenden 140 Templer arretieren. Bereits am folgenden Tag beginnen die peinlichen Vernehmungen. Götzendienst, Teufelswerk, Hexerei sind noch die geringsten Eingeständnisse, die man von den gemarterten Opfern erwartet. Wer das so abgerungene Geständnis später widerruft, ist dem Henker verfallen. So geschieht es im Verlaufe des Jahres 1309, in dem 54 Ordensritter als Rückfällige lebendig verbrannt werden. Papst Clemens V. läßt im Jahre 1312 den Templerorden in allen Ländern auflösen. Im März 1313 wird auch der Großmeister des Ordens »auf langsamem Feuer« zu Tode geröstet. Sein dabei geäußerter Fluch, Papst Clemens, Guillaume de Nogaret und der König würden noch binnen eines Jahres sterben, ist historisch belegt. Clemens stirbt am 20. 4. 1314, Nogaret wird vier Wochen später durch einen ehemaligen Templer vergiftet.

Bei Philipp dauert es etwas länger. Er stirbt am 29. November 1314 an den Folgen mehrerer Schlaganfälle.

Gemessen an den Diensten, die der Orden der französischen Krone früher geleistet hatte, fiel der Gewinn Philipps aus der Gewaltaktion gegen die Templer spärlich aus. Clemens V., der die Hinrichtungen noch lediglich mit den Worten kommentiert hatte, *»der König läßt die Sanftmut seiner Vorfahren vermissen«,* widersetzte sich dem Ansinnen Philipps, einen neuen Orden unter dessen Oberherrschaft zu gründen, was bedeutet hätte, daß das gesamte Vermögen des Ordens dem verschwenderischen Herrscher Frankreichs ausgeliefert worden wäre. Clemens setzte durch, daß es dem Hospital des Ordens anheimfiel. Frankreichs Krone gewann aus der Vernichtung des Templerordens nur etwa eine Viertelmillion Livres.

Die Vernichtung des Templerordens war die wohl größte Sünde des schönen Philipp.

Keine dieser Missetaten hat der Krone zum Vorteil gereicht. Die den Flamen auferlegte Kontribution von 400 000 lt konnte den finanziellen Aufwand, den der Krieg gegen England und Flandern gekostet hatte (mindestens 4 Millionen lt) in keiner Weise wettmachen. Mit der Vertreibung der Juden hatte sich Philipp einer sicheren jährlichen Einkommensquelle und mit der Vernichtung des Templerordens seines zuverlässigsten Finanziers und Kreditgebers beraubt.

Auch aus den Beuteln der Barone blieb die Steuer aus; sie war nur kriegsbedingt erhoben worden. Als *»leer von Geld«* (vacuatum pecuniis) bezeichnete Papst Clemens im Jahre 1310 das Königreich. Ein Ausweg blieb dem König noch: die Verschlechterung der Goldmünzen, die bisher nicht berührt worden waren. So ordnet er an, per 22. Januar 1310 aus einer Mark Gold statt wie bisher 44 l den Wert von 55 l 10 s 4 d auszuprägen. Das betraf vor allem den *florin à l'agnel,* die am weitesten verbreitete Goldmünze, allerdings nur in den vermögenden Kreisen, bei den großen Kaufleuten, besonders den Lombarden, die nach Repressionen und selbst Inhaftierungen in den Kriegsjahren kaum Widerstand leisteten.

Ein Jahr später startet der König einen letzten Versuch, seine Kasse durch Münzbetrug zu füllen. Er läßt den *Bourgois,* der bislang den Wert von 1 Denier *tournosisch* hatte, neu prägen und ihm den Wert von 1 Denier *parisisch* verleihen. Da das Verhältnis zwischen dem Pariser und Tournoser Geld 5 : 4 betrug, zahlte der Bürger fortan überall 20 Prozent mehr. Möglicherweise war dieses Betrugsmanöver dem bereits zu dieser Zeit zweitmächtigsten Mann in Frankreich, Enguerran de Marigny, zu verdanken, den Philipp ein Jahr später auch mit den finanziellen Angelegenheiten des Reiches betraute. Philipp selbst war in wirtschaftlichen Dingen völlig unerfahren und glich auch hierin jenen, die sein absolutistisches Herrschergebaren über 300 Jahre später zur Perfektion bringen sollten.

Es schien, als habe das Volk nur auf eine erneute Geldmanipulation gewartet.[11] Ein Sturm von Protesten brach los, und Philipp sah sich im Jahre 1313 gezwungen, den Rückzug anzutreten.

Als König Philipp IV. am 29. November 1314 stirbt, ist auch das dahin, womit er seine absolutistische Macht zeitlebens zu rechtfertigen bemüht war: seine göttliche Sendung. Der Ehebruch von zwei seiner Schwiegertöchter wird vor aller Öffentlichkeit breitgetreten, und der Hinrichtung von Jacques de Molay folgte kurze Zeit später die der beiden Galane aus noblem »Geblüt«. Der göttliche Nimbus des Herrscherhauses war damit endgültig geschwunden.

Geoffroy de Paris hat zwischen 1313 und 1319 eine aus 8000 Versen bestehende Reimchronik über die Zeit von 1300 bis 1316 verfaßt. Geoffroy, ein Geistlicher, hat darin, meist in vorsichtigen Worten, die Meinung des Volkes über seinen König zum Ausdruck gebracht: *»Du hast den Hundertsten genommen, Du nahmst den Fünfzigsten und so viele Subventionen, König … in Deiner Schatzkammer müßte doch das Geld der Templer, der Juden und der Wucherer sein, Du hast die Lombarden mit Steuern und Bußgeldern belegt. Zu keiner Zeit haben Könige vor Dir das Volk so schlecht behandelt… Auf dem Totenbett erfaßt den König Reue… Unheil hat Frankreich zu seiner Zeit erlitten und das Volk hat wenig Anlaß, seinen Tod zu beklagen.«*

Ebenso wie viele Zeitgenossen will auch Geoffroy die

11 Der Herzog der Normandie, der gegen Ende von Philipps IV. Herrschaft zu den 21 weltlichen und 9 kirchlichen Fürsten mit Münzberechtigung gehörte (noch unter Ludwig dem Heiligen gab es in Frankreich 80 davon), hatte aus der Geschichte auf seine Weise gelernt: Er verzichtete auf Geldmanipulationen gegen eine Steuer von 1 Sol, die jeder nichtadlige Haushalt alle drei Jahre zu leisten hatte.

Handlungen des Königs als Sünden seiner Berater sehen. Selbst Bernard Saisset glaubt bis zu seiner Inhaftierung noch, die Berater seien schuld an Philipps verfehlter Politik. Ein Zeuge des Hochverratsprozesses im November 1301 sagt aus, daß »er häufig selbst gehört hat, wie der Bischof einfältig über den König und die Höflinge daherredete, wobei er erklärt habe, daß der König auf der Jagd sei, während es ihm besser anstehe, im Rat zu sitzen. Er habe auch keine guten Ratgeber, seine Leute leisteten dem Recht schlechte Dienste«.

Derartige Meinungen im Volk hat es schon immer gegeben. Sie mögen, soweit es Philipp betrifft, berechtigt sein. Leute wie Flote, Nogaret und Marigny waren zweifellos dem König geistig überlegen. Doch sie kannten sein Programm und halfen es mit ihren Ratschlägen und Mitteln durchsetzen, allerdings nie ohne Zustimmung des Herrschers. Das für seine Zeit durchaus fortschrittliche Ziel Philipps IV., Frankreich zu einigen, unter seine Alleinherrschaft zu bringen und ein straffes Verwaltungssystem zu schaffen, mußte zu dieser frühen Zeit scheitern und geriet schließlich ebenso in Mißkredit wie die Mittel, mit denen es erzwungen werden sollte. Nach Philipps Tod kam schließlich auch in Verfall, was er in der Reichseinigung und Verwaltung erreicht hatte. Fast symbolisch für die »neue Politik« war die Hinrichtung Marignys im Jahre 1315.

Der König bestimmt, was Geld ist

Mit dem babylonischen Exil von Avignon hatten sich Frankreichs Herrscher der lästigen Einrede des Papstes in ihre Angelegenheiten entledigt. Münzmanipulationen, die Philipp im französischen Volk so verhaßt gemacht hatten, wurden unter seinen Söhnen, die bis 1328 regierten, besonders aber unter der Dynastie der Valois, die danach zur Herrschaft kamen, zum Recht des Königs erhoben. Philipp VI. (reg. 1328–1350) hat die seit dem Untergang des Römischen Imperiums von den mittelalterlichen Despoten übernommene Auffassung von der königlichen Münzhoheit wohl am prägnantesten zum Ausdruck gebracht: »Niemand kann und darf Zweifel hegen, daß nur Uns und Unserer königlichen Majestät zukommt ... das Münzge-

*schäft, die Herstellung, die Beschaffenheit, der Vorrat und
alle die Münzen betreffenden Verordnungen, sie so und zu
solchem Preis in Umlauf zu setzen, wie es Uns gefällt und
gutdünkt.*«

Das, wofür Philipp IV. noch den Schimpfnamen »der
Falschmünzer« erhalten hat, ist nun gesetzlich verbrieftes
Recht. Es wird auch weidlich ausgenutzt. Schon der
zweite Valois auf dem französischen Thron, Johann II.
(reg. 1350–1364), ließ den schönen Philipp wie einen Anfänger erscheinen: Innerhalb von vier Monaten (vom
27. November 1359 bis zum 31. März 1360) wurde der
Grand blanc à l'etoile, eine Silbermünze, achtmal verän-
dert. Auf diese Weise sind aus einer Mark Silber statt ursprünglich 12 schließlich 102 blancs geprägt worden.
Doch wollen wir Johann dem Guten, wie ihn die Geschichte auch nennt, Gerechtigkeit widerfahren lassen. Er
war nämlich nicht daheim, als solches geschah, sondern
bei Verwandten in England, wenn auch nicht ganz freiwil-
lig. Es war die Zeit des Hundertjährigen Krieges (1337–
1453), und der gute Johann hatte am 19. September 1356
in der Schlacht bei Maupertuis »Sieg und Freiheit« verloren, wie die Chronik berichtet. Und König Eduard III. von
England (reg. 1327–1377) nahm den Großcousin[12] kurzerhand mit nach Hause, um ihm dort seine Friedensbedingungen zu diktieren: Abtretung mehrerer Provinzen und
ein Lösegeld von 3 Millionen Goldstücken – so beschlossen im Jahre 1360 durch den Frieden von Bretigny. Johann kehrte nach Frankreich zurück. Doch da war niemand, der ihm einen großartigen Empfang bereitete. Die
Regierungsgeschäfte hatte während des unfreiwilligen
Verwandtenbesuchs von Johann in England der Dauphin,
der nachmalige Karl V. (der Weise), besorgt, allerdings mit
zweifelhaftem Erfolg. Die Verwüstungen des Krieges, die
harten Steuern und Zwangsrekrutierungen hatten zu Bür-
ger- und Bauernaufständen geführt, die erst durch das Eingreifen Karls des Bösen von Navarra blutig niedergewor-
den werden konnten (im Juni 1358). Nachdem das Land
so »befriedet« war, ordnete der Dauphin die erwähnte
Münzverfälschung an.

12 Johann war der Enkel Karls von Valois, des Bruders von Philipp dem
Schönen, also dessen Großneffe. Eduard war ein Enkel Philipps in müt-
terlicher Linie. Der Anspruch Eduards auf Frankreichs Thron bildete den
Vorwand für die Auslösung des Hundertjährigen Krieges.

Johann der Gute kehrte Anfang 1364 resigniert nach England zurück, wo er kurz darauf verstarb. Er konnte die Friedensbedingungen nicht erfüllen. Wohl erhielt Eduard das ihm zugesicherte Calais und ganz Südwestfrankreich (Aquitanien), doch der versprochene finanzielle Tribut war bei der allgemeinen wirtschaftlichen Misere Frankreichs nicht aufzubringen. Johanns Nachfolger, dem mehr Feldherrnglück beschieden war, verdankt das französische Volk nicht nur die königliche Bibliothek, sondern auch die Bastille, die allerdings erst drei Jahrhunderte später zum Staatsgefängnis wird.

Die Münzverfälschung hielt fast während des ganzen Hundertjährigen Krieges in Frankreich an. Erst Karl VII. (reg. 1422–1461) sorgte im Jahre 1430 wieder für geordnete Münzzustände. Inzwischen aber war der Preis des Silbers so weit gestiegen, daß die Ausmünzungsverhältnisse, die auf dem Höhepunkt von Philipp des Schönen Manipulationen (1305) herrschten, das Normale waren. Anders sah es in der Prägung von Goldmünzen aus. Bei Philipp dem Schönen war die Ausprägung des *florin à l'agnel* von 44 auf 55 l je Mark gestiegen. Jetzt galten Relationen von 80 bis 100 l je Mark als normal. Die Münzen wurden kleiner.

Später, unter den Bourbonen, setzt das einträgliche Spiel mit der Münze wieder ein. Ludwig XIV., der Sonnenkönig (reg. 1651–1715), erhebt den höfischen Luxus zur Staatsräson. Und Ludwig findet in fast ganz Europa gelehrige Schüler, selbst an den kleinsten Fürstenhöfen. Das Handwerk und die in den Anfängen begriffene Industrie werden gefördert, um dem höfischen Luxus sowie den nicht abreißenden Kriegen Nahrung zu geben. Aber das reicht dem unersättlichen Moloch Staatskasse nicht. Seit 1693 beginnt der Sonnenkönig, sich der altbewährten Praxis der Münzverrufung[13] wieder anzunehmen. Ludwig ließ die kursierenden *Louisdors*[14] einziehen und mit einer aufgeprägten Marke zu einem höheren Nennwert wieder in

13 Sie ist bereits seit dem 11. Jahrhundert in Böhmen nachweisbar. Ihr eigentlicher Zweck war, die Münzen zu erneuern, wenn ein neuer Herrscher die Regierung antrat, sowie abgegriffene Geldstücke aus dem Verkehr zu ziehen. Doch schon sehr früh erkannten die Herrscher darin eine Möglichkeit, den Schlagschatz, d. h. die ihnen zufallende Prägegebühr, zu erhöhen. Je mehr Münzen aus einer Masseeinheit Metall (Mark) ausgeprägt wurden, um so höher war der Schlagschatz.
14 Louis d'or = der goldene Ludwig

Umlauf setzen. Es war das gleiche Spiel, das schon Philipp der Schöne betrieben hatte.

Gegen den Mißbrauch des Münzregals zur Bereicherung der Herrscher hatte sich bereits der berühmte Philosoph Thomas von Aquino (1225–1274) in seiner Schrift *De regimine principis* (Über die Grundsätze des Herrschens) gewandt, in der er betonte, daß die Münze allein dazu gegeben sei, den Wirtschaftsverkehr zu fördern. Thomas von Aquino war ein fanatischer Verfechter der päpstlichen Weltherrschaft. Auch die späteren Vertreter dieser rationalen, mit dem Bereicherungstrieb der weltlichen Herrscher so gar nicht harmonierenden Forderung, das Geld allein den wirtschaftlichen Belangen unterzuordnen, waren Kleriker: Nikolaus Oresme, Bischof von Lisieux (gest. 1382), und Gabriel Biel, Abt von Urach und Professor in Tübingen (gest. 1495). Ihre Darstellungen gipfelten in der Forderung, daß alles Geld vollwertig sein müsse und ausschließlich als Maß für die im Handel befindlichen Güter dienen dürfe. Unterwertige Münze sei lediglich in Kriegszeiten und mit Zustimmung des Volkes vertretbar, als Kreditgeld, das später, nach Beendigung der Kriegsnöte, vollwertig eingewechselt werden müsse. Doch sie waren Rufer in der Wüste.

Von großen und kleinen Münzverbrechern

Die Geschichte kennt wenig hochherrschaftliche Falschmünzer, die dem Gesetz gemäß zur Rechenschaft gezogen worden wären. Denn die Schuldigen waren fast immer der Münzmeister oder dessen Knechte sowie Gelegenheitsfälscher. Dennoch soll es einst jene »goldenen Zeiten« gegeben haben, da es nicht nur dem kleinen Mann an den Kragen ging, nämlich im England des 12. Jahrhunderts.

Das Münzrecht lag damals bei dem König sowie den großen Lehnsherren, den Herzögen, Grafen, Baronen. Sie mußten auf den in ihren Münzstätten geprägten Geldstücken auch ihr Siegel oder Zeichen anbringen. Doch die Versuchung, mit der Falschmünzerei die Kassen zu füllen, war zu groß. Man verringerte den Feingehalt und versah die Münzen kurzerhand mit dem Signum eines anderen Territorialherrschers.

Heinrich I. (reg. 1100–1135), dem die Geschichte wegen seines angenehmen Äußeren und seiner Gelehrsamkeit den Beinamen *der schöne Gelehrte* verliehen hat, sei angeblich nicht der Mann gewesen, der solcherart Bubenstücken tatenlos zuzuschauen gedachte. Das schlechte Geld schmälerte schließlich auch seine Einkünfte. So soll Heinrich am Heiligen Abend des Jahres 1125 alle Münzherren seines Reiches nach Winchester einberufen haben, um die Reinheit ihrer Münzen zu beweisen. Dem einen oder anderen sei dies zwar gelungen, doch 94 von ihnen sollen, glaubt man der Story, Winchester nur noch mit einer Hand verlassen haben.

Georgi Polskoi hat uns diesen Fall in seinem 1982 erschienenen Buch *Ryzari falschiwych banknot*[1] aufgeschrieben, ohne allerdings die Quelle seiner Informationen zu nennen.

Heinrich war in der Tat bemüht, mit der Falschmünzerei in England aufzuräumen, und hat auch zwei Großaktionen gegen solche die Wirtschaft seines Reiches untergra-

1 Die Ritter von den falschen Banknoten. Moskau 1982.

bende Schelme durchgeführt: 1108 und 1125. Die zeitgenössischen Chronisten (Florentinus Wigornensis für die Zeit bis 1118 und Henry of Huntingdon für die Zeit bis 1154) erwähnen jedoch mit keinem Wort, daß da ein Edelmann zu Schaden gekommen wäre. Florentinus berichtet, daß jeder, der falsche Pfennige gemacht habe, »*die Augen und die Geschlechtsteile verliert*«, und Henry, offenbar dem König nicht besonders gewogen, läßt uns (für 1125) wissen: »*Es ist in der Tat der Mühe wert, anzuhören, wie schlimm der gestrenge König verfahren ist. Er kam nämlich auf den Gedanken, in der Regel allen Münzern in England, die heimlich Münzen fälschten, die rechte Hand abzuschlagen.*«

In der Chronik des John of Worcester, die sich auf die Zeit von 1118 bis 1140 erstreckt, wird die Angabe von Florentinus bestätigt: »*Münzern, die in England mit falschem Geld gefaßt werden, werden die rechte Hand abgehauen und die unteren Körperteile abgeschnitten, wie der König durch ein Edikt verlangt.*«

Da nun Heinrich I. als weiser Gesetzgeber in die Geschichte Englands eingegangen, zugleich aber recht rigoros gegen die aufbegehrenden Barone vorgegangen ist, hat das Volk später sie als die so Bestraften ausgegeben.

Im übrigen wäre das von Polskoi geschilderte Vorgehen mit dem damaligen ständischen Recht völlig unvereinbar gewesen.

Aus der Regierungszeit Eduards III. (1327–1377), eben jenes Herrschers, der seinem französischen Großcousin Johann II. für vier Jahre unfreiwillige Gastfreundschaft gewährte, ist uns ein eher glaubhafter Fall dieser Art überliefert. Diesmal betraf es einen Vertreter des Klerus, den Abbé Massandron, der das Falschgeldgeschäft beinahe in aller Öffentlichkeit betrieb. Eduard hatte selbst so einige Schwierigkeiten mit der Bewertung seiner Münzen, vor allem aber war er entschiedener Gegner des Papsttums, und das besiegelte dann das Schicksal des geschäftstüchtigen Pfaffen: Er kam in die Folterkammer und verabschiedete sich vom Diesseits durch des Seilers Töchterlein. Indes waren dies Ausnahmen.

Bose und ungerechte Monze

Kaiser Rudolf I. verkündet auf dem Reichstag zu Mainz im Jahre 1285, daß Falschmünzer zur *poena decoctionis,* zur Strafe des Siedens, zu verurteilen seien. Strafbar seien auch der wissentliche Vertrieb und das Verhehlen falscher Münzen ebenso wie der Schutz von Falschmünzern auf den Burgen des Adels. Kaiser Albrecht II. erneuert dieses Edikt im Jahre 1438 (Reichstag zu Nürnberg), in dem es über den Fälscher heißt, daß »*der Muntzer, der davon prüchlich gefunden wird, mit dem Kessel an sinem libe gerichtet und der herre swerlich darumb gestraffet werden soll*«.

Der Unterschied zwischen den Ständen tritt hier ganz deutlich hervor. Wie es um die schwere Strafe für die »Herren« aussah, belegt ein Fall, der sich schon hundert Jahre früher im Bistum Trier zugetragen hat.

Da heißt es in einer mit dem 13. Juni 1341 datierten Urkunde betreffend die *»Citation«* Hartrads Herrn von Schoeneck vor das kaiserliche Hofgericht wegen Münzfälschung:

»*Hartrad herre von Schonecke sal dem Romischen keiser Ludwig antwerten vor sime hofgerichte uf den nehesten dag vor sente Kilians dag, der schierst kumpt[2], darumb daz er bose und ungerechte monze slehet und slagen hait; oder man richtet zu im, als erteilet wirt.*«

Darunter folgt in Latein das Datum des Siegels und der Nachsatz:

»*Wegen des gleichen Delikts zitiert sind Wilhelm Graf von Wied, Gottfried Herr von Vallendar, Gerlach und Philipp von Isenburg, Hermann von Helfinstein, …Walpod von Neuerburg, L. (von) Kleeberg, Theodor von Seelbach und Heinrich d. Ä. von Ehrenburg.*«

Nun war es von dem Kaiser offenbar zuviel verlangt, sich mit einer Horde von Strauchrittern herumzustreiten, die seinen Landfrieden gestört hatten. Ihre exemplarische Bestrafung hätte zudem den ohnehin aufmuckenden Bürgern nur Auftrieb gegeben. Und so faßt der Schreiber der Staatskanzlei bereits am 15. Juni 1341 folgende Epistel ab: »*Wir Ludewig von gots gnaden romischer keiser zu allen zîten merer des richs tun kunt allen luden: wiewol wir etliche lute von valscher monze vor uns geladen haben,*

2 7. Juli

daz wir den erwerdigen Baldewin erzebischof zu Trire unserm liben fürste die macht haben gegeben, welche derselben, die wir vor uns geladen haben, die in sinem bischtum geseßen sin, für ihn kument und da verlebent und versverent, daz sie keine monze vorbaz mer slahen oder tun slahen, dan die sie von des richs gnade han, daz er die moge zu unser und des riches gnade entphahen und sie der vorg. ladunge entheben...«

Das war's dann schon, was das »swerlich darumb gestraffet« ausmachte. Die Herren legten Büßermiene an und versprachen feierlich, sich nie wieder gegen das Münzregal des obersten Landesherrn zu vergehen. So verpflichtete sich der Graf von Wied: »so ensolen wir nimmer keine münze geschlagen, noch tun noch lassen schlagen in unseren vesten oder lande, dan als verre wir das von dem riche han.«

Offenbar hielten sie ihr Versprechen. Doch vierzig Jahre später wird ein Nachfolger des »Mitangeklagten« Philipp von Isenburg, Eberhard von Isenburg, bei der Falschmünzerei ertappt. Auch er kommt mit dem Versprechen an Erzbischof Kuno von Trier davon, in seinem Gebiet »keine munze ... heimlich oder uffenbair sal haben halden oder dun slagen...«

Einer der seltenen Fälle von Bestrafung hochherrschaftlicher Falschmünzer ist uns aus Frankreich zu Beginn des 15. Jahrhunderts überliefert. Viele Jahre lang hatte die Gräfin Johanna von Boulogne und Auvergne im Keller ihres Schlosses zu Toulouse eine Falschmünzerwerkstatt betrieben und die Arbeit ihrer Münzgesellen selbst beaufsichtigt. Denn Betrügereien der Knechte duldete sie nicht. Im Jahre 1422 wurde die Werkstatt entdeckt und ausgehoben. Die unternehmungsfreudige Gräfin kam hinter Gitter. Von ihrem späteren Schicksal wissen wir nichts.

Wir wissen auch nicht, welches Schicksal den Münzknechten der Gräfin beschieden war. Ihnen durfte es kaum besser gegangen sein als den Münzmeistern der englischen Barone unter Heinrich I., von denen so mancher im Auftrag seines Herrn gefälscht haben mag.

Spätere Münzmeister waren klüger, ließen sich den Auftrag zum Fälschen schriftlich, mit dem Siegel des Herrschers versehen, geben. So tat es im Jahre 1350 auch der Münzmeister Jakob Schwet aus Königsberg in der Neumark (dem heutigen Chojna, VR Polen).

Markgraf Ludwig I. von Brandenburg hatte am 12. Juli 1347 eine neue Münzordnung erlassen, nach der in der gesamten Mark Brandenburg aus der 14,5lötigen Mark Silber 28 Schillinge 4 Pfennig, also insgesamt 340 Pfennige, ausgeprägt werden sollten. Dort hieß es unter anderem: »*Ouch soll nimand nye silber [münzen] machen, weder christen noch juden; wer damit ergriffen wird, den soll man uphalden vor einen velscher.*«

Alle Maßnahmen des Herrschers bezüglich des Münzwesens waren nur rechtskräftig »*mit rate unseres ratis der land und der stete*«, d. h. der Landesstände. In diesem Fall wurde die Münzordnung von den Landesständen bestätigt.[3] Doch der aus dem jährlichen Münzverruf erlöste Schlagschatz genügte Ludwig offenbar nicht. Und so erteilte er am 1. Januar 1350 Jakob Schwet den Auftrag, ohne den Gehalt des Silbers zu bestimmen, aus einer Mark 35 Schillinge bzw. 420 Pfennige zu prägen. Drei Tage später erhielt der Münzmeister die markgräfliche Schriftrolle, die den Auftrag bestätigte.

Dieser hinter dem Rücken der Stände ergangene Auftrag war offene Falschmünzerei. Ludwig befahl dem Münzmeister von Königsberg damit, zum »velscher« nach der Definition seines zwei Jahre zuvor erlassenen Gesetzes zu werden. Jakob Schwet hätte wohl den Befehl seines Herrschers verweigern können. Doch war ihm offenbar das Hemd näher als der Rock; woher sollte er auch wissen, ob die Anweisung des Markgrafen mit Einverständnis der Landesstände erlassen worden war oder nicht. Jedenfalls folgte er dem Befehl Ludwigs und ließ nach dem ihm vorgegebenen Münzfuß prägen.

Fast ein Jahr kursierten die falschen Pfennige in der Mark Brandenburg, bis am 30. November die Stände Klage erhoben gegen die Falschmünzerei des Jakob Schwet. Wohl ging es ihm nicht an den Hals, konnte er doch nachweisen, daß nicht er, sondern der Markgraf für die Fälschungen verantwortlich war. Dennoch beschloß das Gericht, daß der Münzmeister des Landes zu verweisen sei.

Dort, wo dem Falschmünzer nachgewiesen werden konnte, daß er sich persönlich zu bereichern beabsich-

---

3 Zwei Jahre zuvor war eine Münzordnung, die die alljährliche Münzverrufung beseitigen, dagegen aber den Münzfuß wesentlich verschlechtern sollte, von den Ständen abgewiesen worden.

tigte, waren die Richter weniger nachsichtig. Hier ging es nur um das »wie«. Und da war man durchaus erfinderisch, um den Pöbel das rechte Schauspiel zu bieten.

Vom leben zum tode gestrafft

Der Münzmeister und seine Gesellen hielten sich von altersher für Auserwählte unter den Handwerkern. Der tägliche Umgang mit großen Mengen von edlen Metallen, die ihnen auf Treu und Glauben anvertraut waren, das den meisten Menschen des Mittelalters und der frühen Neuzeit rätselhaft erscheinende Drum und Dran der Metallschmelze und -legierung, besonders aber die geheimnisvolle, durch Gottes Kraft erklärte Macht von Gold und Silber über die Menschen selbst, wiesen dem Münzer eine besondere Stellung in der damaligen Gesellschaft zu. Hinzu kam der Status des Münzmeisters, der keiner Zunft angehörte und vom Herrscher oder vom Patrizierrat der Stadt direkt vereidigt wurde. Besonders die Städte achteten darauf, daß ihre Münzer ehrlicher, vor allem nicht unehelicher Herkunft waren und die vorgeschriebene Lehrzeit von vier Jahren abgeleistet hatten. Erst dann wurden sie als Gesellen in die Brüderschaft der Reichsmünzer aufgenommen.

Das Amt des Stempelschneiders für die Münze wurde meist besonders kunstfertigen und hochangesehenen Goldschmieden verliehen. Im Nürnberg des 16. Jahrhunderts beispielsweise übten es Wenzel Jamnitzer (1508–1585), seines Zeichens »Genannter« des Großen Rates und Mitglied des Kleinen Rates der Reichsstadt, sowie dessen Sohn Hans aus.

Dennoch sind unter allen Falschmünzern der Geschichte gerade diese beiden Berufe am stärksten vertreten. Ja, in vielen Stadtrechten und anderen Publikationen vergangener Jahrhunderte ist es oft allein der Münzmeister oder der Münzknecht, der mit Münzverbrechen in Verbindung gebracht wird. Indes ist die Falschmünzerei zu keiner Zeit auf diese Berufsgruppe beschränkt geblieben. Sie taucht dort neben den Goldschmieden nur am häufigsten auf, schon deshalb, weil die Münzer über die erforderlichen Kenntnisse und Werkzeuge verfügten, um sich in Notlagen selbst helfen zu können. Sie bildeten deshalb auch die größte Gefahr für die Stadt, das Fürstentum und das ganze Reich.

Die strengen Vorschriften für das Münzergewerbe waren in vielen Gegenden, vor allem wegen der nie ablassenden Versuche der Territorialherrscher, die Reichsordnungen zu verletzen, im Laufe der Jahrhunderte verschlissen. Die Herren brauchten weniger ehrbare als vor allem willfährige Leute. Und so hatte sich auch so mancher in des Herrschers Münzstätte eingeschlichen, der von vornherein betrügerische Absichten hegte.

Ein Erlaß von Kaiser Maximilian II. (reg. 1564–1576) vom 13. Oktober 1571 sollte diesen Mißständen abhelfen. Hiernach sollten sich die Privilegien der Münzergesellen nur auf jene erstrecken, die ihr Handwerk in einer zugelassenen Reichsmünzstätte erlernt und während der Lehrzeit die »thörliche Kapp« (Narrenmütze) getragen hatten. Nur war zu dieser Zeit kaum noch ein Herrscher bereit, sich solchen Vorschriften zu fügen. Der Geselle legte lediglich den Eid auf die Reichsmünzordnung ab, und schon im folgenden Jahrhundert übten Vertreter anderer Berufe die Arbeiten in den fürstlichen Münzstätten aus. Verschiedentlich hatte selbst der Münzmeister ein anderes Handwerk erlernt.

Allerdings traf dies anfangs noch weniger auf die sogenannten reichsunmittelbaren, also nur dem Kaiser untergebenen Städte zu. Sie hielten auch am längsten an den Reichsmünzordnungen fest, bis sie sich, von den Ereignissen überrollt, selbst dem Kipper- und Wipperunwesen zu Beginn des Dreißigjährigen Krieges anschlossen, um nicht das letzte Hab und Gut einzubüßen.

Es gibt keine Vergleiche dahingehend, in welchen Gegenden die meisten Falschmünzer gewirkt haben. Wir können lediglich nachweisen, daß die Zahl der Münzvergehen in dem Maße zunimmt, wie das Bürgertum an Macht und Einfluß gewinnt und der Geldbedarf steigt. Den *Ratsverlässen* und anderen Chroniken der reichsunmittelbaren Stadt Nürnberg entnehmen wir, daß zwischen den Jahren 1414 und 1584 dort allein 20 Fälle von Falschmünzerei aufgedeckt wurden, an denen Münzmeister, Goldschmiede, Wechsler, Gastwirte, ein Tuchmacher, ein Messerschmied, ein Schmalzhändler, ein Gürtler, ein Maler, ein Ziegler, ein Goldschmiedelehrling und die Ehefrau eines Goldschmieds beteiligt waren.

Unter Karl dem Großen, zu einer Zeit also, da das Geld für die Landeswirtschaft noch eine sehr untergeordnete Rolle spielte, begnügte man sich damit, dem Falschmünzer die Wangen zu brandmarken, mit dem »durch die zene prennen«, oder ihm in die Stirn ein Zeichen einzubrennen. Der zu Beginn des 13. Jahrhunderts entstandene Sachsenspiegel, das bedeutendste deutsche Rechtsbuch des Mittelalters, formuliert dagegen bereits: »Bietet der Münzer falsche Münzen aus, um damit etwas zu kaufen, so geht es ihm an den Hals.« Das war zunächst gleichbedeutend mit Galgen. In China soll damals das Erdrosseln, in Japan die Kreuzigung für Falschmünzer angewandt worden sein.

Doch finden sich schon Ende des 13. Jahrhunderts Fälle von noch grausamerer Bestrafung. So lesen wir bei Dante (Hölle, 30. Ges., V. 62 ff.) von der bitteren Klage des Meisters Adam von Brescia, eines gebürtigen Engländers:

»Was ich begehrte, hatt ich einst in Fülle;
jetzt lechz ich Ärmster um ein Tröpflein Wassers…
Dort ist Romena, wo ich die Legierung,
die mit des Täufers Bild geprägt wird, fälschte,
weshalb ich meinen Leib verbrannt zurückließ.
Doch säh ich hier die schnöde Seele Guidos,
die Alessandros oder die des Bruders,
um Fontebranda[4] gäb ich nicht den Anblick…
In dieser Sippe bin ich ihretwegen;
auf ihr Verlangen prägt' ich jene Gulden,
die drei Karat wohl an Legierung hatten.«

Adam hatte auf Veranlassung der Grafen Guido, Alessandro und Aghinolfo von Romena Goldgulden mit dem Bildnis Johannis des Täufers gefälscht (mit einem Goldgehalt von 3 statt 21 Karat) und wurde dafür im Jahre 1281 öffentlich verbrannt. Vor Gericht hatten die noblen Auftraggeber den Meister schnöde im Stich gelassen. Nicht einmal in der Hölle ist es Meister Adam vergönnt, Rache an den Verrätern zu üben, obwohl er weiß, daß Guido von Romena dort inzwischen eingetroffen ist. Der von der Wassersucht unförmig aufgetriebene Adam ist keines Schrittes mehr fähig; höllische Gerechtigkeit hat ihn ereilt.

Mit dem wirtschaftlichen Fortschritt und dem sich ausdehnenden Handel wird sich auch das Bürgertum der Gemeingefährlichkeit des Falschmünzerunwesens immer

4 eine jetzt versiegte Quelle in Romena

mehr bewußt. »*Er stiehlt Heiligen und Herren und allen Leuten und ist der ärgste Dieb*«, heißt es über den Falschmünzer im friesischen Recht. Vermögensschädigung und die Untergrabung der *publica fides,* des öffentlichen Vertrauens zum Geld, waren jetzt der beherrschende Gedanke bei der Be- und Verurteilung dieses Verbrechens. In welch bösem Ruf es allgemein bereits zu Beginn des ausgehenden Mittelalters stand, verrät uns wiederum Dante mit dem Disput zwischen dem Griechen Sinon, der durch seinen falschen Bericht die Trojaner bewogen haben soll, das hölzerne Pferd in ihre Stadt zu bringen, und Meister Adam in der Hölle:

> *»Ich redete, du aber münztest Lügen«,*
> *sprach Sinon, »ich bin wegen einer Sünde,*
> *du wegen mehr hier unten als kein Teufel.«*

Sinon hatte einem ganzen Königreich den Untergang gebracht, dennoch hält er Adams Verbrechen für noch fluchwürdiger.

So war wohl auch die Verhärtung der Strafen gegen den *»Dieb der ganzen Welt«,* wie es in einer Glosse zum Hamburger Stadtrecht hieß, vor allem auf Betreiben der Bürgerschaft geschehen, die unter den Münzmanipulationen der adligen Herren ohnehin genug zu leiden hatte.

In Deutschland verfuhren die Städte und die Territorialherrscher bei der Bestrafung von Falschmünzern nach eigenen Gerichtsverfassungen oder auch solchen von Städtebünden (zum Beispiel Lübisches Recht), obgleich die von den Kaisern auf den Reichstagen erlassenen Edikte die Art der Fälscherstrafe vorschrieben. Ein reichseinheitliches Kriminalgesetz gab es jedoch nicht. Die Todesstrafe herrschte fast überall vor, nur die Ausführung war unterschiedlich: Hängen, Enthaupten, Verbrennen, Sieden in Wasser oder Öl.

Erst im Jahre 1532 wird auf dem Reichstag zu Regensburg eine für Deutschland einheitliche Rechtsordnung, die *Constitutio criminalis Carolina,* das Reichskriminalgesetz Karls V., auch als *peinliche Halsgerichtsordnung* bekannt, erlassen. Hier heißt es in Artikel 136:

»Item in dreyerley weyss wirdet die Muntz gefelscht. Erstlich, wann einer getriglicher weiss eins andern zeychen darauff schlecht, Zum andern, so einer unrechte metal darzu setzt, Zum dritten, so einer der muntz ir rechte schwere geverdlich benumpt. Sölche Müntzfelscher söl-

len nachvolgendermassen gestrafft werden, Nemlich, welche falsche Muntz machen oder zeychen, die söllen nach gewohnheyt auch satzung der Recht mit dem fewer vom leben zum tode gestrafft werden. Die jhre hewser darzu wissentlich leyhen, dieselben hewsere söllen sie damit verwürckt haben, welcher aber muntz ihr rechte schwern geverdlicher weyss benumpt, Der sol gefenck-lich eingelegt, und nach rate unserer Rete an leyb oder gute nach gestalt der sachen gestrafft werden.«

In Artikel 111 heißt es noch: »Straff der Müntzfelscher und auch der, so ohn habend Freiheit münzen«, und: »Wo aber jrgent eyner eyns andern müntz umbreget, oder wi-derumb inn tiegel brecht und geringe müntz darauss mecht, der soll an leib oder gut nach gestalt der sachen ge-strafft werden. So aber mit der herrschafft willen und wis-sen solchs geschehe, so soll die selbig herrschafft sein müntz freyheyt verwürckt und verloren haben.«

Dem heutigen Leser mag die Rechtschreibung selbst der regierungsamtlichen Dokumente wohl dubios erschei-nen, doch wer damals zur Schule ging, brauchte den Be-griff »Orthographie« noch nicht zu fürchten. Was uns in-des interessiert, ist wiederum die deutliche Kluft zwi-schen der »herrschafft« und dem Untertan. Jene verwirkt lediglich die Münzfreiheit, dieser das Leben.

Hans Lengenfelder und andere

Kein Handwerk war im Nürnberg des 15. bis 17. Jahrhun-derts wohl zahlreicher vertreten als das der Goldschmiede oder – wie es in den Urkunden auch genannt wird – der Gold- und Silberarbeiter. Sie haben in ganz besonderem Maße zum Ruhm der Reichsstadt an der Pegnitz beigetra-gen. Bei einer Einwohnerschaft von etwa 25 000 wirkten dort gegen Ende des 15. Jahrhunderts über 100 Gold-schmiedemeister. Nur wenigen gelang es jedoch, zu Wohlstand zu kommen. Die Konkurrenz war erdrückend. Manche wanderten aus. Ein Nürnberger Goldschmied fand überall im Reich eine Anstellung. Doch das Mekka der Goldschmiedekunst zog wie ein Magnet Gesellen aus allen Gegenden Deutschlands an, die dort ihren Meister-brief erwerben wollten.

Selbst Wenzel Jamnitzer (1508–1585), der berühmteste

deutsche Goldschmied der Renaissance, war lange Zeit seines Lebens von Geldnöten geplagt. Sein Bruder Albrecht, ebenfalls ein großartiger Meister dieses Handwerks, nahm sich im Jahre 1555 das Leben, weil er eine Hypothek von 800 Gulden nicht zurückzahlen konnte. Hans, der Sohn Wenzels, der bei ihm das Goldschmiedehandwerk erlernt hatte, stand, etwa vierzigjährig, mit mehreren hundert Gulden bei dem Vater in Kreide, als dieser 1584 sein Testament aufsetzte.

Nicht besser mag es dem Nürnberger Goldschmied Hans Lengenfelder gegangen sein. Er hatte im Juli 1490 den Meisterbrief erworben und war nun bemüht, sich eine eigene Existenz aufzubauen, vor allem ein Haus mit Werkstatt zu kaufen oder bauen zu lassen. Aber das kostete viel Geld, etwa 1000 Gulden. Man konnte sie leihen, bei hohen Zinsen. Und das tat Hans Lengenfelder dann wohl auch und geriet in einen Teufelskreis. Er brauchte Geld, um sich und seine Familie unterhalten zu können[5], dazu aber mußte wiederum Edelmetall gekauft werden, um arbeiten zu können. Zugleich aber standen die Zinsen an, die den spärlichen Erlös aus verkauften Arbeiten auffraßen.

Nichts von den Vorgängen, ausgenommen Monat und Jahr der Meisterprüfung, ist urkundlich belegt, doch kann sich die Vorgeschichte dessen, was wir aus einem Beschluß des ehrwürdigen Rates der Stadt Nürnberg vom 27. Februar 1492 erfahren, wohl nur so zugetragen haben.

An diesem Tag protokolliert der Ratsschreiber: »*Item*[6] *Hannsen Lengenfelder, den goldsmid, anderweit zu red zu halten und dez Mairs halb zu bestetten*[7].«

Ein gewisser Mair (Maier), später auch Bair (Baier), über dessen Identität wir nichts wissen, hatte dem Rat hinterbracht, daß da mit dem Lengenfelder nicht alles rechtens zugehe und in dessen Haus wohl falsche Gulden geprägt würden.

Nach dieser Vernehmung ist Lengenfelder offenbar in das berüchtigte »Loch« im Nürnberger Rathaus gesteckt worden. Bald darauf nahm man auch seine Komplizen, Heinz Schürstab, den Gürtelmacher Koch und die Magd des Lengenfelder, fest.

5 Den Statuten gemäß mußte ein Geselle erst heiraten, bevor er die Meisterprüfung beantragte.
6 lat.: auch, ebenso. Mit diesem Wort beginnen viele Ratsverlässe.
7 bestellen

Am 29. oder 30. November 1492 protokolliert der Ratsschreiber:

*»Item Heintzen Schürstab, auch den Lengenfelder, gold-
smid und den Koch, gürtler, weitter zu red halten und inen
allen wee ze thun und sie ze fragen, von was zeug oder
metall und wie vil der guldein gemacht sein.*

*Auch die maid zu red halten, wo und wie vil sie solicher
gulden verwechselt, und ob sie umb die betriegerei ge-
wißt hab und, wo sie von dem Schürstab oder andern an-
gezaigt wirdet, daz sie ein wissen von der betrieglichkeit
hab, ir als dann auch wee ze thun mit dem daumenstock
und, wo das nit verfeht, nachvolgends mit dem hultzein
steyn[8].*

*Item in H. Schürstabs, auch Lengenfelders und des Kochs
gemachen ze suchen und, was man arckwenigs findet
von Stempfeln, metall und anderm, zu dem handel dienst-
lich, zu eins rats handen zu nemen.«*

Lengenfelder und Schürstab waren also überführt, falsche
Gulden geprägt, und die Magd, die Jungfer Feurer, stand
im Verdacht, das falsche Geld unter die Leute gebracht zu
haben. Seltsamerweise wird der Beruf des Schürstab
nicht genannt. Offensichtlich war er ein Sproß der mächtigen Kaufmannsdynastie der Schürstabs, die in den Prozeß
nicht verwickelt werden wollten. Lengenfelder und Schürstab hatten ihre Gulden gefüttert, also einen Kern von min-
derwertigem Metall mit einem Goldüberzug versehen.

Im Protokoll vom 1. Dezember 1492 heißt es: *»Item
Heintzen Schürstab weitter zu red halten der Stempfel,
auch der anzal der gulden, der dittrich und gaißfüssel halb
und was in der truhen und wo die slüssel darzu sind, auch
des Hamers[9] halb, und im statlich wee ze thun und, wo er
den Hamer besagt, den schopfen gewalt geben, ine anzu-
nemen.*

*Desgleichen H. Lengenfelder verrer[10] zu red halten und im
auch wee thun.*

*Dergleichen die Feuerin auch zu red halten und ir wee thun
mit dem hultzein stayn.*

Und den Koch dißmals ruen lassen.

Und die schöpfen sollen die truhen öffen lassen.«

Alle Spuren werden verfolgt. Was hat Schürstab mit Diet-

8 sog. hölzerner Stein, ein Folterwerkzeug
9 Prägestock
10 ferner

richen und Geißfüßen (Kuhfuß: Werkzeug zum Nägelaus-
ziehen und Aufbrechen) zu tun? Schürstab gibt unter der
Folter zu, daß er auch Einbruchsdiebstahl begangen hat.
Schließlich wird noch ein Brief als Beweismittel vorgelegt,
den Lengenfelder seinem Komplizen geschrieben hat.
Ratsverlaß vom 4. Dezember 1492:
*»Item Heintzen Schürstab furzehalten, er hab so vil be-
kant, daz er sein leben verwirckt hab, darumb sol er nichtz
uff seiner sele hinfüren[11], und verrer zu red halten dez
Praunen briefs halb, auch der maid halb, ob sie umb den
falsch der gulden wissen hab.*
*Item den H. Lengenfelder auff den brief, so zwischen im
und dem Schürstab außgangen ist, auch verrer zu red halten und ein lautere sage von im bringen und uff die schopf-
fen[12] gesatzt, wee ze thun.*
*Auch die Feuerin uff anzaigung Heintzen Schürstabs sag
verrer zu red halten und uff die schopfen gesatzt, wee ze
thun.«*
Schürstab, der »felschershelfer«, wird also zuerst verurteilt, weil ihm offenbar noch andere Verbrechen zur Last
gelegt werden. Aber auch Hans Lengenfelder hat keinen
Spaß mehr an dem Lied, das ihm die Büttel vorsingen:
*»Laß dich nicht bangen, sie tun keinen hangen, den sie
nicht fangen.«* Zerschlagen an Leib und Sinnen, hat er nur
noch den Wunsch, es möge bald alles vorbei sein. Der Tod
schreckt ihn nicht; wie oft war er schon Augenzeuge von
Hinrichtungen gewesen? Der Herr im Jenseits wird sein
Tun gerechter beurteilen als die verbohrten Richter des
Rates. Doch was geschieht mit seiner Familie, seiner
Frau, dem Sohn? Am 7. Dezember ergeht das Urteil:
*»Item es ist erteilt, Heintzen Schürstab und auch Hannsen
Lengenfelder umb ihr bekant übeltat einen ernstlichen
rechtag ze setzen auff erihtag schirst[13] und sie bede ze
richten mit dem swert, wie doctor Johann Letscher geraten hat, und auff heut die pürgschaft einzenemen und inen
das leben auch uff heut abzesagen.«*
Aus der Nürnberger Stadtchronik (1488–1506) des Heinrich Deichsler erfahren wir noch: *»Item des jars da köpft
man Heintzen Schürstab und mit im einen goldschmid genannt Lengenfelder. der Schürstab hat etlich valsch kupf-*

11 seine Seele nicht noch mehr belasten
12 den Schöffen vorgeführt
13 auf den nächsten 8. Dezember

rein oder messein guldein gemacht auf markgrafisch slag am eritag vor Lucia.
Item am pfinztag darnach da prent man sein dirn durch ped backen und durch [die] stirn, het im die gulden verwech-selt.«

Das ist die Geschichte des Hans Lengenfelder, der vielleicht einst davon geträumt hat, ein ganz Großer unter den Goldschmieden zu werden.

Im übrigen war das Urteil gegen den Patriziersproß Schürstab nichts Außergewöhnliches. Die ehrbaren Ratsherren ließen sich Korruption nicht nachsagen. So hatten sie einen der ihren, den Patrizier Niklas Muffel, im Jahre 1469 wegen Unterschlagung von Ratsgeldern hängen lassen.[14]

Als »felschershelfer« war Heinz Schürstab zum Tode verurteilt worden. Es genügte schon das stille Dulden der Missetat. So wurde im Jahre 1564 ein Münzer enthauptet, weil er *»auf der Lausch gestanden, da seine Gesellen an heimlichen orten … falsche Münzen gegossen«.* Vier Jahre zuvor war selbst Wenzel Jamnitzer in eine peinliche Situation geraten. Caspar Heußner, ein Lehrjunge des großen Meisters, hatte etwas Silber aus der Werkstatt beiseite geschafft und mittels einer selbstgefertigten Gußform ein paar Guldiner gegossen. Wer den munteren Knaben überrascht und angezeigt hat, ist der Chronik nicht zu entnehmen. Jamnitzer gehörte seit vier Jahren zu den »Ehrbaren« der Stadt, zu den 14 Genannten des Großen Rates, und machte sich, nachdem er seine eigene Unschuld nachgewiesen hatte, zum Fürsprecher des Jungen, der zweifellos dem Nachrichter (Henker) verfallen gewesen wäre. Denn das Gesetz machte keinen Unterschied zwischen Jugendlichen und Erwachsenen; es genügte, den Delinquenten nach seiner äußeren Erscheinung als Kind oder Erwachsenen einzustufen. Nach dem erwähnten Codex Karls V. lag die untere Altersgrenze bei 14 Jahren.

Für Caspar Heußner lautete schließlich nach sechswöchiger Haft im berüchtigten Loch, wo ihm die Büttel auch »weh thaten«, das Urteil, man solle ihm *»uf die so stattlich beschehene fürbit des lebens fristen und ime aus gnaden*

---

14 Die Hinrichtung mit dem Schwert galt noch als »ehrbare« Strafe, während Hängen, Verbrennen, Sieden usw. eine schimpfliche Exekution darstellten.

diese stat neun meil wegs hindan [hinweg] sein lebenlang verpieten«.

Wenzel Jamnitzer aber wurde ernstlich verwarnt, *»dergleichen schalckhung«* künftig nicht zuzulassen.

Von einer besonders perfiden Art der Hinrichtung, dem seit 1285 praktizierten Sieden, erfahren wir aus dem Stralsunder *Verfestungsbuch:*

»Gegen Nikolaus Winkeldorp, der mit dem Kaufmann Hermann Oldendorp nach Stralsund gekommen, ist mit allem Lübischen Recht unter den Richtern der Altstadt, den Herren Bernhard von Zutfelde, Lorenz von Lunden und dem Advokaten Nikolaus Vruwendorp, Fahndungsbefehl erlassen worden. Und zwar ist dieser Fahndungsbefehl erlassen worden, weil er flüchtig geworden und weiterhin flüchtig ist jener Übeltat und Falschmünzerei wegen, deretwegen Klaus Elmhorst unter denselben Richtern und demselben Advokaten zum Sieden in einem Kessel Wasser verurteilt worden war. Denn jene falschen Pfennige, deretwegen besagter Elmhorst verurteilt worden war, hat er (Winkeldorp) mit besagtem Elmhorst von Usedom hierher nach Stralsund gebracht; und sie sind in der angezeigten Herberge unter dem Bett des Nikolaus Winkeldorp, wo er sie versteckt hatte, gefunden worden. Und deshalb ist mit gleichem Recht und Urteilsspruch dafür gesorgt, daß er (Winkeldorp), wo und wann er ergriffen wird, das gleiche Urteil zu erwarten hat wie besagter Elmhorst, weil er mit vollen Bewußtsein an dem Fälschungsdelikt beteiligt war.«

Die ebenso wie die meisten anderen Verfestungsbeschlüsse in Latein verfaßte Notiz schließt mit den Worten: *»Actum 31 circa beati Martini 1431.«*

Auf dem Alten Markt von Stralsund, wo die Bürger der Hansestadt im Oktober oder November des Jahres 1431 Zeuge der grauenvollen Hinrichtung waren, wurden zu jener Zeit Volksbelustigungen aller Art veranstaltet. Sie waren meist nicht das, was wir heute darunter verstehen. So ließ man zum Beispiel im Jahre 1414 eine Katze an den Schandpfahl nageln und denjenigen, der die gemarterte Kreatur totbiß, öffentlich zum »Katzritter« schlagen. Ein Jahr später amüsierten sich die Stralsunder zur Fastnachtszeit darüber, wie Blinde versuchten, mit Knüppeln auf ein Schwein einzuschlagen und sich dabei gegenseitig trafen.

Dennoch sollte, was dem erwähnten Klaus Elmhorst dort geschah, den Stralsundern noch lange in Erinnerung bleiben und späteren Generationen weitergegeben werden. Denn der 1560 verstorbene Pfarrer und Stadtchronist Johann Berckmann, dem offenbar das alte *Verfestungsbuch* nicht bekannt war, berichtet über jenes Ereignis: »*Anno 1431 do wurtt meister Ludewig de munter gesadenn up dem alten marckede, und wortt 3 mal upgekulett mit koldenn water, darumme dat he hadde valsche munte geschlagenn. De ketell steitt noch up dem rhathuße vor alle man.*«

Für die späteren Generationen war es offenbar selbstverständlich, daß der damals hingerichtete Fälscher nur ein Münzmeister gewesen sein konnte. Welcher Berufsgruppe Elmhorst angehört hatte, erfahren wir aus den Chroniken nicht.

Noch eines ist nachzutragen, gewissermaßen eine Justizwillkür: In den Statuten des Lübischen Rechts war das Vergehen der Falschmünzerei gar nicht vorgesehen. Es kannte nur das Delikt der Fälschung, und danach wäre Klaus Elmhorst mit einer Geldbuße, höchstens aber mit einer Strafe an »Haut und Haar«[15] davongekommen.

Derart grausame Hinrichtungen aus der Sicht heutiger Auffassungen von Zivilisation und Moral einzuschätzen, wäre verfehlt. Es lag im Zug der Zeit, Kapitalverbrechen in aller Öffentlichkeit hart zu bestrafen. Hinzu kam der Schauspielcharakter, die »Volksbelustigung«, und der Henker war stets bemüht, das Publikum von seinem Können zu überzeugen.

Kippdiewipp

Um die Mittagsstunde des 14. Dezember 1620 rollt ein zweispänniger Planwagen durch das Stadttor von Prenzlau. Vor dem Haus des Prenzlauer Bürgers Ertmann Schmidt hält der Wagen, der Kutscher steigt vom Bock und klopft an die Tür. Der Hausherr öffnet selbst: »Der Elias Henning! Seid gegrüßt, Franzburger, komm er herein. Eine Herberg gefällig?« Henning wehrt ab, er habe es eilig. Nur einen Sack will er, um die Pferde trockenzureiben und für sich einen Trog warmen Wassers, vielleicht

15 Ausreißen der Haare mitsamt der Haut

auch einen kleinen Schluck aus der Flasche, mit warmem Herzen reise es sich besser. Der Wagen sei voller Wollballen aus dem Polenland, und die sollten nach Hamburg gebracht werden. Ertmann lacht: »Wie immer, unverdächtige War', der Münzknecht als Wollhändler.« Dann kommt es zum Geschäft: Man tauscht prallgefüllte Beutel aus. Henning verstaut seine Beutel in einem Faß, das sorgfältig unter den Wollballen verborgen wird. Eine knappe Stunde später sitzt er wieder auf dem Kutschbock. Doch schon eineinhalb Wegstunden später naht das Unglück. Er hat gerade das Dorf Boitzenburg erreicht, als ein Landreiter den Weg versperrt und in barschem Ton verlangt, Elias möge umkehren und ihm auf das Gut des Herrn von Arnim folgen. Der Münzknecht gibt sich arglos, obgleich die Angst Schweißperlen auf die Stirn treibt: Ein Vaterunser nach dem anderen murmeln die trockenen Lippen.

Auf dem Gut Georgs von Arnim wird die Fracht des Planwagens sorgfältig durchsucht. Ballen für Ballen. Dann schließlich, die Wollballen sind abgeladen, stoßen die Knechte auf ein Faß. »Was ist das?« fragt mit drohendem Unterton der Gutsherr. »Seh er selbst nach«, erwidert Elias barsch und wendet sich ab. »Oho, Weinstein, was will er denn mit Weinstein, doch nicht wohl zum Weißsieden?« Man brauche es in Franzburg für alchimistische Versuche, antwortet Elias, und schließlich sei der Besitz von Weinstein nicht verboten. Aber dann schlägt die Schicksalsstunde des Elias Henning, als man das Faß leert und der Gutsherr drei Beutel in Händen hält. Eigenhändig zählt Arnim die Münzen durch: Doppelschillinge, Reichsgroschen und anderes schweres Geld im Wert von 2109 Gulden.

Vergebens sind die Proteste des Elias Henning. Das alles sei ehrlich erhandeltes Geld, gegen gute Ware von Franzburger Handwerkern und Bauern erworben. Georg von Arnim beschlagnahmt das Geld.

Elias Henning war einigen Leuten schon länger aufgefallen, wie er regelmäßig aus dem Pommerschen in das Brandenburgische wechselte. Doch was berechtigte den Gutsherrn, das Geld des Elias Henning zu beschlagnahmen?

Im folgenden Jahr kam es in Prenzlau zum Prozeß, in dem Henning auf Herausgabe des Geldes klagte. Die Gegenpartei hatte jedoch zahlreiche Zeugen aufgeboten, die dem Münzknecht aus Franzburg das Aufwechseln schwerer Münze unterstellten. Er sei der »fürnembste und rechte Kapitän in solchem Handel«, komme alle sechs Wochen nach Prenzlau und bringe kleines Geld mit. Ertmann Schmidt sei ihm beim Umsetzen der kleinen Münze behilflich. Schließlich wird Henning nachgewiesen, er habe über Ertmann Schmidt mindestens bei zwei Prenzlauer Tischlern »Auswippen« herstellen lassen. Der Handelsmann Christof Wilde sagt aus, im Hause des Ertmann Schmidt eine solche »Geltwippen« gesehen zu haben. Sie sei »gleich einem Brunnschwengel zwischen einer Mikken[16] oder Gabeln und müßte zu jeder Münze eine sonderbare Wippe seyn, als zu Grosch., Doppelschilling, Schilling, zu Tornosen, Dreyer, und werde der Schwengel hinten so schwer gemacht, daß die Müntze, so sie schwer und richtig genung, konnte vornflux im Uffwippen selbst abfallen...«

Darum also ging es. Elias Henning stand im Verdacht, ein Kipper und Wipper zu sein. Allerdings handelte es sich ja eigentlich nicht um ihn, sondern um Michael Martens, den Franzburger Münzmeister, in dessen Auftrag Henning schwere Münzen gegen untergewichtige oder stark mit Kupfer legierte Kleinmünzen eintauschte und in Prenzlau die zum Kippen und Wippen benötigten Instrumente herstellen ließ. Doch Martens taucht im Prozeß nicht auf; denn Franzburg gehörte Herzog Philipp Julius von Pommern-Wolgast, während Prenzlau auf kurfürstlich-brandenburgischem Gebiet lag und seit 1360 das ausschließlich städtische Prägerecht besaß. Auf einen offenen Konflikt mit dem Herzog konnte sich die Stadt nicht einlassen. So entlud sich der Zorn über die schlechten Franzburger Münzen und den »Export« guten pommerschen Geldes auf das Haupt des bedauernswerten Elias Henning.

Den Vorgang des Kippens und Wippens hat uns teils schon der Handelsmann Christof Wilde beschrieben. Münzen einer bestimmten Sorte wurden auf eine speziell für sie gefertigte Wippe gelegt. War das Geldstück gut, also vollwertig, dann schlug die Wippe um, und es wurde abgekippt, während die schlechte, die unterge-

16 Holzgabel, in der der Pumpenschwengel mit einem Bolzen befestigt war

wichtige Münze liegenblieb. Das vollwertige Geld wurde dann eingeschmolzen und in schlechter Münze ausgeprägt.

Daß solcherlei Unwesen auch in Prenzlau selbst gang und gäbe war, läßt sich der Aussage des Tischlers Schröder im Henning-Prozeß entnehmen: »*Vorm Jahre hat mich der Kupferschmied beiseite gerufen und gebeten, ich sollte ihm doch zweene Wippen machen zum schweren Gelde.*«

Wir wissen leider nicht, wie der Prozeß ausgegangen ist. Sehr wahrscheinlich hat Henning das Geld seines Münzmeisters nicht zurückerhalten, ist ansonsten aber nicht verurteilt worden, denn kurze Zeit später bietet er dem Kurfürsten von Brandenburg an, im Falle der Errichtung einer Münzstätte in Landsberg an der Warthe dort die Stelle des Münzmeisters zu übernehmen.

Michael Martens hatte das ausdrückliche Einverständnis von Herzog Philipp Julius, die Münze zu verschlechtern. Der Herzog war bereits drei Monate vor Martens' Anstellung, in dem am 7. Mai 1618 in Leipzig erlassenen Kreistagsabschied, angegriffen worden, weil er vierfache und doppelte Schillinge zu Franzburg »*ganz ungerecht münze*«. Die dort geäußerten Vorwürfe finden sich auf der Rückseite des Vertrages mit Martens. Dort heißt es:

»1. *Franzburg ist nicht die rechte Münzstätte.*

2. *Das gemelte Werk ist auf jährliche oder monatliche pension ausgethan.*

3. *Der Müntzmeister ist nicht vereidet.*

4. *Die alte volwichtige Müntze an kleinen Sorten, nemlich Vierlinge, Silbergroschen, Lübschillingen und dergl. wirtt auffgewechselt, außgekippt oder außgewogen, hernach in den Diegel geworfen, umbgeschmolzen und ringere Sorten darauß geschlagen.*

5. *Die Vierlinge, (dann itzo keine anderen Sorten geschlagen werden) werden gahr zu klein und geringe gemachet.*«

Das sollte Martens zweifellos zur Mahnung dienen, seinem Herzog keinen weiteren Ärger einzubringen. Denn die Franzburger Münze war von Anfang an eine Heckenmünze.[17]. Die Augsburger Reichsprobationsordnung von 1559 hatte nur den Kreismünzstätten und den Münzstät-

17 Eine nicht nach den Bestimmungen der Reichsprobationsordnung von 1559 prägende Münzstätte.

ten der Reichsstände die Münzprägung eingeräumt, allerdings bei Verwendung eigenen Bergsilbers. Dieser Grundsatz fand sich auch in der Reichsverfassung von 1572 wieder. Er sollte dem schon seit langem in den kurfürstlichen, herzöglichen, fürstlichen, gräflichen, bischöflichen usw. Münzstätten üblichen Geschäft mit dem Einschmelzen guter Münze wehren. Doch war dies völlig irreal. In Nord- und Westdeutschland gab es nun einmal keine Silbervorkommen, und die dort herrschenden Fürsten waren so gar nicht bereit, auf ihr teils tatsächlich verbrieftes Münzrecht zu verzichten. Man ignorierte folglich das Reichsgesetz. Ganz deutlich wird dies in dem am 9. Januar 1588 zwischen Herzog Bogislaw XIII. und acht Vertretern des niederen Adels geschlossenen Vertrag über die Gründung der Stadt Franzburg: »*Und obwohl die Anordnung der Münze der Reichs-Konstitution, anno 1572 aufgerichtet, nicht allerdinge gemäß seyn mögte, dieweil aber dennoch derselben von andern Ständen bis daher nicht gelebet, so getrauen Wir uns auch solches zu verandtworten oder zum wenigsten, daß sie mit Uns zufrieden sein sollen, bei der Kaiserlichen Maytt. und den Ständen des Reichs zu erhalten.*« So war auch Punkt 1 der Vorwürfe des Kreistagsabschieds zu verstehen.

Aber die Zeit der guten Münze war vorbei, und auch Martens mußte sich dem allgemeinen Trend anschließen, aus gutem Geld schlechtes zu prägen. Als der Herzog schließlich in seiner Franzburger Münzstätte anfragen ließ, ob es nicht ohne Auskippen der guten Münze gehe, antwortete ihm Martens am 7. November 1619: »*Es ist wohl früher so getrieben, doch will es sich jetziger Zeit nicht thun lassen, weil der Thaler gar zu hoch gesteigert, und die alten kleinen Sorten, auch dieselben, so ich in meinem Anfange und für 4 Jahre zu Frantzburg gemünzet, 12 Schill. uffn Thaler besser sein, als die jetziger Zeit im Reiche gemünzet können werden.*«

Die große Kipper- und Wipperzeit

Die Prenzlauer Affäre hatte sich gewissermaßen am Vorabend der »großen Kipper- und Wipperzeit« ereignet, denn die wird in den Geschichtswerken erst auf die Zeit von 1621 bis 1623 anberaumt. Dennoch reicht die Praxis, gute Münze einzuschmelzen und in schlechtere umzuprägen, viel weiter zurück. Wir kennen sie bereits aus der römischen Kaiserzeit, ja selbst aus den Anfängen der Münzprägung. Die Legierbarbeit der Metalle hat die staatlichen und privaten Falschmünzer zu allen Zeiten gereizt, mit der Münzprägung »Merkanz« zu machen.

Im Verlauf des 16. Jahrhunderts hatten die römisch-deutschen Kaiser durch Reichsmünzordnungen (1524, 1551, 1559, 1572) versucht, des Münzwirrwarrs, verursacht durch die vielen autonomen Prägungen der Territorialfürsten, aber auch der münzberechtigten Städte, Herr zu werden. Jedoch schon die Eßlinger Reichsmünzordnung von 1524 mußte scheitern, weil der Münzfuß sowohl der Großmünze (des Guldiners[18]) wie auch der Kleinmünze zu hoch war. Denn das Silber war allgemein knapp geworden, und sein Preis stieg. Wohl waren Sachsen, Tirol, der Harz und Böhmen wegen des dortigen Silberbergbaus im Vorteil, doch selbst hier ging man gegen Ende des ersten Drittels des 16. Jahrhunderts zu schlechterer Münze über. Der berühmt gewordene »Münzstreit« zwischen Kurfürst Johann dem Beständigen und seinem »Münzbündnispartner« Herzog Georg, ist uns in drei Flugschriften aus dieser Zeit erhalten und legt beredtes Zeugnis davon ab.[19]

Um das Jahr 1525 kommt eine neue Großmünze auf, der Taler, für den die Reichsmünzordnung von 1551 einen Feingehalt von 27,5 g und den Wert von 72 Kreuzern festlegt. Sachsens Taler hingegen werden auf 68 Kreuzer oder 24 Groschen festgelegt. Fortan unterschied man zwischen Reichstalern und sächsischen Talern.

Der Hauptmangel der Reichsmünzordnungen war, daß sie das Wertverhältnis zwischen der silbernen Großmünze und den ebenfalls silbernen Kleinmünzen nicht stabilisieren konnten. Das Prägen der großen Mengen von Kleingeld war unverhältnismäßig teurer als das der Großmünzen, so daß mit dem Kleingeld kein Gewinn mehr zu machen war. So begannen die sogenannten niederen Münzstände (geistliche und weltliche Territorialherrscher sowie münzberechtigte Städte), dem Mangel auf ihre Weise abzuhelfen. Man prägte die Kleinmünze nach eigenem

---

18 Silbermünze von 27,41 g Feingewicht; sie zerfiel in halbe, viertel, zehntel Guldiner, Groschen (1/21), Halbgroschen (1/42) und Kleingröschlein (1/84).
19 Vgl. G. Ludwig, G. Wermusch: Silber. Berlin 1986.

Münzfuß, verschlechterte also ihren Feingehalt. Zu Beginn des Dreißigjährigen Krieges (1618) gab es wohl fast ebensoviel Münzfüße wie Münzstätten. Periodische Kontrollen auf den Tagungen der Landfriedenskreise[20] brachten die Verfehlungen der verschiedensten Münzstätten zwar immer wieder zutage, doch ohne Erfolg. Beispielsweise hatte der Kreiskonvent zu Frankfurt/Oder im Mai 1612 die Schließung der Franzburger Münzstätte angeordnet, weil der Herzog dem damaligen Münzmeister Caspar Rotermund verbot, seine Münzen in die Probe zu geben. Der Herzog hatte auch einigen Grund dazu, denn Franzburgs Doppelschillinge waren inzwischen so schlecht, daß vor des Herzogs Augen *deren einer auffen Tisch entzwei gefallen sei*. Zur Rede gestellt, hatte Rotermund trocken geantwortet, *das käme selbst beim arabischen Gelde vor*. Im übrigen scherte sich Herzog Philipp Julius nicht um den Beschluß des Kreiskonvents und ließ weiter prägen.

Der Wert des Kreuzers ist im Jahre 1611 von 68 (1551) auf 90 je Taler gefallen, und acht Jahre später zahlt man bereits 108 Kreuzer für einen Taler. Noch aufschlußreicher ist der Bericht, den Oberstleutnant Kniephusen Herzog Philipp Julius am 23. April 1619 überreicht: *Ein Müntzmeister kann wöchentlich müntzen 8000 Thl., im Jahr 424000. Ein Thlr. wird gewechselt mit 24 Groschen, von demselben werden im Land zu Braunschweig und andern Örthern jetzund gemünzet 120 Groschen, ergo auff 1 Thlr. gewonnen 86 Groschen, macht wöchentlich 688000 g. Im Lande zu Braunschweig werden I. f. Gnad von jedem Münzorte monatlich 1000 Thlr. von denen, so die Münze an sich haben.*

Unter diesen Verhältnissen wurde auch das Rohmaterial, das Silber, von den Gebieten gleichsam magisch angesogen, wo die Münzherren das beste Geschäft mit der Geldverfälschung machten. Denn natürlich zahlten die Herren in guten Talern – und, wo es sich um gute Ware handelte, mit erklecklichem Aufschlag. Möglicherweise hatte auch unser Elias Henning vor, einen oder zwei seiner Geldbeu-

---

20 Auf dem Reichstag zu Köln (1512) festgelegte 10 Reichskreise: 1. Österreich, 2. Bayern, 3. Schwaben, 4. Franken, 5. Oberrhein (Lothringen, Hessen), 6. Kurrhein (Mainz, Trier, Köln, Pfalz), 7. Westfalen, 8. Niedersachsen (Braunschweig, Lüneburg, Holstein, Mecklenburg), 9. Obersachsen (Sachsen, Brandenburg, Pommern), 10. Burgund.

tel auf seiner Reise nach Hamburg unterwegs mit einigem Gewinn abzusetzen.

Was Michael Martens, den Münzmeister von Franzburg, betrifft, so wollen wir dem längst Verblichenen doch das Ehrenzeugnis ausstellen, das beste beabsichtigt zu haben. Denn seinem bereits erwähnten Schreiben vom 7. November 1619 fügt er hinzu, er hoffe die ehrliche Münzprägung noch einige Zeit fortzusetzen, sofern ein scharfer Befehl an alle Zölle ergehe, daß niemand Silber oder schwere Münze aus dem Lande führe, sondern nach Franzburg. Im übrigen überlasse er es seinem Herzog, zu entscheiden, ob er die gleiche Pension wie bisher verlange. Bleibe er dabei, dann müsse er sich entschließen, so zu prägen wie in anderen Ländern. Eine bessere lokale Münzung war längst allenthalben zu einem Unding geworden, da deren Produkt sofort in die Tiegel der schlechter münzenden Nachbarn gewandert wäre.

Am 19. Juli 1621 bittet Michael Martens den Herzog um seine Entlassung, »*weil kein Silber zu erhalten und die Gesellen verzogen, er selber deshalb nichts verdiene und bei der Pension zusetzen müsse. Er bliebe wohl, doch wäre es eine wahre Unmöglichkeit, da eine solche Konfusion im Müntzwesen an allen orten und enden im schwange gehe, der Thaler zu Stralsund schon auf 8 Mark 2 Schill. gesetzt und deshalb die andere Örter geringer prägten*«.

Dennoch blieb Martens in Franzburg.

Zu Beginn des Dreißigjährigen Krieges (1618–1648) ist die Währungsordnung im römisch-deutschen Reich vollends aus den Fugen geraten. Riesige Söldnerheere wollen bezahlt werden. Der Geldbedarf steigt ins Unermeßliche. Wer noch gutes Silbergeld aus alten Zeiten hat, hält es zurück, verbirgt es sorgsam. Es ist kein Mangel an Silber in jener Zeit. In Westeuropa steigen die Preise, weil zuviel Silber aus Amerika kommt. Doch ist die Wirtschaft dort weiter fortgeschritten, ausgenommen Spanien und Portugal. Speziell Spanien, das aus seinen gold- und silberreichen Kolonien in Amerika jährlich immense Mengen des Edelmetalls nach Europa schafft, ertrinkt geradezu in einer Kupferinflation.

Kopernikus hatte bereits im Jahre 1526 jenes Gesetz formuliert, das später als *Gresham-Gesetz*[21] in die Ge-

21 Nach Sir Thomas Gresham (1519–1579), dem Begründer der Londoner Börse

schichte eingehen sollte: »*Obwohl … Bewertung und Geltung des Geldes allenthalben dahinschwanden, hörte man deshalb doch keineswegs mit der Produktion von Münzen auf, und da die Mittel nicht ausreichten, um die Neuprägungen den umlaufenden Münzen gleichwertig zu machen, war die jeweils nächstfolgende Münze, die noch zusätzlich in Umlauf gesetzt wurde, stets schlechter als die vorige, drückte so die Güte der vorausgegangenen Münze nieder und vertrieb sie so aus dem Umlauf…*« Das schlechtere Geld verdrängte so die gute Münze, die gegen gute Ware im Ausland oder in privaten Horten verschwand.

So war es um die Münzordnung vor allem in den östlichen Gebieten bestellt. Doch der Krieg machte dort nicht halt. Riesige Ländereien verödeten, Handwerk und Handel kamen zum Erliegen.

Das lose Münzergsind

Den Höhepunkt erreichte die Krise des Münzwesens in der Zeit von 1621 bis 1623, während der großen Kipper- und Wipperzeit. Überall in den deutschen Landen entstanden neben den legalen Münzstätten Heckenmünzen, die zum größten Teil für die herzogliche, fürstliche oder gräfliche Kasse wirkten. Die Chroniken verschweigen meist den Auftraggeber, denn verschiedentlich hatten die »Edlen« solche Münzstätten an Handwerker oder Kaufleute verpachtet. Von einer Beteiligung der städtischen Verwaltungen an diesen Heckenmünzen wird nirgends berichtet. Aus dem Herzogtum Anhalt sind wenigstens neun Städte und Dörfer bekannt, die in dieser Zeit Kippermünzen geprägt haben: Bullenstedt, Köthen, Coswig, Dessau, Meinsdorf, Mühlstedt, Nienburg, Plötzkau und Roßlau; in Brandenburg waren es 18, im Braunschweigischen 32, in Franken 17. Die Grafen von Mansfeld unterhielten auf einem Gebiet von etwa 14 Quadratmeilen sogar 40 Heckenmünzen, für Thüringen sind wenigstens 36 nachgewiesen. Die Kreuzer, Schillinge, Groschen, Vierlinge usw. wurden immer »roter«, das Weißsieden, schon aus der Römerzeit bekannt, über die Jahrhunderte immer wieder angewandt, war überall im Schwange. In Samuel Müllers (gest. 1662) Stadtchronik von Sangerhausen heißt es dazu:

»Das neue Geld war fast lauter Kupfer, nur gesotten und weiß gemacht, das hielt aber etwa 8 Tage, dann wurde es zunderrot. Da wurden die Blasen, Kessel, Röhren, Rinnen und was sonst von Kupfer war, ausgehoben, in die Münzen getragen und zu Gelde gemacht. Ein ehrlicher Mann durfte sich nicht mehr getrauen, jemanden zu beherbergen, denn er mußte Sorge tragen, der Gast breche ihm in der Nacht die Ofenblase aus und laufe davon. Wo eine Kirche ein altes kupfernes Taufbecken hatte, das mußte fort zur Münze, und half ihm keine Heiligkeit, es verkauften es die darin getauft waren.«* Im Jahre 1620 stand der Reichstaler auf 180 und im Herbst 1622 auf 1000 Kreuzern. Das ganze Volk war aufgebracht. Kein Bauer war noch bereit, seine guten Schinken und Würste auf den Markt zu bringen. Vielerorts war man zur Naturalwirtschaft zurückgekehrt: ein Hemd gegen zwei Pfund Schinken usw. Hunderte von meist anonymen Flugschriften kursierten. Und wie einst Martin Luther gegen den gottlosen Wucher gepredigt hatte, erhoben jetzt Geistliche ihre Stimme gegen die Umtriebe der Kipper und Wipper. So Tobias Henckelius, der seine Halberstädter Gemeinde darüber urteilen läßt, »ob jemand mit Recht und gutem Gewissen könne das beste und schwerste Geld ausskippen oder ausschießen, oder von anderen aussgeschossen um schlim und leicht geld auff= und einwechseln und auff die unrichtigen Müntzen schicken?«

Die Schuldigen an diesen Umtrieben, zu denen auch münzberechtigte Bischöfe gehörten, werden jedoch meist verschwiegen.

Im Volk waren damals viele Spottlieder auf die Kipper und Wipper verbreitet:

»Sie mauscheln ja und wechseln ein,
nichts darf sich blecken lan.
Die kip die wip, die kip die wip!
sie liefern in die Münz geschwind,
kippens nach der Mark[22] dahin
und nehmen zehnfachen gewin
mit dem losen münzergsind.«

Das »lose Münzergsind« mußte also herhalten – übrigens auch die Juristen,

»die anstatt das procurirn
ganz höfflich thun die Kippen führn«.

22 Markgewicht: 233,856 kg (Kölnische Mark).

»Die kip die wip« kehrte in jeder Strophe wieder und wurde schließlich, den Gesang der Wachtel nachahmend, zum Spottruf für die an dem ganzen Vorgang zuletzt schuldigen Münzmeister und -gesellen: Kippdiewipp.

Wer die wahren Zusammenhänge offenbaren wollte, mußte dies anonym tun. Stellvertretend für zahlreiche solcher anonymen Flugschriften, die zu Beginn des Dreißigjährigen Krieges kursierten, sei eine Schrift mit dem Titel *Expurgatio oder Ehrenrettung der armen Kipper und Wipper, gestellt durch Kniphardum Wipperium. 1622, Fragfurt,* genannt. Hierin heißt es: »*Ich habe noch keinen einzigen Pfennig, geschweige gröbere Münze gesehen, worauf der Kipper und Wipper Namen, Wappen oder Gepräge stände... Sondern man sieht darauf wohl ein sonst bekanntes Gepräge oder Bild, und wird der Kipper oder Wipper nicht mit dem geringsten Buchstaben gedacht...*

Denn wahrlich, so mancher alte Kessel, worin so mancher gute Grütz- oder Hirsebrei gemacht ist, auch so manche gute alte Pfanne, worin so viel gutes Bier und so mancher schöne Trunk Breihahn gekocht wurde, ist verschmolzen und vermünzet worden, und dieses ist nicht von den gemeinen Kippern, sondern von den Erzkippern geschehen. Denn die andern haben keine Regalia, zu münzen, und ob sie gleich als die Spür- und Jagdhunde solches ausgespürt und aufgetrieben, so haben sie es doch nur auf Befehl andern abgejagt und sind also nicht in so schwerer Verdammnis als diejenigen (sie mögen heißen wie sie wollen), so die Regalia vom Reich haben und dieselben zum merklichen Schaden deutschen Landes mißbrauchen.

Keiner will in jetziger Zeit der Katze die Schelle anhängen oder, wie Johannes dem Herodes, die Wahrheit sagen. Aber auf die armen Schelme, die Kipper und Wipper, schimpft jedermann, während diese doch bei solchem Wechselgeschäft nichts aus eigener Macht tun, sondern was sie tun, geschieht alles mit Wissen, Willen und Beifall der Obrigkeit.«

Das war ein deutliches Wort. Die eigentlichen Falschmünzer waren die »edlen Herren«, die sich der Kipper und Wipper bedienten, um das Volk zu plündern.

Doch wollen wir nicht ungerecht urteilen. Der Münzbetrug wirkte wie eine Lawine, die schließlich jede Münzstätte mitriß. Michael Martens hatte dies schon deutlich zu verstehen gegeben. Durchaus nicht jeder Münzherr gewann durch die Münzverschlechterung, denn das schlechte Geld floß ja in die herrschaftlichen Kassen zurück. So mußte die kurfürstliche Kasse in Dresden für 1622 einen Verlust von 159 740 und für 1623 von 835 731 Talern verbuchen.

Gewonnen hatten aus dieser ersten, der »großen«, Kipper- und Wipperzeit nur die Mächtigsten unter den Fürsten des Reichs bis zu Kaiser Ferdinand II. (reg. 1619–1637). Er verpachtete nämlich 1622 alle Münzstätten in Böhmen, Mähren und Niederösterreich an ein Konsortium, dem auch Fürst Liechtenstein und Oberst von Wallenstein angehörten. Der Pachtvertrag galt für ein Jahr (vom 16. Februar 1622 bis 16. Februar 1623). In dieser Zeit kaufte allein Wallenstein etwa 50 Herrschaftsgebiete und Güter Nordböhmens mit dem verfälschten Geld auf. Die anderen Mitglieder des Konsortiums standen ihm darin kaum nach.

Nachdem es zunächst in Österreich und dann im ganzen Heiligen Römischen Reich Deutscher Nation zu offenem Aufruhr gekommen war und auch die Fürsten mit dem schlechten Geld weder den Hofstaat noch die in den jetzigen Kriegszeiten unverzichtbaren Söldnerheere unterhalten konnten, kehrte man im Laufe des Jahres 1623 überall zu den alten Münzen zurück.

Die ehrbaren Münzmeister

In die Zeit zwischen 1670 und 1690 fällt die sogenannte kleine Kipper- und Wipperzeit. Am 27. August 1667 hatten die Kurfürsten von Sachsen und Brandenburg in Zinna beschlossen, für den Taler einen neuen Münzfuß festzulegen. Das Silber war zu teuer geworden, um an dem alten Fuß von 9 Talern auf die Kölnische Mark noch festhalten zu können. Der neue Münzfuß sollte auf 10,5 Taler kommen. Da jedoch noch kein allgemeiner Reichsbeschluß hierüber vorlag, wagte man nicht, die Taler nach diesem Fuß zu prägen, sondern schlug den Zwei-Drittel-Taler zu 60 Kreuzern oder einem Rechnungsgulden. Nach diesem Fuß wurden noch 1/3- und 1/6-Stücke geprägt.

Doch war damit das Dilemma noch nicht beseitigt. Besonders dort, wo die Fürsten auf keine eigenen Silbervorkommen zurückgreifen, den Preis des Rohsilbers also entsprechend drücken konnten, blieben die großen Einkünfte aus dem Schlagschatz aus. Und so begann das Unwesen der Kipperei und Wipperei erneut. Die Duodezfürsten von Sachsen–Coburg, Anhalt, Lauenburg, Stolberg, Solms usw. ließen die Zwei-Drittel-Taler bis zum 16-Taler-Fuß ausprägen, was wiederum eine Verteuerung des Silbers nach sich zog. Doch machten nicht nur sie »Merkanz« mit der Münzverfälschung. Auch die herrschaftlichen Münzer sahen zu, wie sie auf ihre Kosten kamen.

Aus dieser Zeit ist uns ein interessantes Dokument erhalten, das den Titel trägt: *Das entlarffte Müntz=Wesen, Oder vielmehr Das heut zu Tage im Schwang gehende schänd= und schädliche Kippen und Wippen. Wie solches von denen Müntzmeistern, derselben Bedienten und Lieferanten getrieben wird. Entdeckt Durch Filargirium Anno MDCXCI* (1691).

Es ist die anonyme Schrift eines Mannes, den wir heute als Sensationsreporter bezeichnen würden. Siebzig Jahre vorher war die bereits zitierte Schrift des ebenso anonymen Kniphardius Wipperius mit der die Leserschaft veralbernden Ortsangabe »Fragfurt« erschienen. Filargirius verzichtet ganz auf die Ortsangabe. Warum, wissen wir nicht, dem Zorn des Herrschers hätte er sich mit seinen Entdeckungen weit weniger ausgesetzt als Kniphardius.

Filargirius bittet einen Freund, ihn in das Getriebe einer Münzwerkstatt einzuweihen. Im großen und ganzen weiß er Bescheid um die Kalamitäten mit dem Münzfuß usw. Nun interessiert ihn, wie der Münzmeister bei dem teuren Silber und dem so hohen Schlagschatz für den Münzkern noch Gewinn machen kann.

Der Münzmeister hat schon etwas tief in das Glas gesehen und ist redselig geworden:

»Es ist nicht ohne, mein Herr, daß gar ein schlechter Überschuß bey dem Müntzwesen ist, indem die Silber sehr hoch gestiegen, daß nur iedweder Specie=Thaler auff 30 gr[oschen] kommet, die Müntzherrn auch gar zu großen Schlägeschatz haben wollen; weil sie aber den armen Müntzmeistern sehend nichts gönnen wollen, so müssen sie es ihnen doch blind lassen… Wenn ich dem Müntz= Herrn wöchentlich acht, neun, zehn, ja meistens biß zwanzig hundert Marck, iede Marck mit 4. Gr. verschläge-

schatze, so kan ich auch leicht funfftzig Marck verschwei-
gen, und das trägt schon über 8. Thaler, so kan ich ja auch
das Geld an Korn ¹/₂ Gran zu gering machen[23], das kan ohn-
gefehr wieder wöchentlich biß 10 Rthlr. austragen. Wann
auch gleich ein anderer solches nachprobieret, so heist es
doch und bleibet darbey, es hat seinen rechten Gehalt, es
ist nur etwas scharff; gleichfalls kan ich iede hundert
Marck an Schrot um etwa 4 Loth zu leichte halten, so doch
gar ein geringes ist, und kan von niemand gespühret wer-
den, gleichwol kan es noch wohl wöchentlich ein Thaler
oder 40. austragen. Wenn man aber weiß, daß das Geld
alsobald zum ersten weitweg, als etwa in Pohlen und der-
gleichen Oerther geführt wird, kan man wohl iede hun-
dert Marck biß 12. und mehr Loth zu leichte machen...«

Im übrigen betrügt hier jeder jeden. Die Wechsler, die das
Silber in die Münzstätte bringen, liefern es in feuchten
Säcken und mit Sand vermischt. Der Münzmeister wiederum hängt die Waage aus oder legt dünngeschlagenes
Blei in die andere Waagschale. Die Gesellen bestehlen
den Meister, indem sie Kupferspäne unter den als Reduk-
tionsmittel dienenden Kohlenstaub mischen, der Meister
bestiehlt den Schmelzer, so daß der zu wenig Münzsilber
ausbringt und mit Abzug vom Wochenlohn bestraft
wird.

Der vom Schampus bald völlig benebelte Münzmeister
weiht Filargirius in alle Geheimnisse der Münzverfälschung und direkten Falschmünzerei ein: Wie das Kippen
und Wippen vor sich geht, wie man gute Reichsmünze
wie auch ¹/₃-und ²/₃-Taler bis auf 14 (statt 10) Taler auf die
Kölnische Mark ausbringt und selbst »*anderer Herren*
Geld« mit unterwertigem Schrot und Korn nachprägt. Und
da sich letztere am falschen Glanz verraten könnten, hilft
man halt mit Weinstein und Lotwasser[24] nach.

Um das Bild von den Zuständen in Deutschlands Münzstätten zu vollenden, stellt Filargirius dem trinkfreudigen
Schelm noch die Frage, »*ob denn die Münzmeister, wann*
sie die Münzherren um den Schlägeschatz betrügen, und
die Gelder wider ihre instruction zu leicht ausgehen lies-
sen, nicht zu zeiten ertappet und abgestraffet würden.
Freylich, antwortete er, wird ie zu zeiten ein und anderer
ertappet, und ist mir einer bekant, der deßwegen, unge-

---

23 Das war lt. Gesetz noch erlaubt.
24 salzsaure wäßrige Lösung von Ammoniumchlorid und Zinkchlorid.

achtet daß lange Zeit nicht mehr in Diensten gewesen war, etliche 1000 Thlr. schwitzen muste.«

Chroniken scheinen zu bestätigen, daß die Zeit, da man das betrügerische Geschäft der Münzmeister und ihrer Gesellen mit Feuer und Schwert auszurotten versuchte, vorbei war. Den »*reichen Muntzmaister*« von Nürnberg hatten die Ratsherren im Jahre 1467 auf dem Obstmarkt noch enthauptet, weil er »*die ietzigen weissen muntz ersaigert*«, wegen des gleichen Vergehens also, für das jetzt lediglich Geldbußen erhoben werden.

Nun mag das durchaus nicht überall in Deutschland so gewesen sein. Dennoch hatten sich die Sitten sehr gelokkert, denn etwa seit Mitte des 16. Jahrhunderts nahm die Verbreitung unterwertiger Münzen in allen Gegenden derart zu, daß im Einzelfall die Richter den Argumenten des Angeklagten kaum noch gewachsen waren. Der Münzmeister mußte sich dem allgemeinen Trend anpassen. Wer fortfuhr, gerecht zu münzen, erhielt bald kein Material mehr, um weiter prägen zu können. So mag es auch dem Arnstädter Münzmeister Paul Pfeil ergangen sein, der am 28. Juni 1564 zum Feuertod verurteilt worden war. Da der Münzmeister bis zuletzt seine Unschuld beteuerte, schlug dem Kurfüsten wohl das Gewissen, so daß er ihn dahin begnadigte, beide Ohren zu lassen, gebrandmarkt und des Landes verwiesen zu werden. Als Paul Pfeil auch gegen dieses Urteil opponierte, ließ man den Querulanten köpfen.

Aber das geschah 127 Jahre bevor Filargirius seinen Bericht über die Zustände in Deutschlands Münzstätten geschrieben hat. Ganz unerwähnt bleibt hier, daß die Münzherren selbst im Komplott waren. Doch das kennen wir schon.

Internationale
Geldfälscher

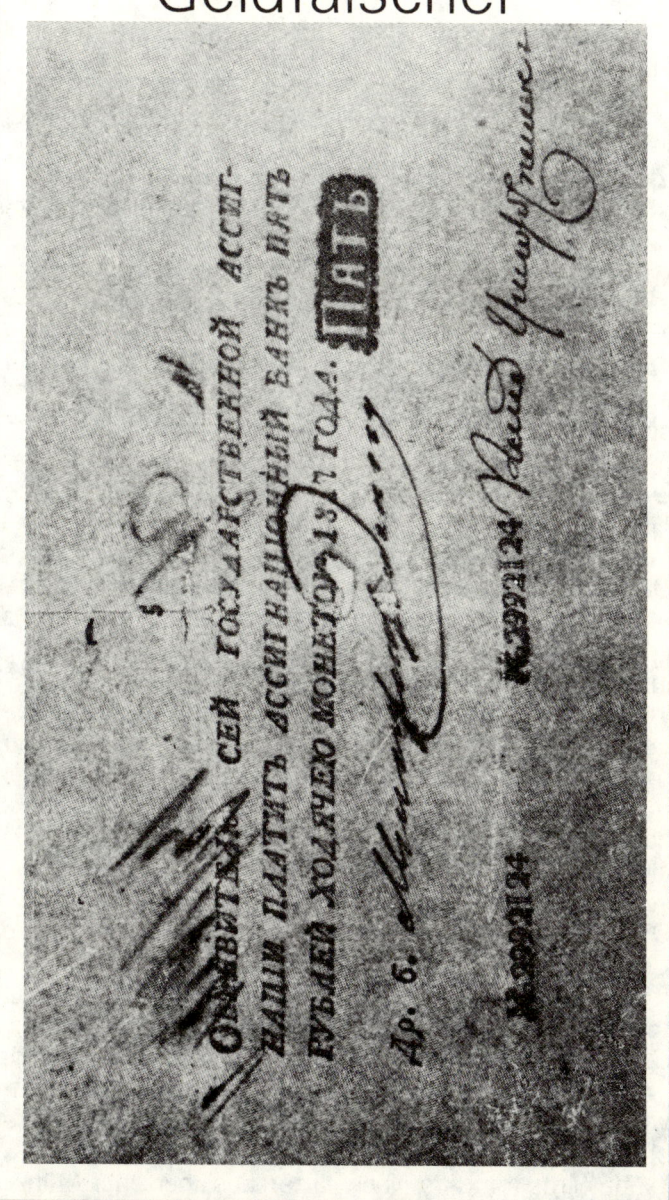

Das mittelalterliche Schloß in der oberitalienischen Stadt Correggio war einst Stammsitz der Correggeschi, eines Fürstengeschlechts, das in Correggio seit dem 11. Jahrhundert herrschte.

Das Münzrecht hatten die Correggeschi erst verhältnismäßig spät, im Jahre 1559, von Kaiser Ferdinand I. verliehen bekommen. Die Verleihungsurkunde war der Anfang vom Ende des stolzen Fürstengeschlechts.

Zu dieser Zeit hatten sich viele oberitalienische Despoten wie die Herren von Dezana, Frinco, Lavagna, Masserano, Macagno, Montanaro, Passerano längst im großen Geschäft mit der Falschmünzerei etabliert. Viele von ihnen hatten ihre Münzstätten von vornherein nur zu dem Zweck errichtet, ausländische Geldstücke nachzuprägen und sie zu »exportieren«. »Hauptabsatzgebiete« waren Frankreich, die Schweiz, Deutschland, Holland und sogar Dänemark. Natürlich waren diese Münzen nicht vollwertig. Sonst wäre der Verdienst der noblen Herren gar zu schmal ausgefallen. Schließlich war die Geldfabrikation ihre Haupteinnahmequelle.

Wohl wurde allenthalben und wiederholt Klage erhoben gegen die fürstlichen Fälscher. Auch die kaiserliche Kammer sah sich mehrmals genötigt, gerichtliche Maßnahmen gegen sie einzuleiten. Stets aber gelang es den Fälschern, mit entsprechendem Handgeld und mit Intrigen alle Anklagen zu vereiteln und ihre Unschuld nachzuweisen.

Da stieß ein Neuling zu der Gruppe: Sirus Austriacus de Correggio, ein nicht ganz astreiner Nachkomme des Camillo de Correggio aus dessen unstandesgemäßer Liaison mit einer Francesca Mellini. Als Camillo 1605 starb, ging das Fürstentum an Sirus über, der damals etwa 13 oder 14 Jahre alt war und der Vormundschaft des Statthalters von Mailand, Umberto Zuccardi, Graf von Fuente, unterstand.

Wann Sirus mit dem Nachahmen ausländischer Münzen

begonnen hat, ist nicht bekannt. Jedenfalls hat er das Fälschergeschäft zumindest bis Ende des Jahres 1629 im Verein mit seinem Münzmeister Rivarola betrieben. Dann nämlich setzten die Untersuchungen der kaiserlichen Kammer ein, die ihn aufforderte, sich in der Burg Novarella zu rechtfertigen. Im März 1630 wurde dort das Urteil gefällt: Das kaiserliche Gericht erklärte Sirus Austriacus de Correggio der Falschmünzerei für schuldig und enthob ihn aller Rechte auf sein Fürstentum. Sirus legte Berufung ein. Die Akten gingen nach Wien, und dort kam man zu einem wahrhaft salomonischen Beschluß. Man bestätigte das Urteil, räumte Sirus jedoch das Recht ein, seine Besitztümer für den Betrag von 230 000 Goldgulden zurückzukaufen. Kein noch so mächtiger Fürst oder gar König wäre in der Lage gewesen, eine solche Summe aufzubringen. Selbst Kaiser Karl V. hatte, um die Bestechungsgelder für seine Kaiserwahl 1520 aufbringen zu können, die Fugger um 543 585 Gulden angehen müssen. Und die Fugger waren die Bankiers der damaligen Welt.

In fürstlichen, aber auch bürgerlichen Kreisen wurde damals dieses Urteil als ungerecht empfunden, und man munkelte, daß private Interessen des habsburgischen Kaisers Ferdinand II. (reg. 1619–1637) dahinter gestanden hätten. Tatsächlich fiel dann auch das Fürstentum an Franz I., Herzog von Modena, der die enorme Ablösungssumme gezahlt haben soll.

Von Sirus Austriacus vermeldet die Chronik, daß er 1645 in Mantua verstorben sei, im Elend und von allen verlassen. Das Geschlecht der Correggeschi erlosch im Jahre 1711, ein Jahr bevor jener König das Licht der Welt erblickte, dem Zeitgenossen und die Nachwelt den Beinamen »der Große«, ja sogar »der Einzige« verliehen haben.

Von außen Friedrich, von innen Ephraim

Die Nachprägung von ausländischen Kurantmünzen an sich war noch keine Falschmünzerei, sofern deren Schrot und Korn gewahrt blieben, obgleich sie einen unstatthaften Eingriff in fremde Münzrechte darstellte. Doch ist dies in der Geschichte häufig vorgekommen. Zu den am meisten nachgeahmten Münzen gehören der florentiner

Goldgulden, der französische Turnos und die englischen Sterlinge. Die Geusen in den Niederlanden haben zwischen 1568 und 1588, während der Freiheitskämpfe gegen die Spanier, in großem Umfang spanische, portugiesische und deutsche Gepräge nachgeahmt.

Direkte Falschmünzerei lag jedoch dort vor, wo – wie im Fall der oberitalienischen Despoten – das fremde Gepräge verschlechtert ausgebracht wurde. Hier konnte sich der Herrscher nicht auf sein Münzregal berufen, das schon zu antiken Zeiten seinen Betrug legalisierte, sofern es auf den eigenen Staat begrenzt blieb.

So gesehen ist es auch absurd, wenn die Geschichtsschreibung noch bis in unsere Zeit Philipp IV. von Frankreich als »Falschmünzerkönig« bezeichnet.[1] Die größten hochherrschaftlichen Falschmünzer sollten erst viele Jahrhunderte später den Schauplatz der Geschichte betreten: Friedrich II. von Preußen, Georg III. von England und Napoleon Bonaparte.

Friedrich den Großen hat die Nachwelt den illustren Herrscher genannt, der im Frühsommer 1740 den preußischen Thron einnahm und nicht nur als gebildet, aufgeschlossen und tolerant, sondern auch als sagenhaft reich galt. Seine Toleranz betraf allerdings nur die bereits vom Urgroßvater, dem »Großen Kurfürsten«, dekretierte Glaubensfreiheit, die auch Juden einen gewissen Bewegungsraum erlaubte. Der sagenhafte Reichtum bestand in 8,7 Millionen Talern und in dem ungeheuren Silberschatz des Berliner Schlosses, den die Schwester Friedrichs, Wilhelmine Friederike Sophie von Bayreuth, mit 6 Millionen Talern veranschlagte.

Das Barvermögen war bereits fünf Jahre später vergeudet: im ersten (1740/42) und zweiten (1744/45) Schlesischen Krieg. Den Erstbedarf für einen erneuten Feldzug, in dem sich Friedrich im Bunde mit England und einigen deutschen Staaten gegen die Koalition von Österreich, Frankreich, Rußland, Schweden und die meisten deutschen Reichsstände die Herrschaft über Schlesien sichern und Sachsen erobern wollte, hatten Friedrichs Finanzexperten auf 5,5 Millionen Taler veranschlagt. Mit drastischen Besteuerungsmaßnahmen konnten 2,3 Millionen aufgebracht werden. Aus der Einschmelzung eines Teils der Silberschätze wurden weitere 1,5 Millionen Taler

1 Vgl. Weltgeschichte, Bd. 3, Berlin 1963

gewonnen. Es blieb eine Differenz von 1,5 Millionen, und das auch nur für den Fall, daß der Feldzug schnell beendet werden konnte. In dieser Notlage glaubte der sonst so aufgeklärte Fürst, letzte Rettung in dem Angebot einer Alchimistin mit dem schon fast symbolischen Namen Notnagel finden zu können, die versicherte, ihm Gold im Wert von über 1 Million Taler »machen« zu können. Natürlich scheiterte das Experiment, und da das ganze streng geheim behandelt wurde — nur Fredersdorff, der Kammerdiener Friedrichs, war eingeweiht —, wissen wir auch nicht, welches Schicksal der Goldmacherin beschieden war.

Schließlich hatte die englische Krone noch einige Subventionen zugesagt.

Die Eroberung Sachsens war das erste Ziel des Preußenfeldzuges. Das nötige Kleingeld für seine Truppen, sozusagen für den »Erstbedarf«, war in Gestalt von Leipziger Tympfen[2] bereits in Königsberg und Breslau nachgeprägt worden, allerdings noch nach dem vollwertigen sächsischen Münzfuß.

Am 29. August 1756 fällt ein Heer von 61 000 preußischen Söldnern in Sachsen ein und löst damit den dritten Schlesischen Krieg oder, wie er später genannt wird, den Siebenjährigen Krieg aus. Das 19 000 Mann starke sächsische Heer ist bereits Mitte September besiegt.

Das *General-Feldkriegsdirektorium in den besetzten sächsischen Landen* hatte nun dafür zu sorgen, daß das preußische Heer mit sächsischen Soldaten wie auch die preußische Kriegskasse mit sächsischem Geld aufgefüllt wurden. Die Kriegskontribution wurde mit 5 Millionen Reichstalern festgelegt, also auf den Betrag, den Friedrichs Finanzexperten für den Sachsenfeldzug berechnet hatten. Doch damit nicht genug. Am 5. November erging der königliche Befehl, die Leipziger Münzstätte in preußischen Besitz zu nehmen, weil sich der sächsische Pächter Frege weigerte, das Geld so zu verschlechtern, daß dabei der von Friedrich erwartete Schlagschatz herausspränge. Als neuer Pächter fand sich die Berliner Firma *Ephraim und Söhne,* die anbot, für die Ausprägung von einer Million Reichtstalern in Wechselmünzen[3] dem König stattliche 200 000 Reichstaler Schlagschatz zu zahlen. Der

2 Achtzehngroschenstücke
3 Tympfe, Achtgröscher, Szostaken (Sechsgröscher) und Düttchen (Dreigröscher)

Münzfuß dieses Geldes lag weit unter dem der früheren Gepräge. Unter Frege betrug der Münzfuß der Kleinmünzen noch 14 Reichstaler. Ephraim ließ sie, um den Schlagschatz zahlen zu können, zu einem Fuß von 18 bis 20 Reichstalern prägen. Vollendet wurde der Betrug an den Bürgern des okkupierten Landes dadurch, daß man für das weit unterwertig ausgeprägte Geld die Stempel der Jahre 1753 und 1754 benutzte.

Als das Preußenheer schließlich in Böhmen stand, schlug Ephraim vor, österreichische 7-, 10-, und 20-Kreuzer-Stücke zu fälschen, und zwar wiederum bei einem Schlagschatz von 200 000 auf eine Million Reichstaler. Friedrich Wilhelm Borcke, Chef des Feldkriegsdirektoriums in Sachsen, reichte den Vorschlag mit dem Vermerk, dies sei gut, weil der Soldat mit solchem Geld in Böhmen billiger einkaufen könne, an Friedrich II. weiter. Doch dem genügte das noch nicht. Er verlangte 350 000 Reichstaler Schlagschatz. Die Ephraims willigten unter der Bedingung ein, daß sie eineinhalb Millionen Reichstaler ausprägen durften. Der Kontrakt kam zustande, das Falschgeld sollte in Dresden und Prag ausgemünzt werden. Glücklicherweise blieb die böhmische Bevölkerung davon verschont. Nach der Niederlage bei Kolin (1757) mußte der Preußenherrscher Böhmen zum größten Teil räumen.

Die in den sächsischen Münzstätten ausgeprägten Stücke verluderten unter den maßlos gewordenen Forderungen schließlich völlig. Statt ursprünglich 14 wurden bis zu 45 Reichstaler Wechselmünze aus einer Mark Silber geprägt. Die Kipper- und Wipperzeit feierte fröhliche Urständ.

Friedrich II. aber hatte bei jedem Vertrag mit seinen Münzpächtern streng geboten, daß nichts von diesem Geld nach Preußen gelangen dürfte. Die unterwertigen Achtgroschenstücke waren neben den sächsischen Tympfen das Hauptkriegsgeld. Etwa 25 Millionen Reichstaler nahm Friedrich II. aus der Prägung dieser Falschmünzen ein — das war ein Sechstel dessen, was ihn der ganze Siebenjährige Krieg gekostet hat. Die erwähnten Münzen wurden *Ephraimiten* genannt. Diese Bezeichnung ist dann auch auf die seit 1757 in Dresden geprägten preußischen Dritteltaler und die XII-Marien-Groschen übergegangen, wie überhaupt auch die Bevölkerung Preußens unter »Geldverdünnungen« arg zu leiden hatte, wenngleich nicht in dem Maße wie die von Sachsen oder Polen. Die Ephraimiten waren bald so berüchtigt, daß sich die Berliner ihren Vers darauf machten: »*Von außen schön, von innen schlimm – von außen Friedrich, von innen Ephraim.*« Im übrigen mischten andere Münzherren bei der wiedergeborenen Kipperei und Wipperei lustig mit. Zunächst war es nur der Graf von Wied, der die in seiner Münzstätte von Neuwied geprägten schlechten Viergroschenstücke vorzugsweise in Sachsen vertreiben ließ und so dort den preußischen Falschmünzern Konkurrenz machte. Die Münzstätte wurde erst 1760 auf Betreiben von Kaiser Franz I. geschlossen. Dem Grafen von Wied folgte der Markgraf von Ansbach, der in Ansbach selbst sowie als Fürst von Sayn-Wittgenstein-Altenkirchen in Sayn schlechte Münzen (vornehmlich Taler und Gulden) prägen und exportieren ließ. Besonders große Sorgen bereitete dem »Alten Fritz« die Münzstätte des Fürsten von Anhalt-Bernburg, Victor Friedrich, in Harzgerode (seit 1758). Der Preußenkönig ließ sie Ende 1760 mit Gewalt schließen und versiegeln, worauf Victor Friedrich drohte, künftig keine Kriegssteuer mehr zu zahlen, und Erfolg hatte. Er durfte weiter prägen, jedoch unter ausdrücklichem Verbot, seine Münzen, die den preußischen 8-, 4- und 2-Groschen-Stücken sehr ähnlich sahen, nach Preußen zu liefern. Alle nach Westen gehenden Kaufmannsfuhren wurden fortan auf preußisches Geld untersucht, da es in Harzgerode eingeschmolzen wurde. Bald schlossen sich weitere Herrschaften dem profitablen Geschäft an: der Herzog von Württemberg, der Herzog von Sachsen-Weimar-Eisenach, der Graf von Stolberg, der Herzog von Mecklenburg-Schwerin und etliche andere. Verschiedentlich war der Münzfuß dieses Geldes auf 44 und gar 45 Reichstaler je Mark reduziert.

Die Schuld an der ganzen Misere wurde allenthalben den Juden angelastet, denn die Pächter der königlichen wie auch der fürstlichen Münzstätten waren meist Juden. Natürlich verdienten sie an der Münzverfälschung und Falschmünzerei der Herrscher nicht schlecht. Das wiedererrichtete Ephraim-Palais am Berliner Mühlendamm legt beredtes Zeugnis von der Macht der Ephraims ab, die unter den Hohenzollern zu hohen Ehren kamen und den Titel »Geheimer Rat« zuerkannt erhielten. Soweit sie Betrügereien begingen, geschah es auf Geheiß des Herrschers. Unrechtmäßige Bereicherung fürchteten sie wie der Teufel das Gebetbuch. Ihre Aufdeckung hätte nicht nur den Verlust des Unternehmens bedeutet, wie das Schicksal des 1573 grausam hingerichteten Münzmeisters Lippold beweist. Doch war selbst dies ein Justizmord gewesen, denn Lippold hatte nachweisen können, daß er keinen Heller unrechtmäßig an sich gebracht hatte. Er mußte sterben, weil der Nachfolger des 1571 verstorbenen Kurfürsten Joachim II. einen Vorwand brauchte, um einen Pogrom zu veranstalten und sich des Vermögens der in der Mark Brandenburg ansässigen Juden zu bemächtigen.

Daß nicht die Juden verantwortlich waren für die Falschmünzerei Friedrichs II., mag folgende Episode belegen. England hatte Preußen für den Feldzug gegen Frankreich, Österreich und Rußland umfangreiche Subsidien versprochen, deren Lieferung Mitte des Jahres 1758 begann: Gold im Wert von 1 367 626 und Silber im Wert von 2 655 388 Reichstalern. Die Vermünzung des Goldes wurde jedoch nicht den jüdischen Münzpächtern überlassen, sondern geschah auf Rechnung des Staates. Nun hatte der König Kunde davon erhalten, daß es ein Verfahren gebe, Kupfer gewissermaßen zu veredeln. So lesen wir in einer Kabinettsorder des Königs an den Geheimen Kriegsrat Friedrich Gotthold Köppen, datiert: Meißen, 11. November 1760: »*Ich bin durch jemanden informiret worden, wie er die Wissenschaft besitze, das Kupfer dergestalt zu raffiniren, daß, wenn solches raffinirte Kupfer hiernächst bei Ausmünzung derer Friedrichd'or zur Alliage mit dem Golde gebraucht würde, solche dadurch einen weit mehreren innerlichen Werth als die bisher ausgemünzete und mit ordinärem und schlechtem Kupfer versetzte erhalten werden: in der Proportion, daß wenn die jetzige mit ordinärem schlechten Kupfer zugesetzte Friedrichd'or nach ihrem innerlichen Valeur ohngefähr auf 2 Rthlr. 12 Gr. wardiret wären, die mit dem raffinirten Kupfer versetzte gegen 4 Rthlr. wardiret werden könnten ... und da solches ein ganz sehr considerables Surplus bei dem Schlageschatz oder Münzprofit machen wird, so bin ich resolviret, alsdenn alles dasjenige Gold, so bisher von denen englischen Subsidiengeldern noch zurück und noch nicht vermünzet ist, auf vorgedachte Art vor Mich Selbst und auf Meine eigene Rechnung bei der Goldmünze zu Berlin vermünzen zu lassen, so daß die Münzjuden mit* dieser *Goldausmünzung nicht das allergeringste zu thun haben, noch eines Groschen werthes von denen noch einkommenden rückständigen englischen subsides vermünzen lassen.«* In derselben Kabinettsorder will der König den Direktor der Berliner Münze und den Münzmeister *»zuvorderst zu dem größesten Secret deshalb verpflichtet haben«.*

Der aufgeklärte absolutistische Herrscher ist wiederum einem Alchimistentrick aufgesessen. Die deutsche Sprache beherrscht er nur mangelhaft. Der englischen Literatur ist er offenbar wenig zugetan. Sonst wären ihm die Werke des großen englischen Komödiendichters Ben Jonson nicht unbekannt gewesen.

In der bereits im Jahre 1605 erschienenen und seitdem fast jedem Engländer bekannten Komödie *Eastward Hoe,* als deren Autoren Ben Jonson, John Marston und George Chapman zeichneten, erteilt der Goldschmiedegeselle Quicksilver dem Schiffskapitän Seagull regelrechten Unterricht in der Falschmünzerei: *»Jeder dumme Quacksalber kennt diese Tricks genau. Aber ich will dir erzählen, wie du selbst Kupfer so gescheit weißmachen kannst. Nimm Arsenik, auch Realga genannt, (das ist reines Rattengift), läutere es drei- oder viermal, gib dann das Sublimat in ein Glas, in Chymia, und laß es zu einem brauchbaren Absud werden. Nach 24 Stunden ist es völlig fest. Dann nimm dieses feste Pulver, gib es auf das sorgfältig geputzte Kupfer, et habebis magisterium.«* Quicksilver weiß auch ein Rezept, wie die zu leichte falsche Münze schwerer gemacht werden kann. Doch wollen wir es damit bewenden lassen.

Mit »Chymia« ist offenbar Weinstein gemeint. Im Jahre 1626 sagte ein Luxemburgischer Falschmünzer aus, wenn man Arsenik und Weinstein in cuivre rosat[4] gieße, werde dies so weiß wie ein Drei-Sous-Stück.

Wie der Preußenkönig allerdings Goldstücke damit »goldener« zu machen gedachte, bleibt ein Rätsel. Jedenfalls ließ er die »neuen Augustdor« nicht mehr 11-, sondern nur noch 7karätig prägen und hatte später prompt Ärger, denn natürlich hatte das Wundermittel nicht gewirkt, und niemand wollte die schlechte Goldmünze zum Nennwert annehmen.

In einschlägigen Geschichtswerken, die Friedrich II. nicht

4 sog. schwedisches Kupfer mit geringem Silbergehalt

nur als den Großen, sondern gar als den »Einzigen« tituliert haben wollten, ist die Falschmünzerei des Königs gar nicht erwähnt. In anderen wird sie allein den Münzjuden angelastet, und der Name des Münzpächters und Bankiers Daniel Itzig wurde neben Nathan Veitel Ephraim in Berlin zum Symbol des betrügerischen »Wucherjuden«, ja zum Spottnamen für Juden überhaupt.

Benjamin Veitel Ephraim, ein Sohn des Nathan, hat uns aus dieser Zeit interessante Reminiszenzen und Urteile hinterlassen, besonders was das Verhältnis Friedrichs zu Polen betrifft: »*Er betrachtete Polen immer nur als eine Preußische Kolonie, und nahm in der weitesten Ausdehnung den klugen und schlauen Satz des weisen Salomon an: Gnade gegen Nachbarn ist Sünde.*

Um diese Zeit wollte der König eine Abänderung und Verminderung des innern Gehalts im Münzfuß machen; hatte aber falsche und schädliche Grundsätze in diesem Fache. Er wollte sich nicht bereden lassen, daß das Münzen zu keinem Regal gemacht werden müsse. Um ihn von dieser Idee abzubringen, führte ich ihn auf die Verringerung der Scheidemünze. Ich habe Muth genug, mich anzuklagen; ich gab leider die Veranlassung zu diesem pestilenzartigen Regal; aber Gott ist mein Zeuge, daß ich stets den Satz predigte: daß man von allem zirkulierenden gemünzten Gelde nicht mehr als den zehnten Theil an Scheidemünze in Umlauf bringen müßte. Wie konnte ich voraus sehen, daß ein Schulenburg[5] und Konsorten einst die häufige Ausprägung derselben zu einer Landplage machen würden?

Diese Ausprägung der Scheidemünze brachte den König auf folgenden Gedanken.

Um die Industrie in Polen nicht aufkommen zu lassen, müßte man den Grundpfeiler, die Schätzung und Repräsentirung aller Gegenstände – das polnische Geld – verfälschen. Eines Theils konnte ich ihm die Ungerechtigkeit dieser Handlung nicht vorrücken. Er würde gewiß gesagt haben: Sieh, der Jude spielt den Ehrlichen; andern Theils war mein Interesse damit verknüpft...

Eine wirkliche Hungersnot überfiel den ganzen Konti-

---

5 Graf Friedrich von Schulenburg (1742–1815), Minister und Generalpostmeister in preußischen Diensten, ließ den Berlinern nach der Niederlage der Preußen bei Jena und Auerstädt (1806) verkünden: »Ruhe ist die erste Bürgerpflicht.«

nent.[6] *Ich wurde dazu gebraucht, für die falsche polnische Münze in Polen Getreide, den Scheffel zu 14 gr., zu kaufen.«*

Das sind ehrliche Worte. Ephraim gibt sich durchaus nicht unschuldig. Er bestätigt, daß Friedrich ein Falschmünzer großen Stils war: *»Man beschuldigte mich, ich hätte Theil an der berüchtigten Ausmünzung und Debitirung der holländischen Dukaten und der Rubel etc. genommen; ich kann aber versichern, daß dies nicht der Fall war.«*

Wer die Dukaten und anderen ausländischen Gepräge nicht nur nachahmte, sondern auch verfälschte, ist unwichtig (Benjamin Ephraim war zur Zeit der Dukatenfälschung, 1753, etwa 15 oder 16 Jahre alt).

Die Order dazu kam jedenfalls aus dem königlichen Kabinett. Der »Königlich Preußische Geheime Rath« Benjamin Veitel Ephraim beschließt sein Urteil über Friedrich, den Großen, wenn auch nicht den Einzigen (Falschmünzermonarchen) mit den Worten: *»Der Hang des großen Mannes, fremde Münzen geringhaltiger nachzuprägen, schreibt sich vom siebenjährigen Kriege her. Da dies Mittel ihm Gelegenheit gab, sich dadurch nicht nur große Kapitalien zu den Kriegskosten zu verschaffen, sondern auch zugleich seine Nachbarn indirekte in Kontribution zu setzen, so war ihm nichts lieber als dergleichen Einfälle auszuführen.«*

Wir wollen den großen preußischen Falschmünzer nicht verlassen, ohne das Urteil eines Dichterfürsten über Preußens Geldangelegenheiten auch in der Folgezeit zu zitieren: Heinrich Heine, der in seinen *Reisebildern* schreibt: *»Preußen hat es in der Münzpolitik am weitesten gebracht, man weiß es dort, durch eine verständige Beimischung von Kupfer, so einzurichten, daß die Wangen des Königs auf der neuen Scheidemünze gleich rot werden.«*

Aber das bezieht sich schon auf eine Zeit, da Preußens silberner Staatsschatz aus dem Berliner Schloß bis auf wenige Ausnahmen längst im Schmelztiegel gelandet war und seinem stolzen Heer schmähliche Niederlagen widerfuhren.

6 die Dürrejahre 1770 und 1772

Napoleons Falschgeldfabriken

Im Sommer und Herbst war inmitten des üppig wuchernden Unkrauts nur noch das Obergeschoß der kleinen Villa zu sehen, die etwas abseits von Montrouge, der südlichen Vorstadt von Paris, lag. Nur die Älteren konnten sich erinnern, daß sie einst einem vermögenden Herrn gehört hatte, und damals war da ein schöner kleiner Park gewesen, gepflegt von einem emsigen Gärtner, einem freundlichen kleinen Mann. Seit den neunziger Jahren lag dann das Haus verlassen da, und seitdem blieb die Gartenpforte geschlossen.

Irgendjemand wußte nun zu berichten, daß wohl neues Leben in das Haus eingezogen sei. Er habe bei einem späten Spaziergang Licht hinter den halbblinden Fensterscheiben gesehen und klopfende Geräusche gehört. Das Haus werde wohl wiederhergestellt. Doch vergingen Wochen und Monate, und weder am Haus noch am Garten veränderte sich etwas. Ein paar Männer waren gesehen worden, auch eine Kutsche, die dort hin und wieder vorgefahren war. Die alte Kräuterfrau wollte auch den Kutscher gesehen haben: »So wahr mir Gott helfe, er hat einen Pferdefuß«, und sie schlug dreimal das Kreuz.

Schließlich fanden sich immer mehr Bürger, die von seltsamen Geräuschen aus dem Haus auch tagsüber zu erzählen wußten. Das ganze ging nun schon in das zweite Jahr. Eines Tages, im Sommer des Jahres 1811, erschienen dann ein paar Bürger auf der Gendarmeriestation, um dort zu erfahren, was es mit dem Spuk in der Villa auf sich habe. Natürlich glaube man nicht an die Leibhaftigkeit des Satans, aber da stimme doch etwas nicht. Da war doch damals die Sache mit der Räuberbande des Louis Mandrin gewesen, der falsche Münzen geprägt habe...

Die Gendarmen lächelten: »Geht wieder heim, es hat alles seine Ordnung mit dem Haus.« Dort sei ein Stab von Leuten untergebracht, die sich im Auftrag der Regierung mit gewissen Untersuchungen beschäftigen.

Was an dieser Information stimmte, war der Auftrag der Regierung. Die »Untersuchungen« aber, die dort betrieben wurden, pflegte man ansonsten als Falschmünzerei, im konkreten Fall als Geldfälschung, zu bezeichnen.

Das Haus in Montrouge war die Falschgeldfabrik Napoleon Bonapartes. Die ersten Produkte der Fabrik waren

Wiener Stadtbancozettel. Die Druckstöcke dafür hatte Napoleon während der Besetzung Wiens im Jahre 1805 in der Wiener Banknotendruckerei kopieren lassen. Die Auslieferung der auf hellgrauem Papier gedruckten Bancozettel wurde jedoch bald gestoppt, denn am 2. April 1810 verheiratete sich Napoleon mit Marie-Luise, der Tochter des österreichischen Kaisers. Dennoch sind etliche Exemplare dieser Fälschungsprodukte in Österreich in Umlauf gekommen.

Als die Bürger von Montrouge auf der Gendarmeriestation erschienen, arbeitete die Geldfabrik an einem weit größeren Auftrag: an der Fälschung russischer Assignaten.

Der Krieg mit Rußland war spätestens Ende des Jahres 1810 beschlossene Sache. Zar Alexander I. schreibt am 26. Dezember 1810 an seine Schwester Katharina: »Es scheint, daß neues Blut fließen soll. Ich habe jedenfalls alles Menschenmögliche getan, um dies zu verhindern.« Am 23. Juni 1812 überschritten napoleonische Truppen den Njemen. Der Rußlandfeldzug des machtbessenen Korsen begann.

Die Ausrüstungen aus der Druckerei von Montrouge waren bis Warschau mitgeführt worden, wo bald eine neue Falschgeldzentrale den Betrieb aufnahm. Eine Filiale davon entstand später, nach der Einnahme Moskaus, in einem halbzerstörten Gebäude am Preobrashenski-Friedhof, der damals noch außerhalb der Stadt lag. Offenbar hat es noch eine zweite Filiale direkt in Moskau gegeben. Denn K. Martens, ein russischer Offizier, der an dem Kampf gegen die französischen Eindringlinge beteiligt war, schrieb in sein Kriegstagebuch: »Als wir durch die Straßen der zweiten Hauptstadt Rußlands fuhren, fanden wir in einem der halbverbrannten Häuser eine gut eingerichtete Falschgeldfabrik und alles dazu Notwendige: Maschinen, Werkzeuge sowie eine Menge fertiger Assignaten. Sie waren so geschickt gefertigt, daß es schier unmöglich war, sie von den echten zu unterscheiden.«

Hier tut sich ein kleines Rätsel der Geschichte auf. Hat Napoleon von den zwei Falschgelddruckereien in bzw. bei Moskau nichts gewußt? Waren sie das Werk von auf eigene Faust handelnden Offizieren?

Der Stapelplatz für das aus Montrouge (und wohl auch aus Warschau) stammende Falschgeld war Wilna (Vilnius). Nun berichtet der Marquis de Caulaincourt, Großstallmeister Napoleons, in seinen Memoiren, wie verzweifelt der inzwischen nach Paris zurückgekehrte Kaiser über die Nachricht von der Aufgabe Wilnas[7], der letzten Bastion auf russischem Boden, gewesen sei: »*Mit unbeschreiblicher Ungeduld sah er den Berichten und der Ankunft des Herzogs von Bassano[8] entgegen. Er wollte vor allem wissen, ob er die falschen russischen Banknoten habe vernichten lassen, die bei ihm in Wilna aufbewahrt worden waren. 'Es ist unseren Leuten dort schon zuzutrauen, daß sie sie vergessen haben', sagte er zu mir, 'oder daß sie ihre Vernichtung irgendjemand überlassen haben, der sie aus Gewinnsucht in den Verkehr bringt. Es wäre sehr peinlich, wenn die Russen welche davon vorfänden.' Er fügte hinzu, er wisse durch einen Privatbericht, daß man seit seiner Durchreise durch Wilna solche Banknoten verteilt habe, und darauf gründete sich seine Beunruhigung.*« Napoleon hatte offenbar geplant, das Falschgeld erst dann in Umlauf zu setzen, wenn er sich des Sieges sicher wähnte, gewissermaßen als Besatzergeld.

Die Assignaten, überwiegend zum Nennwert von 25 Rubeln, aber auch als 50-Rubel-Scheine, kamen in großen Mengen in Umlauf. Sie waren täuschend ähnlich hergestellt, wiesen jedoch kleine Unkorrektheiten auf, denn mit der kyrillischen Schrift hatten die Geldfälscher einige Schwierigkeiten. So war auf manchen Exemplaren **госуларственная** statt **государственная** oder **холячей** statt **ходячей** zu lesen.

Als später die russische Regierung alle 25- und 50-Rubel-Assignaten einziehen ließ, stellte sich heraus, daß für 70 Millionen Rubel Falschgeld im Umlauf gewesen war.

Wir verlassen jetzt das Terrain der älteren Falschgeldgeschichte. Bereits im 19. Jahrhundert beginnt ein eigenartiger Wettkampf: Der Staat ist bemüht, sich den technischen Fortschritt zunutze zu machen, um fälschungssichere Banknoten herzustellen. Das Fälschergewerbe ist jedoch nicht müßig, bedient sich gleichfalls des technischen Fortschritts und entwickelt eigene Verfahren, um »entdeckungssicheres« Geld zu fabrizieren. Zum Kriterium für die Echtheit der Banknote wird schließlich das Papier. Aber auch das erweist sich als ziemlich unsichere

7 Anfang Dezember 1812
8 H.-B. Maret, Außenminister Napoleons

Bank. Paul Eudel, ein französischer Fälschungsexperte, schreibt bereits Ende des 19. Jahrhunderts, daß die gleichgültige Haltung der Öffentlichkeit den Fälschern in die Hand arbeite. Und was die Prüfung des Banknotenpapiers auf Echtheit betrifft, empfiehlt er humorig, den betreffenden Geldschein zu verbrennen und die Asche analysieren zu lassen.

Noch eines ist bemerkenswert. Die privaten Geldfälscher gewinnen zwar an Terrain, und in der heutigen Zeit vergeht kein Jahr, ohne daß einige Dutzend Fälscherbanden verhaftet werden, die nur die Spitze des Eisberges bilden. Zugleich aber blüht nach wie vor die Falschmünzerei auf staatlicher Ebene. Nur hat man heute perfektere Methoden. Wonach die römischen Caesaren, Alarich II., Philipp IV. und Hunderte ihrer zeitgenössischen und späteren fürstlichen Kollegen jahrhundertelang mit ihren Münzbetrügereien strebten, nämlich das Volk zu »erleichtern«, verläuft heute in ganz anderen Dimensionen. Allerdings bezeichnet man es nun mit dem weniger durchsichtigen Namen »Inflation«. Aber auch die internationale Geldfälschung im staatlichen Auftrag hat im 20. Jahrhundert Dimensionen erreicht, die Friedrich II. oder Napoleon als kleine Anfänger erscheinen lassen.

Das Geschäft mit der Sammelleidenschaft

Man glaubt, es mit einem Wortspiel zu tun zu haben: Falschmünzer – Münzfälscher, ist doch in des Wortes ursprünglicher Bedeutung jeder Falschmünzer auch ein Münzfälscher. Dennoch machen die Kriminologie und auch die Numismatik heute einen deutlichen Unterschied. Die Falschmünzerei war das Geschäft der großen hochherrschaftlichen sowie der kleinen Betrüger zur Zeit der Münzwirtschaft, die Kursmünzen, also im Umlauf befindliches Geld, meist mit geringerem Gewicht und (oder) verringertem Edelmetallgehalt, nachprägten und so dem Volk und seiner Wirtschaft beträchtlichen Schaden zufügten. Später ist das Wort »Falschmünzerei« als landläufiger Begriff auch für die Banknotenfälschung übernommen worden.

Die Stunde der Münzfälscher (im heutigen Sinne) schlägt erst, als Menschen auf den Gedanken kommen, Münzen verschiedener Länder und Epochen zu sammeln. Und das mag so etwa 600 Jahre nach dem Aufkommen der ersten Münze gewesen sein. Jedenfalls erwähnt Sueton (um 70 – um 140), der römische Kaiserbiograph, daß Kaiser Augustus (63 v. u. Z. – 14 u. Z.) bei festlichen Gelegenheiten pflegte, Freunde mit alten Münzen zu beschenken. Plinius d. Ä. (23–79) berichtet in seiner *Historia naturalis,* daß sich unter den römischen Patriziern gefälschte Münzen großer Beliebtheit erfreuten, so daß sie für einen falschen Denar gern mehrere echte gaben. Möglicherweise hat dies die römischen Falschmünzer, an denen ohnehin kein Mangel war, noch angeregt, ihr Geschäft auszuweiten.

Die große Zeit der Münzfälscher aber setzt erst in der Renaissance ein, als es in Fürsten- und Patrizierkreisen zur Mode wird, Münzen – besonders aus der Antike – zu sammeln und Münzkabinette anzulegen.

Zu den berühmtesten Persönlichkeiten unter den Münzsammlern jener Zeit gehören Michelangelo Buonarroti, Giorgio Vasari, die Kaiser Maximilian I. und Karl V., Papst

Pius IV., Philipp II. von Spanien, Egmont, Alba, Catharina von Medici, Anton und Johanna von Navarra sowie die Erzbischöfe von Köln und Mainz. Hubrecht Goltzius (1526–1583), ein bedeutender niederländischer Maler, Kupferstecher und Historiker, erwähnt in seinem Tagebuch nicht weniger als 950 Münzkabinette, die er persönlich aufgesucht habe. Mit seinem dreibändigen Werk *Romanae et Graecae antiquitatis monumenta ex priscis numismatibus eruta*[1] zählt er zu den Begründern der Numismatik als historischer Hilfswissenschaft. Unter anderem gab es damals allein in Rom 71 Münzkabinette, in Neapel 47, in Paris und Augsburg je 28, in Venedig 25, in Brüssel 23 und in Antwerpen 22.

Diese wissenschaftlich noch kaum gefestigte Leidenschaft des fürstlichen oder bürgerlichen Potentaten, seine Macht auch mit einer möglichst reichhaltigen Sammlung von vor allem antiken Münzen zur Schau zu stellen, rief bald ein Gewerbe auf den Plan, das seinen Meistern von Anfang an fette Pfründe versprach und noch heute hohe Gewinnchancen bietet: die Nachprägung besonders seltener und deshalb in Sammlerkreisen sehr begehrter Münzen und Medaillen.

Unter den »Senioren« dieses Gewerbes werden häufig Vittore Camelio (1460–1537), Giovanni Cavino (1500–1570) und dessen Freund Alessandro Bassiano erwähnt. Allerdings gelten sie in Numismatikerkreisen nicht als eigentliche Fälscher, da sie mit der Nachprägung antiker Münzen lediglich ihre Kunstfertigkeit als Stempelschneider beweisen wollten. Zudem stammen aus ihren Werkstätten zahlreiche Medaillen eigener Kreation. Jedenfalls sollen sie ihre sehr geschickt nachgeprägten römischen Münzen ausdrücklich als Nachprägungen verkauft und sich bei den Besitzern der Münzkabinette auch reger Nachfrage erfreut haben. Die nachgeprägten antiken Münzen aus Camelios, Cavinos oder Bassianos Werkstatt sind später als »Paduaner« bekannt geworden und gelten heute als echte Renaissancemedaillen. Nicht entziehen können wir uns allerdings der Feststellung Voigtländers, es wäre zu idealisierend, »wenn wir glauben wollten, er (Cavino) hätte die römischen Kaisermünzen mit seinem Freunde Bassiano zusammen nur hergestellt, um anderen

1 Denkmäler der römischen und griechischen Antike, aus alten Münzen erschlossen

Stoff zur Bewunderung der Antike zu bieten. Solche und ähnliche Argumente hatten alle Fälscher zur Hand, wenn es ihnen an den Kragen ging. Aber dem Giovanni Cavino will ja 400 Jahre nach seinem Tode niemand mehr einen Prozeß machen, und so erscheint es auch nicht nötig, ihm wie der Verteidiger vor Gericht nur edle Motive zu unterstellen.« Dann allerdings müßte man die gleiche Nachsicht auch mit anderen üben, wie etwa mit dem neapolitanischen Maler und Architekten Pirro Ligorio (1510–1583), der als eindeutiger Fälscher gilt, wenngleich seine Fälschungen verschämt den »Paduanern« zugerechnet werden.

Antiken-Becker

»Einen wunderschönen Tag wünsch' ich dem Monsieur Hofrat, wohin des Weges so früh am Morgen?« Der kleine Mann am Straßenrand hat die Kappe vom Kopf genommen und verbeugt sich, als der so Angesprochene die Zügel straff zieht und die zweispännige Chaise zum Stehen bringt. »Wohin, Collin? Na, wohin schon, meine alten Herren kutschieren. Hab' übrigens was ganz Exzellentes für ihn, laß er sich morgen mal sehen, zur üblichen Stund.« Der Hofrat schlägt mit den Zügeln leicht auf den Rücken der beiden schlanken Braunen, und die Chaise setzt sich in Bewegung. Collin blickt ihr noch lange nach.

Man schreibt das Jahr 1822. Die Bürger der auflebenden Industriestadt Offenbach kennen »ihren« Hofrat und auch seine Gewohnheit, mit dem Zweispänner über Land zu fahren. Sein zwei Jahre zuvor verstorbener Herr jedenfalls, Fürst Karl Friedrich Moritz von Isenburg-Birstein, war unter der Bürgerschaft weit weniger respektiert als der leutselige Carl Becker. Wer aber war dieser Hofrat, zu dessen Bewunderern selbst der Dichterfürst Goethe gehörte, der sich schon zu Lebzeiten den Namen »Antiken-Becker« erworben hat und in die Geschichte als größter Münzfälscher aller Zeiten eingegangen ist?

Carl Wilhelm Becker wurde am 28. Juni 1772 als Sohn des Ratsherrn und Weinhändlers Johann Wilhelm Becker in der alten Kaiser- und Münzstadt Speyer geboren. Er erhielt eine ausgezeichnete Schulbildung und sollte nach dem Willen des Vaters die kaufmännische Laufbahn einschlagen. Doch hatte der junge Mann ganz andere Pläne, er wollte Bildhauer oder Kunsthandwerker werden. Der Vater schickte ihn indes zu einem Weinhändler in Bordeaux in die Lehre. Dort soll er in seiner Freizeit mit dem Studieren und Zeichnen von alten Münzen sowie ersten Versuchen in der Kunst des Stempelschneidens bereits die Grundlage für sein späteres Handwerk gelegt haben.

Im Jahre 1795 eröffnet Becker eine eigene Weinhandlung in Frankfurt. Doch hat er weder hier noch mit dem drei Jahre später in Mannheim begründeten Tuchgeschäft die glückliche Hand des erfolgreichen Geschäftsmanns. Im Jahre 1803 wendet sich Becker offenbar einer kunsthandwerklichen Tätigkeit zu (Pinder spricht vom Goldschmied). Genauere Angaben liegen über diese Zeit nicht vor. Sehr wahrscheinlich hat er sich bereits während seiner Tuchhändlerzeit ausgiebig dem Kunsthandwerk gewidmet. In späteren Jahren hat Becker oft die großartigen Möglichkeiten gepriesen, die Mannheim unter Pfalzgraf Carl Theodor für ein Leben im Dienst der Kunst geboten habe. In den folgenden Jahren finden wir seine Spuren in Speyer, Mannheim und schließlich in München, wo er in der Königlichen Münze arbeitet und seine Fertigkeiten in der Stempelschneidekunst vervollkommnet. In diese Münchner Zeit muß auch jenes Ereignis gefallen sein, das Becker, nach eigenen Angaben, auf die Idee gebracht haben soll, Münzen zu fälschen. Ein Baron von Schellersheim verkauft ihm dort eine gefälschte Goldmünze aus der römischen Kaiserzeit. Wenige Stunden später schon weiß Becker, daß er betrogen worden ist, und eilt zu Schellersheim zurück. Der weist ihn jedoch mit den Worten ab: »Es geschieht ihm ganz recht, was man nicht versteht, damit muß man nicht handeln wollen.« Von dieser Stunde an, so behauptete Becker später, sei er selbst zum Münzfälscher geworden.

Das erste Exemplar aus seiner Fälscherwerkstatt läßt Becker durch einen Mittelsmann bei Schellersheim gegen eine echte Münze eintauschen. Die Rache ist geglückt. Aber nun – der Vorfall muß sich etwa 1804 oder 1805 ereignet haben – nimmt das Geschäft mit der Nachprägung vor allem antiker Münzen bald Format an. Becker bevorzugt zunächst Goldmünzen, kauft solche Exemplare an, die in relativ großen Mengen und daher billig zu haben sind, und prägt sie in seltene Münzen um. Dieser Praxis bedient er sich später auch bei der Fälschung von Silbermünzen. Becker ist mit den Gepflogenheiten der antiken Münzmeister gut vertraut. Er benutzt ebenso wie sie die Handprägung, also nicht die erst im Mittelalter aufgekommene Presse, und greift hin und wieder auch auf die sogenannte Doppelprägung zurück. Die »Alten« hatten, wenn die Prägung zu schwach ausgefallen war, den Stempel ein zweites Mal aufgeschlagen, so daß doppelte Konturen entstanden. Echter konnte in diesem Fall die Fälschung gar nicht aussehen.

Dennoch fand sich schon in dieser Zeit ein Mann, der dem Münzfälscher auf die Schliche gekommen war: Georg Friedrich Creuzer (1771–1858), aus dessen Feder zahlreiche Werke zur Kunst und Literatur der Antike stammen. Er entdeckte bereits im Jahre 1806 »*durch einen Zufall handgreifliche Beweise, daß der kunstreiche Becker griechische Königsmünzen nachbildete*«.

War Becker nun von dieser Enthüllung alarmiert?

Keineswegs. Creuzers Warnung schien ohnehin zu verhallen wie der Ruf in der Wüste. Ein Jahr später ist Becker bereits so dreist, eine antike griechische Münze zu erfinden: den sogenannten Antipater. In dieser Zeit tritt er auch ausgedehnte Reisen an, die ihn in die Schweiz und nach Italien führen. Im Jahre 1810 ist er bei dem Direktor des Mailänder Münzkabinetts *Brera*, Gaetano Cattaneo, zu Gast und verkauft ihm für 6986 Lire Münzen.

In den Jahren 1812/13 finden wir Becker aus unerklärlichen Gründen als Syndicus in der Mannheimer Weinhandlung *F. K. Mühl & Co.* Dann eröffnet er in Mannheim ein Antiquitätengeschäft für »erlesene Ansprüche«. Zu seinen zahlungskräftigsten Kunden zählt Fürst Karl Friedrich von Isenburg-Birstein. Karl gehörte zu den 16 Rheinbundfürsten, die 1806 aus dem Heiligen Römischen Reich Deutscher Nation ausgetreten waren und sich Napoleon anschlossen. Vorher hatte er als Generalmajor in preußischen Diensten gestanden. Im selben Jahr rekrutierte Karl aus in französische Gefangenschaft geratenen preußischen Soldaten ein Regiment von Söldnern im Dienst Napoleons. Mit ihnen war er auch an der Plünderung der Königlichen Kunstkammer in Berlin beteiligt. Von den napoleonischen Feldzügen in Spanien hatte der Fürst »*eine schöne Münzsammlung, insbesondere eine vollständige Reihe der Westgothen mitgebracht*«, berichtet Beckers Kurzbiograph M. Pinder im Jahre 1843.

Der Fürst findet bald Gefallen an dem ungewöhnlich gebildeten Antikenhändler und holt ihn im Jahre 1814 nach Offenbach, wo Becker eine Stellung als Bibliothekar erhält
und bald darauf zum Hofrat ernannt wird.
Am Hof des Fürsten gerät Becker in die Gesellschaft von
Leuten, die auf ihre Weise versuchen, mit seiner Ge-
schicklichkeit Geschäfte zu machen. Pinder erwähnt hier
besonders den Baron von Chast...r, bei dem es sich um
den Marquis Johann Gabriel von Chasteler (1763–1825)
handelte. Becker aber verzichtet auf diese Hilfe, die seinen Verdienst nur geschmälert hätte. Er verfügt zu dieser
Zeit bereits über ein festes Netz von Abnehmern, zu denen vor allem jüdische Geschäftshäuser wie Collins in Offenbach, Giovanni Riccardi in Venedig, die Oppenheimers
und schließlich auch die Rothschilds gehören. Bei der
Firma *Meyer Amschel Rothschild & Son* hatte Becker um
das Jahr 1806 einen Kredit aufgenommen, den er fünf
Jahre später mit gefälschten Münzen zurückzahlte. Die
Rothschilds bestätigten den Empfang der Goldmünzen
mit den Worten »*Wir sehen hier, daß wir es mit einem Ehrenmann zu tun haben*«.

Der fürstlich-isenburgische Hofrat

Zeitgenossen schildern den »fürstlich isenburgischen Hofrat« als brünetten, untersetzten Mann mit feinen, Intelli-
genz verratenden Gesichtszügen und gewinnenden Ma-
nieren. Als unangenehm wurde mitunter ein kurzes, etwas überheblich anmutendes Lachen empfunden, das
seine schnelle Rede häufig unterbrach. Dennoch galt er allenthalben als glänzender Gesprächspartner, dessen
schier unerschöpfliche Kenntnisse auf den verschiedensten Gebieten, besonders aber in Kunstgeschichte und
Numismatik, verblüfften. Zugleich beherrschte er mehrere Sprachen wie Französisch, Italienisch, Latein und Alt-
griechisch. Aber das war für den gebildeten Mann aus der
»besseren Gesellschaft« seinerzeit nichts Ungewöhnliches und für Beckers »Handwerk« geradezu unentbehr-
lich.
Im Jahre 1815 ist Johann Wolfgang von Goethe bei Bekker zu Gast und zeigt sich sehr beeindruckt. So schreibt er
in den *Tag- und Jahresheften*: »*Hofrat Becker in Offen-*

bach zeigte bedeutende Gemälde, Münzen und Gemmen vor, nicht abgeneigt, dem Liebhaber ein und das andere Wünschenswerte zu überlassen.« Und in *Kunst und Altertum* lesen wir: »*Herr Becker, als Medailleur höchst schätzenswert, hat eine bedeutende Folge von Münzen aller Zeiten zur Aufklärung der Geschichte seines Fachs einsichtig geordnet. Man findet bei demselben Gemälde von Bedeutung, wohlerhaltene Bronzen und altertümliche Kunstwerke mancher Art.*«

Goethe war bekanntlich selbst Münzsammler, aus Bekkers »Fabrik« hat er indes keine Stücke übernommen. Zum Zeichen der Verehrung für den fürstlich-isenburgischen Hofrat übersandte er ihm ein Exemplar der deutschen Fassung einer Autobiographie des berühmten italienischen Goldschmieds Benvenuto Cellini mit der Widmung: *»Herrn Carl Wilhelm Becker in Dankbarkeit vom Übersetzer.«*

Der Dichterfürst erwähnt den Hofrat noch an anderer Stelle, aus der hervorgeht, daß er eine Ahnung von dessen Handwerk hatte. In einem Brief an J. C. Ehrmann vom 20. März 1816 fragt er diesen, ob er den Medailleur Becker kenne, der jenseits des Eschenheim-Tores in Frankfurt wohne. Offenbar unterhielt Becker, wie bereits in früheren Jahren, in mehreren Städten »Residenzen«, um das Geschäft mit seinen Münzen zu fördern.

Carl Wilhelm Becker war ein unermüdlicher Arbeiter. Für keine seiner Fälschungen hat er Abgüsse der echten Vorbilder benutzt, sondern in jedem einzelnen Fall die Stempel selbst geschnitten. Und das ergibt für etwa 330 Münzen immerhin weit über 600 Stempel.[2] Für einige Münzen brauchte er indes keine Vorbilder. Sie sind reine Erfindungen, wie beispielsweise der bereits erwähnte »Antipater«.

Helfer konnte »Antiken-Becker« nicht gebrauchen. Sie wären für sein Geschäft eine zu große Gefahr gewesen. Erst als sich sein Sehvermögen so stark verschlechtert hat, daß die Qualität der Münzprägungen nachläßt, stellt er 1826 einen Gesellen, Wilhelm Zinder, ein. Aber zu dieser Zeit waren Beckers Nachprägungen bereits ein offenes Geheimnis. An manchen Stempeln, besonders für Münzen aus der griechischen Antike, muß Becker bis zu

2 Für verschiedene Stücke verwendete er den Avers bzw. Revers anderer Münzen.

12 Wochen gearbeitet haben. Wie er in all den Jahren noch seinen Verpflichtungen als Bibliothekar und Gesprächspartner des Fürsten nachkommen konnte (bis 1820) und Zeit für seine »Geschäftsreisen«, insbesondere nach Italien und Österreich, fand, wird wohl für immer ein Rätsel bleiben.

Was Beckers »Fabrik« verließ, waren nach damaligen Maßstäben vollendete Fälschungen. *»Er eignete sich alles an, die Eleganz und Anmut der Griechen, die strenge Schönheit der römischen Kunst, die Originalität und Bizarrie der mittelalterlichen Münzen«*, schreibt Paul Eudel, ein französischer Experte des 19. Jahrhunderts auf dem Gebiet der Fälscherkriminalistik. Beckers Suite gefälschter oder wie er es später selbst nannte, »nachgeprägter« Münzen, reichte vom 7. Jahrhundert v. u. Z. bis in das 18. Jahrhundert. Darunter befanden sich Münzen aus Sizilien, Griechenland, dem antiken Rom und dessen italischen Provinzen, aus Karthago, Thrakien, Makedonien, Epirus, Kreta, Pergamon, Syrien, Phönikien, Ägypten, von den Westgoten, den Merowingern und Karolingern, von deutschen Kaisern und Mainzer Bischöfen.

Um seinen Fälschungen das notwendige antike Aussehen zu verleihen, hatte der Hofrat ein eigenes Verfahren entwickelt. Unterhalb der Federn seiner Chaise befestigte er seine »Kutschirbüchsen«, in denen sich die nachgeprägten Münzen in einer mit Metallspänen versetzten Fettmasse befanden. Auf der Fahrt über das Kopfsteinpflaster von Offenbach und über die holprigen Landstraßen nahmen so die Münzen gewissermaßen durch »gesteuerten« Abrieb das gewünschte altehrwürdige Aussehen an. In Beckers sorgfältig geführtem Tagebuch finden sich immer wieder die Worte: *»Sodann kutschirte ich meine Münzen.«*

Die Vorbilder für seine Fälschungen entlieh Becker seit 1814 vor allem der Sammlung seines fürstlichen Herrn, dem er verschiedentlich Nachprägungen zurückerstattete, um die echten Stücke zu Höchstpreisen zu verkaufen. Dieses Verfahrens bediente er sich auch gegenüber anderen ahnungslosen Opfern. So schreibt Becker in einem Brief aus den zwanziger Jahren an einen als Münzsammler bekannten Herrn von Gabelentz in Altenburg: *»Ich schicke Ihnen je einen Laelianus, Didia Clara und Platina in Gold. Was die Julia Titi betrifft, bitte ich Sie um et-*

was Geduld: diese Münze ist so herrlich erhalten und so selten, daß ich die größte Mühe habe, mich von ihr zu trennen. Doch Sie sollen sie haben, wie ich es Ihnen versprochen habe, ebenso den Rest, nur eben nach und nach, auf daß das Glück, ein seltenes Stück von Ihnen zu erhalten, mich für den Kummer entschädigt, den ich empfinde, wenn ich mich von den besten Stücken meiner Sammlung trennen soll. Doch will ich Ihre Gefälligkeit nicht strapazieren und Sie all Ihrer seltenen Stücke berauben. Sehr interessiert wäre ich allerdings an Ihrer Galère Antonin in Bronze.«

Auch in diesem Fall erhielt der gutgläubige Verleiher seine wertvollen echten Stücke in Nachprägungen aus Beckers Werkstatt zurück. Julius Friedlaender (1813–1884), Direktor des Berliner Münzkabinetts seit 1854, ein Mann, der sich in der Numismatik einen hervorragenden Ruf erworben hat, schreibt in einer Würdigung seines Vaters, J. G. Benoni Friedlaender, über Becker: »Er fand in meines Vaters Sammlung silberne Exemplare seiner Münzen von Heraclea und Elis, er freute sich darüber und sagte, sie müssten wohl gute Kopien sein, wenn sie solchen Kenner täuschten! Und am folgenden Tage sandte er bronzene Exemplare dieser beiden Münzen ›zum Beweise‹. Denn damals hatte er schon, gezwungen, eingestanden, dass er antike Münzen verfertigt habe, ›um (wie er nun sagte) Sammlern, welche sich die Originale nicht verschaffen konnten, mit Kopien aufzuwarten‹.«

Doch zu dieser Zeit, im Jahre 1829, hatte der Hofrat längst sein Inkognito aufgegeben, seine Münzfälscherei »legalisiert«.

Im Jahre 1820 war Fürst Karl verstorben, und für Becker begannen schwere Zeiten. Immer häufiger mußte er erfahren, daß seine Fälschungen identifiziert worden waren. Auch der Direktor des *Kaiserlichen Münz- und Antikenkabinetts* in Wien, Anton von Steinbüchel von Rheinwall, hatte bereits 1822 in den *Wiener Jahrbüchern für Litteratur* auf Beckers Fälschungen aufmerksam gemacht. Noch hatte niemand Klage gegen Becker erhoben, obgleich ein Herr C. A. Böttiger aus Dresden später behauptete, Gaetano Cattaneo bereits im Jahre 1808 empfohlen zu haben, Becker vor Gericht zu bringen. Cattaneo habe aber jedes öffentliche Vorgehen abgelehnt. Böttiger hatte sich hier zumindest im Zeitpunkt geirrt, denn Becker war mit Cattaneo zum erstenmal im Jahre 1810 zusammengetroffen und im besten Einvernehmen von ihm geschieden. Nun entschloß sich »Antiken-Becker«, jeglichen Anklagen zuvorzukommen, indem er 1824 seine gesamte Suite nachgeprägter Münzen »in feinem Silber« zum Preis von 300 Dukaten offerierte. Und Becker tat noch ein übriges, er bot dem Wiener *Münz- und Antikenkabinett* seine selbstgefertigen Stempel zum Verkauf an und erklärte, daß er niemals betrügerische Absichten verfolgt habe. Als Vermittler in diesem Geschäft hatte sich der mit Becker befreundete Gabriel von Fejervary angeboten. Ihm sandte Becker auch den Entwurf seines Angebots zu, aus dem hervorging, daß er das Opfer gewinnsüchtiger Händler sei, die seine Nachprägungen als echt verkauft hätten. Um diesem Mißbrauch ein Ende zu machen, habe er sich entschlossen, seine Stempel dem Wiener Kabinett zu nur 8000 Konventions-Gulden anzubieten, obgleich die Firma William Foster in London 2264 Dukaten geboten habe. Außerdem seien seine Prägungen besser als die Paduaner, deren Stempel der Stolz des Pariser Münzkabinetts seien. Steinbüchel selbst setzt sich für den Ankauf ein, die Kosten könnten mit dem Verkauf von Zinn- und Bleimünzen an Liebhaber und Museen leicht erstattet werden. Zudem hätte man damit ausgezeichnetes Vergleichsmaterial für die Aufdeckung der Fälschungen zur Hand. Der österreichische Finanzminister lehnt schließlich den Kauf ab.

Die Tatsachen sprachen gegen Beckers Erklärung. Die gesamte Suite seiner Fälschungen entsprach nach dem Mionnetschen Katalog einem Wert von etwa 70 000 Talern, den seine Händler mehrfach realisiert haben dürften. Becker selbst hat dabei nicht schlecht verdient, auch wenn die Händler angesichts des nicht unerheblichen Geschäftsrisikos den Hauptanteil einstrichen. Auch hat er selbst Münzen frei erfunden und andere so abgewandelt, daß sie zu Unikaten wurden. Beides war unwiderlegbar Betrug.

Zudem hat Becker noch nach dem Angebot in Wien emsig weitere Stempel angefertigt. Noch während sein Angebot lief, traf er dort mit einem gewissen Danz zusammen, der sich anbot, Beckersche Münzen »im Osten« zu verkaufen. Hieraus erklärt sich auch, daß er dem Wiener Kabinett nur 510 Stempel angeboten hat, während später über 600 davon gefunden wurden.

Dennoch hat Becker wohl die richtige Nase gehabt, als er

1824 seine Nachprägungen öffentlich anbot. Ein Jahr später bereits wird in einem Flugblatt vor seinen Fälschungen gewarnt, und 1826 erscheint das Buch des Italieners Domenico Sestini *Sopra moderni falsificatori di medaglie,* das Beckers zweifelhafte Praktiken entlarvt. Sestini schreibt hier: *»Dieser Mann, der so begabt war mit dem Wissen, dem Talent und der Fertigkeit eines Graveurs, stellte Stempel für Münzen verschiedener römischer Kaiser her und schlug sie in Gold aus, um Sammlungen in England zu beliefern. Nach dieser ersten Operation fuhr Becker fort, Stempel zu verschiedenen seltenen Münzen anzufertigen, die in die Pellerin-Sammlung und andere Teile der Königlichen Sammlung in Paris einflossen... Alle Museen Europas sind mit Beckers Münzen infiziert.«* Wahrscheinlich war nun dem einstigen Hofrat der Boden in Offenbach zu heiß geworden. Noch im selben Jahr verlegte er seinen Wohnsitz nach Bad Homburg, wo er bis zu seinem Tode in bescheidenen Verhältnissen gelebt haben soll. Er hinterließ auch kein Vermögen. Denn nachdem seine Fälscherpraktiken der Fachwelt bekannt geworden waren, zogen sich die Händler von ihm zurück: Mit Beckers Münzen war nichts mehr zu verdienen. Nicht einmal seine Stempel wollte noch jemand haben. Am 18. Mai 1829 reist er nach Berlin, um sie für 5000 Dukaten dem König von Preußen zu verkaufen. Bei dieser Gelegenheit kam es auch zu dem bereits erwähnten Besuch im Hause der Friedlaenders. Doch auch dieser Versuch scheitert ebenso wie das Angebot an den Zaren von Rußland (im Februar 1830 für 6000 Dukaten). Am 11. April 1830 stirbt der geniale Münzfälscher an einem Schlaganfall. Seine Stempel gehen in den Besitz der Homburger Familie Seidenstricker über, die Liebhabern die aus 331 Stück bestehende Suite, in Blei ausgeprägt, für 30 Rheinische Gulden verkauft. Später kam ein Teil der Stempel an das Münzkabinett in Berlin, wo sie sich noch heute befinden.

Carl Wilhelm Becker hat noch zu Lebzeiten Verteidiger seiner Kunst gefunden, so beispielsweise Wilhelm Dorow, einen seinerzeit renommierten deutschen Historiker, der 1827 konstatierte, Becker habe lediglich beabsichtigt, den Fortschritt der Stempelschneidekunst zu veranschaulichen. Andere, wie der schon erwähnte Direktor des *Kaiserlichen Münz- und Antikenkabinetts* in Wien, waren da gegenteiliger Ansicht. Doch noch fast 100 Jahre später fanden sich Leute, die den Hofrat allein deshalb von jeder Schuld freisprechen wollten, weil er zu Lebzeiten nie belangt worden sei und als Ehrenmann das Zeitliche gesegnet habe.[3]

Becker war ein ausgesprochener Könner. Seine echten Münzen nachgeschnittenen Stempel hatten nur einen Fehler: Sie waren zu perfekt, zu regelmäßig. Außerdem wiesen die nachgeahmten Silbermünzen eine bläulichschwarze Färbung auf, die sie nebelartig überzog. Dennoch haben sich damals viele Experten von Beckers Produkten hinters Licht führen lassen.

Der isenburgische Hofrat war keineswegs der letzte »Große« unter den Münzfälschern. Viele seiner nicht so berühmt gewordenen Kollegen bedienten sich weniger aufwendiger Verfahren: Sie stellten Abgüsse von echten Münzen her und gossen die Formen dann mit dem flüssig gemachten Metall aus. Diese gegossenen Stücke erreichten jedoch nie die Schärfe der geprägten echten Münzen und zeigten unter der Lupe eine körnige und mitunter von Luftbläschen unterbrochene Oberfläche. Mit speziellen Alterungsverfahren konnten solche Unschönheiten jedoch so weit verdeckt werden, daß die Imitationen manchen ahnungslosen Käufer fanden.

Die Münzfälscherei ist bis in unsere Zeit ein »Handwerk mit goldenem Boden« geblieben, das vom technischen Fortschritt profitiert und heute Umsätze erzielt, gegen die jene von Beckers »alten Herren« verblassen. Neue Verfahren haben den Fälschern das Handwerk erleichtert: das Galvanoplastikverfahren, das Kokillengußverfahren, das Schleudergußverfahren, das Preßgußverfahren...

Die immensen Preise, die in Numismatikerkreisen für Raritäten nicht nur aus den Zeiten der uneingeschränkten Münzwirtschaft, sondern auch aus neuerer Zeit geboten werden, haben heute zu einer derartigen Ausweitung des Geschäftes mit gefälschten Münzen geführt, daß so mancher Sammler resigniert aufgegeben hat. Andere wiederum setzen darauf, daß die gefälschten Stücke selbst zu Raritäten werden.

Die Produkte aus den Werkstätten berühmter Fälscher erzielen heute imposante Preise. So waren auf einer 1972 veranstalteten Auktion der Frankfurter Münzhandlung

3 Vgl. den Brief von Dr. Lucas, Präsident des Reichswirtschaftsgerichts, in: George F. Hill: Becker the Counterfeiter. London 1924 (Reprint 1955).

E. Button 11 Fälschungen aus Beckers Werkstatt angeboten worden. Sie fanden zu Preisen zwischen 180 und 800 DM ihren Käufer.

Allein in der BRD kommen jährlich Hunderte von Fälschungen auf den Markt, die oft so perfekt sind, daß sich selbst Experten außerstande sehen, sie zu erkennen. Mitunter ist es nur ein mikroskopisch kleines Detail, das den unbekannt gebliebenen Fälscher überführt. Viele gefälschte Stücke haben als »echte« längst Eingang in private, aber auch staatliche Sammlungen gefunden.

Spaßvögel und Dummenfänger

Schadenfreude ist die reinste Freude. Für manche Leute soll ja die Lust, sich auf Kosten ihrer Mitmenschen zu ergötzen, zum Lebenselixier geworden sein.

Da hatte ein Mann, der sich Graf de Fortsas nannte, im Frühjahr 1840 für einiges Aufsehen unter den Sammlern bibliophiler Kostbarkeiten gesorgt. Er ließ in Umlauf setzen, er besitze eine Sammlung von 38 einzigartigen Raritäten, die nur noch in je einem Exemplar erhalten seien. Doch existierten die Bücher selbst wie auch ihre Verfasser nur in der Phantasie des angeblichen Grafen. Zum 10. April 1840 kündigte er nun die Versteigerung seiner Kostbarkeiten an und erhielt eine ungeheure Menge von Zuschriften. So mancher Krösus bot sogar an, die ganze Sammlung zu kaufen, und nannte schwindelerregende Preise.

Andere fügten ihren Zuschriften bereits mehr oder weniger große Anzahlungen bei, hoffend, der »Graf« werde das gewünschte Buch aus der Auktion herausnehmen und für ihn reservieren. Der aber amüsierte sich königlich, noch nie in seinem Leben hatte er so viel und so interessante Post erhalten. Zwei Tage vor dem anberaumten Termin sagte der Spaßvogel den Auktionstermin ab und suchte das Weite. Am meisten hatte ihn bei dem Jux eine Zuschrift ergötzt, dessen Absender erklärte, er besitze das gewünschte Buch nur in einem unvollständigen Exemplar.

Spaßvögel dieser Art gibt es auch auf dem Markt der Münzfreunde. Dabei handelt es sich um Leute, die sehr gut um die Schwierigkeiten mit der Definition der in über zweieinhalb Jahrtausenden in den verschiedensten Ländern und Epochen geprägten Münzen Bescheid wissen. Entgegen kommt solchen Spaßvögeln, daß die Numismatik ebenso wie die Philatelie heute zu einer Massenbewegung geworden ist und nur sehr wenige Münzsammler sach- und sprachkundig genug sind, um Falsches von Echtem unterscheiden zu können.

Zu den Berühmtesten dieser Art von »Münzbelustigern«, die bei den Numismatikern nicht gerade geschätzt sind, gehört zweifellos der Belgier Renier Chalon (1802–1889), ein Mann, der sich um die Numismatik große Verdienste erworben, ihr jedoch zugleich mit seinen witzigen Einfällen etliche Schwierigkeiten bereitet hat. Ein kommerzielles Interesse hatte Chalon offenbar nicht; es machte ihm einfach Spaß, seine Kollegen zu foppen. So erfand er eine gallische Münze, in die er anstelle des gewöhnlichen Schriftzugs AVAVCIA die Inschrift TOIAC einprägte. Das war rückwärts gelesen der Name des Museumsdirektors von Namur, Cajot.

Die Vorliebe des Biedermanns für das Mystische, Überirdische ist jahrtausendealt und auch heute noch lebendig. Tausende von Wunderdoktoren oder auch »Goldmachern« und sonstigen Betrügern, darunter viele Schriftsteller und in der jüngsten Zeit auch Filmemacher haben sich an der Dummheit ihrer Zeitgenossen gesundgestoßen. Renier Chalon, der sonst so gewissenhafte Forscher, hat auch dazu seinen Beitrag geleistet. Im Jahre 1853 veröffentlichte er unter dem Pseudonym »Dr. Wallraf« die *Numismatik des Ordens der Agathopäden*.

Hier erfährt der Leser von einer Geheimgesellschaft, die irgendwann im 16. Jahrhundert entstanden und nach dem Ableben ihres letzten Mitglieds 1837 elf Jahre später ein zweites Leben begonnen habe. Dabei habe jedes der auf geheimnisvolle Weise wiederbelebten Mitglieder einen Tiernamen angenommen, so daß sich die Mutterloge in Brüssel den Namen »Menagerie« zulegte. Die Gesellschaft soll dann Münzen und Medaillen mit Inschriften wie »amis comme cochons«, »ordre des agathopèdes menagerie« auf dem Avers und »Le V. A. G. B. Schayes reélu pourceau g. m. le 22 Septembre an II.« herausgegeben haben. Auch der sogenannte Christfesttaler mit der Inschrift DITANT VOTA MATERNA 1617, den Johann Georg I. von Sachsen schlagen ließ, wird dem Leser als Produkt der Agathopäden präsentiert.

Chalons pseudowissenschaftlicher Unsinn hat damals manchen biederen Münzsammler das Grübeln gelehrt.

Im literarischen Genre hat Chalon zwar keine Adepten gefunden, um so zahlreicher aber sind sie in der Münzprägung. Einesteils aus bloßem Jux, anderenteils aber auch aus harten kommerziellen Erwägungen heraus sind Tausende von Falsifikaten geprägt worden, die keine historischen Vorbilder kannten: ein Phänomen, das nur in der verwirrenden Welt der Münzen denkbar ist. Wem würde es schon einfallen, 25-Mark-Scheine herzustellen?

Viele dieser frei erfundenen Münzen waren (und sind) so plump, daß sie ein einigermaßen vorgebildeter Münzsammler sofort erkennt. Andere aber hatten mit »Unikaten«, die zu fünf-, ja sechsstelligen Summen den Markt verließen, den erwarteten Erfolg, wie wir bereits aus Bekkers Praxis wissen. Man rechnete mit den mangelnden Geschichtskenntnissen der Münzsammler. Zu den bekanntesten »Unikaten« dieser Art gehören Münzen von Herrschern, unter denen nie Geldstücke geprägt wurden, zum Beispiel des Hunnenkönigs Balamber, oder von Territorien, die zu keiner Zeit Münzrechte besaßen. Berühmt geworden sind besonders die Münzen von Andorra. Doch sind hier nicht Spaßvögel am Werk, sondern Leute, die Unkenntnis in bares Geld umzumünzen verstehen. Ihre Branche gehört zweifellos zu den ertragreichsten im Gewerbe der Münzfälscher, obwohl sie eigentlich gar keine Fälscher, sondern eher »Erfinder« sind.

Ihre Geschichte ist übrigens so alt wie die Numismatik selbst. Zu den wenigen, die entdeckt und Justitia zugeführt werden konnten, gehört Johann Georg Breuer, herzoglicher Münzmeister zu Braunschweig. Breuer stellte 1683 eine Riesenmenge von stark mit Silber und Kupfer legierten Guldenstücken eines frei erfundenen Prinzen von Japan her, die den Schriftzug MANG CHA trugen. Die Münzen wurden noch im selben Jahr nach Rußland »exportiert«, wo man den Schwindel jedoch sehr bald entdeckte. Ob diese Münzfälschung allein die Idee Breuers war oder auch Herzog Rudolf August selbst mit im Komplott gewesen ist, wissen wir nicht. Offenbar aber hatte es diplomatischen Ärger mit der russischen Regentin Sophia (1682–1689) gegeben, und der Herzog ließ seinen Münzmeister 1684 zu einer Geldstrafe von 10000 Talern verurteilen.

Wie weit die Späße der Münzerfinder gehen, zeigt das Beispiel eines Mannes mit dem beziehungsreichen Namen Michelangelo Politi, Bildhauer in Syrakus. Er prägte in den fünfziger Jahren des vorigen Jahrhunderts eine besondere Rarität: zeitgenössische Münzen, die es gar nicht gab. Und er hatte Erfolg damit.

Aus der Werkstatt eines solchen Erfinders stammt auch jenes seltsame Goldstück, mit dem ein britischer Münzsammler in den siebziger Jahren unseres Jahrhunderts im Londoner Internationalen Büro für Falschgeldbekämpfung auftauchte. Der Mann, der sich in der Numismatik als noch unerfahren auswies, reichte den Beamten die Münze und fügte hinzu, er habe sie in Beirut erworben, und zwar zu einem stolzen Preis. Der Verkäufer habe ihm verraten, daß dieses Geldstück in keinem Katalog der Welt zu finden sei, weil sie nur in vier Exemplaren geprägt worden wäre.

Die Experten prüften die Münze zuerst mit bloßem Auge, dann unter dem Mikroskop und reichten sie dann dem Besucher fast zögernd zurück. »Sir, was Sie da erworben haben, ist wirklich phantastisch zu nennen. Das da ist eine Viertel-Sovereign-Münze. Sie ist so sauber geprägt, daß man eigentlich unseren britischen Graveuren empfehlen sollte, sich an ihr zu schulen. Das Stück hat nur einen kleinen Fehler. Solange es das Britische Königreich gibt, sind nie Viertel-Sovereign-Münzen geprägt worden. Sie besitzen somit eine Münze, die es gar nicht gibt.«

Auch von unfreiwilligen »Erfindungen« gibt es Beispiele. So hatte ein offenbar zerstreuter Münzfälscher einen Sovereign mit dem Bild König Eduards VI. (1547–1553) auf der Vorderseite geprägt, auf der Rückseite jedoch das Krönungsdatum von Georg V. (22. 6. 1911) eingeprägt. Von einem ausgesprochenen Schalk dagegen stammt wohl jene mit dem Jahre 1957 datierte Sovereign-Münze, die auf beiden Seiten das Bildnis von Elisabeth II. trägt. Als man der Königin die Münze zeigte, soll sie gesagt haben: »Gentlemen solcher Art sind heute sehr selten.«

Der ganz große Coup

Die Handlung dieses von der Wirklichkeit verfaßten Krimis lief durchaus nicht so ab wie in den Standardwerken der Kriminalliteratur. Alles passierte lautlos; niemand schoß aus Waffen oder stach einen Gegner mit dem Messer nieder. Doch die Wirkung war viel verheerender. Das Verbrechen selbst bewies ebenso Verrücktheit wie Logik. Logisch war es für den, der sich in den damaligen portugiesischen Verhältnissen, aber auch im Geschäftsgebaren gewisser Kreise zurechtfand. Verrückt war, wie ein kleiner Amateurganove die Zentralbank eines Staates ausheben, besser: stehlen wollte.

Portugals Wirtschaft befand sich in der ersten Hälfte der zwanziger Jahre in einem desolaten Zustand. Wohl hatte die Inflation bei weitem nicht die Ausmaße wie etwa in Deutschland. Doch wurden für das Pfund Sterling, das 1918 noch 8 Escudos wert war, fünf Jahre später 105 Escudos gezahlt. In dem Maße, wie der Escudo an Wert verlor, wuchs auch die Streikbewegung. Ende 1920 hatte er noch ein Zwanzigstel des Wertes von 1910, während die Durchschnittslöhne nur auf das 4,5fache gestiegen waren.

Unbilanzierte Haushalte, Mangel an wirtschaftlicher Bonität und allgemeine Konfusion fraßen alle verfügbaren Ressourcen. Die schlimmste Krankheit aber war das Korruptionsfieber, das selbst die Regierungsspitzen infizierte. Am 27. Oktober 1925 schrieb die Zeitung *Seara Nova* über jene Regierungsbeamten, die gegen erkleckliche Handgelder die finsteren Geschäfte der Handels- und Finanzmagnaten deckten und deshalb allgemein als »Blitzableiter« bezeichnet wurden: »*Von ihnen gibt es eine Menge. Sie schützen sich gegenseitig, und einer scheint sich um das Interesse des anderen zu sorgen. Da geht der eine zum anderen und sagt: ›Ich werde nichts sagen, denn auf diese Weise verdiene ich eine Menge Geld‹. Und der andere antwortet: ›Du sagst es, mein Alter...‹ Die übergroße*

*Mehrheit dieser Leute ist auf dem besten Wege, wieder-
gewählt zu werden. Das souveräne Volk ist bereit, ihnen
seine Stimmen und das letzte Hemd zu geben«.*

Die *Banco de Portugal,* deren Stammkapital sich größten-
teils in Privatbesitz befand, genoß seit 1887 das Exklusiv-
recht, das Land mit Banknoten zu versorgen. Und sie tat
es seit Ende des zweiten Jahrzehnts des 20. Jahrhunderts
mit soviel Fleiß und Engagement, daß die Kapazitäten ein-
heimischer Druckereien nicht mehr ausreichten und ausländische Unternehmen verpflichtet werden mußten.
Jede Regierung suchte, der wirtschaftlichen Misere mit
steigender Geldemission zu begegnen. Oder sagen wir
besser: fast jede Regierung. Denn der wirtschaftlichen
Misere entsprach die permanente Regierungskrise. Zwischen 1919 und 1926 hatte Portugal drei Präsidenten und
26 Regierungen, und so manche »Regierungsmann-
schaft« kam gar nicht erst dazu, das Geld ihrer Untertanen
mit neuen Banknoten-Emissionen zu entwerten. Die von
Premierminister Victor Hugo de Azeve do Coutinho lenkte
die Geschicke der Republik im Jahre 1920 ganze 44 Tage.
Sie erhielt im Volk den wenig schmeichelhaften Namen
»Die Elenden von Victor Hugo«. Andere Regierungen waren noch kurzlebiger; den Rekord hielt die von Fernandez
Costa, die am Morgen des 16. Januar 1920 vereidigt und
am Abend desselben Tages verabschiedet wurde.

Die riesigen Kolonialbesitzungen Portugals lagen wie der
Felsblock des Sisyphos auf dem kleinen Land an der
Westküste der Pyrenäenhalbinsel. Das ständige Kolonial-
heer und die trägen, zu jedem produktiven Gedanken un-
fähigen Kolonialbeamten zehrten wie ein Heuschrecken-
schwarm an dem ohnehin defizitären Staatsbudget. Die
reichen Bodenschätze der »Provinzen« Angola und Mo-
çambique blieben weitgehend ungenutzt. Die wirtschaftliche Lage in den überseeischen »Provinzen« war so prekär, daß sich dort niemand aus Portugal zu irgendwelchen
Kapitalanlagen bereit fand. Ihr Geld wurde nicht einmal in
der »Metropole« akzeptiert.

Portugal glich einem leckgeschlagenen Schiff, dessen
»Retter« in Gestalt ausländischer Kapitalgesellschaften
auf die nächste hohe See warteten, um eingreifen zu können.

In dieser Situation erlebt Portugal jene in der Geschichte
einmalige Affäre, die insgesamt zwar verheerende Konse-

quenzen haben, so manchem Unbeteiligten indes zu unerwartetem Glück verhelfen sollte.

Der amerikanische Schriftsteller Murray T. Bloom, der zu Beginn der sechziger Jahre weder Kosten noch Mühe gescheut hat, auch dem letzten Detail in dieser Affäre auf die Spur zu kommen – dreißig Jahre nach den Geschehnissen eine großartige Leistung –, vergleicht diese gar mit dem großen Erdbeben, das Lissabon im Jahre 1755 heimgesucht hat. Natürlich ist das stark übertrieben und angesichts der verständlichen Euphorie über die Entdeckungen des Amerikaners durchaus entschuldbar. Dennoch enthält dieser Vergleich wohl einige Körnchen Wahrheit.

Ein illustres Quartett

Sie hatten sich im Mai 1924 zum erstenmal zusammengesetzt, um sich gemeinsam der Jagd nach dem schnöden Mammon zu widmen. Geld soll zwar nicht glücklich machen, doch kann dieses so arg strapazierte Sprichwort nur jemand erfunden haben, der zu viel des irdischen Wohllebens genossen hat. So jedenfalls mochten auch die vier Männer gedacht haben, von denen jeder in dem anderen einen Experten für unerschlossene Schätze vermutete. Das Treffen fand in einem Hotelzimmer von Den Haag statt. Artur Virgilio Reis war aus Lissabon gekommen, Adolf Gustav Hennies aus Berlin, Karel Marang van Ysselveere war Bürger von Den Haag, und José dos Santos Bandeira wohnte dort bei seinem Bruder, dem portugiesischen Konsul.

Wer waren diese vier Männer?

Beginnen wir mit Artur Virgilio Alves Reis, dem Spiritus rector des künftigen Unternehmens.

Der 1896 geborene Sohn eines Buchhalters und Teilhabers eines Beerdigungsinstituts war ein Selfmademan par excellence. Er hatte ein Gymnasium beendet und sich danach für einen Maschinenbaulehrgang angemeldet. Den besuchte er nur ein Jahr, dann glaubte er genug zu wissen und beschloß, sich zunächst einmal dem Fortbestand der Familie zu widmen. Das glutäugige Wesen seiner Wahl entstammte einer betuchten Familie, so daß sich von der Mitgift ganz gut leben ließ. Im Jahre 1916 meldet sich der Zwanzigjährige zum Kolonialdienst in Angola. Nicht als

Soldat. Der Selfmademan hat sich ein Diplom angefertigt, das Diplom eines nichtexistenten Polytechnikums bei der Universität von Oxford. Oxford macht Eindruck und öffnet dem, der das Backen der kleinen Brötchen anderen zu überlassen gedenkt, jede Tür. Das Papier ist eindrucksvoll und bescheinigt Senhor Artur Virgilio Alves Reis den Grad eines Baccalaurius für so ziemlich alles, was sich hienieden zu wissen empfiehlt. Als Vorlage dient ihm das Diplom eines Freundes.

Um allen Zweifeln und Echtheitsprüfungen vorzubeugen, läßt sich Reis eine Kopie anfertigen, die ihm ein einfältiger Notar beglaubigt. Kopien sind fast immer glaubwürdiger als Originale.

Schon damals mag dem jungen Mann eine Ahnung von der unbegrenzten Macht eines beglaubigten Stücks Papier gekommen sein, vergleichbar mit der Uniform des Schusters Vogt. Es ist auch so abwegig nicht, in den späteren Geschehnissen nach Parallelen zu jener Köpenickiade zu suchen.

In Luanda macht Reis rasch Karriere. Er avanciert zum Inspektor für öffentliche Arbeiten und gleichzeitig – in einem zweiten Arbeitsverhältnis – zum Chefingenieur der Eisenbahn von Angola. Fast alles, was sich der ehrgeizige junge Mann in dem gefälschten Diplom selbst bescheinigt hat, beweist er in der Tat. Er ist ebenso ein geschickter Techniker wie ein guter Kaufmann, der alles zu Geld macht, was sich in dem weiten afrikanischen Land, aber auch bei gelegentlichen Dienstreisen nach Europa bietet. Im Jahr 1919 kündigt Reis seine Stellungen, um zum Privathändler zu werden. Mit 600000 Escudos Vermögen kehrt er 1922 nach Lissabon zurück, gründet dort mit zwei Partnern die *Alves Reis Ldo.*, die sich mit dem Vertrieb amerikanischer Pkw der Firma *Nash* befaßt. Seine Investitionen in Angola werden durch die grassierende Inflation entwertet, den Rest besorgt die allzu luxuriöse Lebensführung in Lissabon: Eine Zwölfzimmerwohnung für die vierköpfige Familie, drei Diener und ein Chauffeur zehren das Vermögen auf, das Unternehmen steht vor dem Konkurs. Da besinnt sich Reis auf den Slogan der amerikanischen Geschäftswelt *time is money* und nimmt ihn wörtlich. Er hat erfahren, daß die *Ambaco,* die transafrikanische Eisenbahngesellschaft von Angola, von Portugal eine 100000-Dollar-Anleihe erhalten hat. Der Schiffsweg nach den USA dauert acht Tage. Reis unterhält bei einer New-Yorker Bank ein Konto. Allerdings reicht das, was da unter dem Strich steht, allenfalls für ein kleines Frühstück. Auf dieses Konto stellt er nun einen Scheck über 40 000 Dollar aus und kauft dafür ein Aktienpaket, das ihm die Kontrolle über die *Ambaco* verschafft. Rechtzeitig, bevor der Postdampfer in New York ist, überweist der gewissenhafte Klient auf telegrafischem Wege 35 000 Dollar aus dem Vermögen der *Ambaco* auf sein Konto in New York. Die Kleinigkeit von 5000 Dollar wird ihm die Bank schon stunden. Mit dem Rest des Dollarguthabens der *Ambaco* kauft Reis die Aktienmehrheit der *South Angola Mining Co.* und ist nun wieder ein solider Unternehmer. Alles ist ganz einfach, man muß es nur wollen, ist die Devise des für seine 24 Jahre reichlich ausgekochten Mannes, der nun seinen neuen Partnern gegenübersitzt und eine Zigarette an der anderen ansteckt. Artur Reis ist von kleiner Statur, 1,65 m groß, jedoch breitschultrig und muskulös. Die hohe Stirn über den braunen Augen endet in schütterem, nach hinten gekämmtem Haar.

Im Januar 1924 hatte Reis mehr oder weniger zufällig einen Mann kennengelernt, der sich José dos Santos Bandeira nannte. Irgendjemand hatte ihm gesteckt, daß Bandeira im Rohölgeschäft Interessen habe. Das erwies sich zwar als Fehlanzeige, doch brüstete sich Bandeira mit ausgezeichneten Beziehungen. Einen Teil davon hat er nun hierher gebracht. Ansonsten aber ist José nicht gerade das, was man eine Leuchte nennt. Von jeher galt er als das *enfant terrible* der Familie eines kleinen Grundbesitzers, ganz im Gegensatz zu dem älteren Bruder António, der es zum portugiesischen Konsul gebracht hatte. Der jetzt 43jährige hat eine wenig vertrauenswürdige Karriere hinter sich. Einbruchsdiebstahl, Hehlerei und Alkoholschmuggel brachten ihm, der sich in Südafrika das Eldorado und den Aufstieg in die Spitzen der Finanzwelt erträumt hatte, dort insgesamt sieben Jahre Vollpension hinter schwedischen Gardinen ein. Auch später noch hat sich José bei etlichen krummen Geschäften erwischen lassen, und der greise Vater mußte tief in die Geldbörse greifen, um der Familie weitere Schande zu ersparen. Schließlich begab sich José unter die schützenden Fittiche des großen Bruders, der ihm vor einem Jahr das erste nicht anrüchige Geschäft zuschob: Für den Tender einer ostasiatischen Gesellschaft vermittelte José im Auftrag einer niederländischen Baufirma und strich dafür die hübsche Provision von 80 000 Dollar ein. Der nur 1,62 m große drahtige Mann mit der kühnen Hakennase und dem buschigen Schnurrbart verdankte seine Chancen beim weiblichen Geschlecht wohl vor allem einem makellosen Gebiß, das ihn veranlaßte, immer ein Lächeln an den Tag zu legen. José Bandeira war stolz auf sein Verhältnis mit dem bekannten holländischen Stummfilmstar Fie Carelsen, einer schlanken, großgewachsenen Brünette im reichlich fortgeschrittenen Mädchenalter. Josés Filzhut konnte den Größenunterschied nur mangelhaft verbergen.

Mehr Format, jedenfalls in geschäftlichen Belangen, konnten die beiden anderen Partner in spe aufweisen.

Karel Marang van Ysselveere war ein echter Adliger. Das *van* in holländischen Namen ist bekanntlich kein Indiz für edle Herkunft. Die konnte Marang jedoch durch ein 1915 käuflich rechtens erworbenes Adelszertifikat nachweisen. Die Urkunde wies ihn als Charles Marang d' Ysselveere les Krimpen aus. Wer da etwa wagte, von Fälschung zu sprechen, dem ließ sich immer noch belegen, daß Karel Marang 1884 in dem Dorf Ijsselveere, etwa 20 km südwestlich von Rotterdam, geboren wurde, also tatsächlich *van* Ijsselveere stammte.

Über die Jugend- und frühen Mannesjahre des großgewachsenen, gutaussehenden Holländers mit den starken dunklen Augenbrauen ist nichts bekannt. Man weiß nur, daß der Sohn eines Steuereintreibers den ersten Weltkrieg mit einem hübschen Bankkonto begonnen hat. Die Niederlande sind damals neutral gewesen. Karel setzt auf einen Sieg der Deutschen. Seine Firma *Marang en Collignon* widmet sich der Versorgung Deutschlands, speziell mit Rohstoffen, Lebensmitteln und Heeresgut. Der Verbindungsmann zu Berlin ist Adolf Gustav Hennies, der 10 Prozent vom Bruttowert der Transaktionen erhält. Nach dem Krieg trennt sich Marang von Hennies. Die Geschäfte gehen mehr schlecht als recht. Und als Karel Marang die Einladung Bandeiras erhält, ist die Großhandelsfirma hoffnungslos verschuldet.

Die vielleicht finsterste Gestalt in dem illustren Quartett gab Adolf Gustav Hennies ab. Nicht wegen seines etwas dunklen Teints, des schwarzen Schnurrbarts und des fast blauschwarzen, mit einem Mittelscheitel zurückgekämmten Haars, das erste Silbersträhnen zeigte. Hennies war bis zuletzt der »Mysteriöse« in der Affäre, dessen wahre Identität weder seinen Kumpanen noch den portugiesischen Untersuchungsbehörden damals bekannt geworden ist.

Niemand hätte in Hennies einen Deutschen vermutet, obwohl der Name darauf hinwies, und der war noch dazu falsch. Nicht erkannt zu werden, lag auch im Interesse dieses Mannes, der am 20. November 1881 in dem Dorf Friedrichsbrück bei Kassel geboren wurde und den Namen Johann Georg Adolf Döring erhielt. Er entstammte einer hugenottischen Bauernfamilie, besuchte die dörfliche Einklassenschule und erhielt später eine Stellung als Zigarrenmacher in Helsa (bei Kassel). Im Jahre 1909 leiht sich Döring von einem Bekannten eine größere Geldsumme und verschwindet mit unbekanntem Ziel, eine Frau und zwei unmündige Kinder in Helsa zurücklassend. Seine Stationen sind Frankfurt/Main, New York, wo er eine Zigarrenfabrik betreibt, und Manaos in Brasilien. Dort unterhält er eine florierende Vertretung von amerikanischen Nähmaschinen der Firma *Singer.* Später verkauft er die Vertretung und durchreist Brasilien als selbständiger Kaufmann, mit wechselndem Erfolg alles vermarktend, was sich bietet. Bei Ausbruch des ersten Weltkrieges beugt Döring möglichen Ärgernissen wegen seiner deutschen Staatsbürgerschaft vor und beschafft sich einen schweizerischen Paß, der ihn als Sohn eines Schweizers und einer Brasilianerin ausweist. Er heißt fortan Adolf Gustav Hennies. Unter diesem Pseudonym kehrt er auch nach Deutschland zurück und wird zum Partner Karel Marangs im Auftrag eines deutschen Beschaffungsamtes. Nach der Trennung von seinem holländischen Geschäftspartner hat er es verstanden, selbst aus der Inflation noch Gewinn zu machen, und verfügt über ein fünfstelliges Bankkonto, das er gern zu einem sechsstelligen machen würde.

Diese vier Männer beraten nun in Den Haag über ein Zusammengehen, vor allem bei der Ausbeutung von angolanischen Bodenschätzen. Reales zu bieten hat hier allerdings nur Reis mit seiner *South Angola Mining.* José dos Santos Bandeira kann noch auf gewisse diplomatische Privilegien bei möglichen Geschäften über den Bruder verweisen. Reis nimmt es zur Kenntnis. Beeindruckt ist er lediglich von Hennies, in dessen weltmännische Überlegenheit und Kenntnis in Geldoperationen er einige Hoffnungen setzt.

Die vier Männer gehen auseinander, es war nett, sich kennenzulernen, man wird in Verbindung bleiben...

Papel selado

Anfang Juli 1924 wird Reis verhaftet. Die *Ambaco* bezichtigt ihn der Unterschlagung, und von seiner New-Yorker Bank ist die Klage eingegangen, daß er ihr 5000 Dollar schulde. Im Gefängnis von Porto verbringt Reis fast zwei Monate in Untersuchungshaft. Dann einigt er sich mit der *Ambaco* und findet auch Freunde, die ihm aus der Kalamität mit der New-Yorker Bank heraushelfen.

In diesen zwei Monaten keimt und reift jener ungeheuerliche, verrückte, phantastische Plan zu dem ganz großen Ding. Reis läßt sich Literatur über Portugals Bank- und Finanzwesen bringen, studiert, entdeckt Unregelmäßigkeiten in diesem Getriebe und Lücken, die geradezu darauf warten, ausgefüllt zu werden.

Als er Ende August entlassen wird, empfangen ihn die Freunde mit einem Ehrenbankett, von dem dann auch die Presse zu berichten weiß.

Wenige Tage später geht Artur Virgilio Alves Reis ans Werk. Zunächst beschafft er sich jenes *papel selado,* das in Portugal für Urkunden aller Art erforderliche Stempelpapier: mehrere Einzel- und Doppelbogen. Auf die erste und zweite Seite von zwei der Doppelbogen setzt er jeweils den unverfänglichen Text des Vertrages mit einer staatlichen Institution, während die dritten Seiten mit dem Satz beginnen: »Doppelt ausgefertigt und unterzeichnet...«

Mit den beiden Schriftstücken taucht Reis am 23. November im Büro des Notars Dr. Avelino de Faria auf, unterzeichnet jeweils auf der dritten Seite, jedoch so tief, daß noch Platz für mehrere andere Unterschriften bleibt, und läßt seine Unterschrift notariell beglaubigen. Da sich der Vertragstext auf eine internationale Transaktion erstreckt, holt er noch im britischen, deutschen und französischen Konsulat die Beglaubigung für die Echtheit der Notariatssignatur ein.

Nun faßt Reis den »echten« Vertragstext ab und übersetzt

ihn ins Französiche. Der Inhalt des Vertrages ist so unfaß-
bar naiv, daß er schon wieder genial erscheint. Artur Virgilio Alves Reis macht sich darin zum Bevollmächtigten
eines internationalen Konsortiums von Finanziers, das
bereit ist, Angola mit einem Kredit von einer Million Pfund
Sterling unter die Arme zu greifen, und das dafür das
Recht erhält, in der portugiesischen Kolonie den Gegen-
betrag in Escudos in Umlauf zu setzen.
Welcher auch noch so einfältige Finanzmann hätte wohl
für die hoffnungslos heruntergewirtschaftete Kolonie eines von Wirtschafts- und Regierungskrisen geschüttelten
Landes hartes Geld herübergereicht zu dem einzigen
Zweck, durch Vermehrung des Geldumlaufs die Inflation
noch anzuheizen? Jeder Fachmann mußte bei genauerem
Studium des Vertragstextes annehmen, daß da ein Schild-
bürger oder ein einfältiger Hans im Glück am Werke gewesen war. Es muß Reis auch ungeheure Mühe gekostet haben, den Text in den üblichen schwerverständlichen Juri-
stenjargon zu kleiden. Das gelang ihm einigermaßen gut,
so daß aus dem Unsinn ein solides Dokument wurde. Den
Rest sollte der Respekt vor den vielen Unterschriften,
Stempeln und Siegeln besorgen. Den Vertragstext tippt
der Sekretär von Reis, Francisco Ferreira, ein ehemaliger
Armeeoffizier, zweispaltig – in Portugiesisch und Französisch – auf ein Blatt *papel selado.* Dann ist der Arbeitstag
für ihn vorbei, für Reis beginnt die Nachtschicht.
Zunächst wird die dritte Seite durch die Unterschriften des
Gouverneurs der *Banco de Portugal,* I. Camacho Rodrigues, und des Vizegouverneurs, J. da Motta Gomes, er-
gänzt. Reis paust die Schriftzüge von den Banknoten
durch und zieht sie mit Tinte nach. Dann setzt er noch die
Unterschriften des Hochkommissars für Angola, F. da
Cunha Rego Chaves, des Finanzministers, D. Rodrigues,
und eines Fachvertreters für Angola, D. Costa, hinzu. Bei
den letzten drei Signaturen kommt es nicht so genau darauf an. Sie sind kaum überprüfbar und vom Notar ohnehin
vorbestätigt.
Nun folgt der letzte Akt. Mit aller Sorgfalt trennt Reis das
erste Blatt eines der vorbereiteten Doppelbogen ab und
ersetzt es durch das neue (von Ferreira ausgefertigte)
Schriftstück, das mit einem weißen Band und Siegellack
mit dem portugiesischen Wappen so angefügt wird, daß
der Betrug nicht erkennbar ist.

Das Siegel hat Reis übrigens bei einem Stempelschneider für einen Turnverein in Auftrag gegeben und den Rand dann abgefeilt.

In den folgenden Tagen legt Reis seinen Kompagnons den Vertrag vor. Es scheint fast unglaublich, daß die mit allen Wassern der finstersten Geschäftswelt gewaschenen Marang und Hennies die Sache nicht durchschaut haben sollen. Jedenfalls hat Reis dies später immer wieder behauptet.

Der gerissene Fälscher hat auch noch in anderer Hinsicht vorgesorgt. Bei einer kleinen Druckerei außerhalb Lissabons hat er für seinen »Freund, Senhor Camacho Rodrigues, den Bankpräsidenten«, Briefbogen anfertigen lassen. Sie tragen Portugals Staatswappen und den Aufdruck

Banco de Portugal
Gabinete de Governador
particular

Rodrigues hat für seinen persönlichen Schriftverkehr nie derartige Vordrucke verwendet, aber sie sahen sehr hübsch aus und mußten Eindruck hinterlassen.

Waterlow & Sons Ltd.

Anfangs hatte man daran gedacht, die Escudo-Noten in Deutschland drucken zu lassen. Dort vermutete man die besten Erfahrungen mit der Herstellung von Geld. Aber dann wird beschlossen, Karel Marang solle bei der holländischen Wertpapierdruckerei *Johan Enschedé en Zonen N. V.* in Haarlem vorsprechen. Er tut es am 2. Dezember 1924, erhält jedoch eine Absage. Es würde zu aufwendig werden und viel Zeit brauchen, die Banknoten neu zu fertigen, also die Platten herzustellen. Marang hatte je ein Muster der beiden sogenannten Dichternoten, die das Porträt von Luis Vaz de Camões (1000 Escudos) und João de Deus (500 Escudos) trugen, vorgelegt. Eine hundertprozentige Gleichheit sei ohnehin nicht erreichbar. Warum wende man sich nicht an die bisherigen Vertragspartner der portugiesischen Notenbank? Marang wird verlegen, er kennt die Firma nicht. Dann erinnert er sich, auf einer anderen Banknote Portugals den Namen *Waterlow & Sons* gelesen zu haben. Oder auf einem Dokument, ganz klein gedruckt? So fragt er aufs Geratewohl: »Sie meinen Waterlow in London?« Mijnheer Huisman nickt.

Am nächsten Tag holt Karel Marang bei *Enschedé en Zonen* ein Empfehlungsschreiben für die Londoner Firma ab, um das er gebeten hatte.

Eines fehlt indes noch: die Vollmacht von Artur Alves Reis, daß Marang in seinem Auftrag handeln darf. Da hilft kurzerhand António Bandeira, der Konsul, aus. Sein Schreiben ist an sich ganz unverfänglich, dient aber später als Beweisstück gegen ihn:

»Ich, der Unterzeichnete, portugiesischer Gesandter in Den Haag, bestätige hiermit, daß der Überbringer dieses Briefes, Karel Marang van Ysselveere, ein holländischer Bürger und Geschäftsmann, Generalbevollmächtigter von Alves Reis, Ingenieur, einem portugiesischen Staatsangehörigen, wohnhaft in Lissabon, ist.

Den Haag, 3. Dezember 1924
Santos Bandeira«

Karel Marang reist in den Frühstunden des 4. Dezember 1924 nach London.

Die Firma *Waterlow & Sons* ist in jenen Jahren ein Unternehmen mit makelloser Reputation im In- und Ausland. In seinen acht Betrieben stehen 7000 Untertanen der britischen Krone in Lohn und Brot. Von ihm kommen unter anderem auch die Briefmarken des Königreichs.

Die Firma besteht seit 114 Jahren. Ihr derzeitiger Präsident ist der 53jährige Sir William Alfred Waterlow, der wegen seiner Verdienste um England während des Weltkrieges im Jahre 1920 in den Adelsstand erhoben worden war. Worin die Verdienste bestanden haben, weiß außer ihm und jenen, die ihm den Titel eines *Knight of the British Empire* (K. B. E.) verschafft haben, niemand so recht. War es die Fälschung kaiserdeutscher Briefmarken, mit denen der *Secret Service* seine Spionagepost beklebte? Oder war es die Herstellung der Druckplatten für die gefälschten kaiserdeutschen Banknoten? Vielleicht wußte es Sir William selbst nicht genau. Leute seines gesellschaftlichen Ranges ersparen sich meist den Luxus, darüber nachzudenken, weshalb man sie mit Orden und Ehrentiteln überhäuft.

Messrs. Waterlow & Sons sind ein rentables Unternehmen. Das Jahr 1923 hat man mit einem Nettogewinn von 114 910 Pfund Sterling abgeschlossen. Für das noch laufende Jahr 1924 rechnet man mit knapp 200 000. Die Firma prosperiert unter Sir Williams Leitung, und so hält sich auch der Groll über die recht despotischen Allüren des alten Herrn in Grenzen. Er duldet keinen Widerspruch, und wenn sich Sir William hinter dem Schreibtisch zu seiner respektablen Körpergröße von 1,86 m erhebt, ist jedes Gespräch beendet.

Die Rentabilität der Firma ist nicht zuletzt einem rigorosen Sparsamkeitsregime zu verdanken. Die Direktion sitzt in einem vierstöckigen Backsteinhaus aus gelben Ziegeln in der Winchester Street. Es ist ein ausgesprochen häßliches Gebäude.

Karel Marang erscheint in den Nachmittagsstunden des 4. Dezember am Eingang des Direktionsgebäudes. Der livrierte Portier nimmt das Empfehlungsschreiben entgegen und bittet um einen Moment Geduld. Wenige Minuten später wird der Gast über eine knarrende Treppe in den ersten Stock des Hauses geleitet, wo sich das Allerheiligste, das Büro des Präsidenten, befindet.

Als Marang das sparsam im viktorianischen Stil möblierte Büro betritt, hat Sir William das Empfehlungsschreiben von *Enschedé en Zonen* noch in der Hand. Es lautet:

»*Sir, Wir haben die Ehre, Ihnen den Überbringer dieses Schreibens, Mr. K. Marang van Ysselveere aus Den Haag, zu empfehlen. Dieser Gentleman hat uns wegen eines Auftrages über den Druck von portugiesischen Banknoten aufgesucht. Wir haben die uns vorgelegten Muster geprüft und meinen, daß diese Arbeit bei Ihnen besser aufgehoben ist, und so haben wir Mr. Marang van Ysselveere geraten, die Angelegenheit mit Ihnen zu besprechen. Wir meinen, daß der Auftrag von Ihrer Firma ausgeführt werden und die Lieferung der Banknoten durch die Vermittlung unserer Firma bewerkstelligt werden könnte. Wir wären Ihnen verbunden, wenn wir Ihre Meinung hierzu erfahren könnten und verbleiben, Sir, hochachtungsvoll,*

Voor Joh. Enschedé en Zonen.«

Sir William läßt den Gast bitten, begrüßt ihn mit respektvoller Distanz und bietet ihm an, in einem Ledersessel Platz zu nehmen. Er hält Marangs Visitenkarte in der Hand, auf der er unter dem Namen den Titel *Consul General de Perse* liest. Schweigend überreicht Marang dem Seniorchef noch ein weiteres Papier, das ihn als bevollmächtigten Vertreter von Alves Reis ausweist.

Der Hausherr bittet um einen Moment Geduld, greift zum Telefonhörer und ruft ein Mitglied der Unternehmensleitung zu sich. Es ist Frederick W. Goodman, Direktor der Abteilung »Ausländische Banknoten«.

Marang erläutert in kurzen Worten die miserable Wirtschaftslage der portugiesischen Provinz Angola. Auf Ersuchen der portugiesischen Regierung sei in den Niederlanden ein Syndikat gebildet worden, dem er, Marang, selbst angehöre. Dieses Syndikat sei bereit, die Emission von Banknoten im Wert von 1 Million Pfund Sterling zu kreditieren, und zwar im Einverständnis mit der *Banco de Portugal*. Die Firma *Waterlow & Sons* sollte nun dieses Geld in portugiesischen Banknoten drucken, es nach Lissabon senden, von wo es Mitte Februar 1925 nach Angola gehen werde. Erst dort sollte es den Aufdruck *Angola* erhalten.

Karel Marang weiß sein Anliegen überzeugend vorzutragen. Er spricht ein tadelloses Englisch, wenn man von den für den Holländer unvermeidlichen Kehllauten absieht. Unter dem Wortschwall des Holländers merkt auch keiner der beiden Direktoren, wie unsinnig das Vorhaben des angeblichen Syndikats ist.

Nun holt der »bevollmächtigte Vertreter« die beiden Banknoten aus der Tasche. Sir William nimmt sie entgegen und reicht sie mit fragendem Blick an Goodman weiter. Der schüttelt den Kopf: »Sir, diese Noten sind nicht aus unserer Produktion. Sie sind …« Der Präsident unterbricht seinen Direktor: »… wahrscheinlich in Amerika hergestellt.« Er erinnert sich sehr wohl, daß damals die Konkurrenz, die Londoner Firma *Bradbury, Wilkinson,* den Auftrag der portugiesischen Notenbank erhalten hatte. Weshalb sollten *Waterlow & Sons* den Fisch von der Angel lassen und ihn dem Konkurrenten zutreiben?

Goodman versteht den Wink. Er entschuldigt sich für einen Moment und kommt dann mit einer 500-Escudo-Note zurück, die das Porträt Vasco da Gamas trägt: »Mister Marang, diese Noten haben wir bis vor einem Jahr für die Bank von Portugal hergestellt. Dürften es vielleicht auch die sein? Die Druckplatten haben wir noch.«

Marang überlegt kurz, nickt dann. Er kennt die Noten, die in Portugal seit 1922 in Umlauf sind. Es sind sehr schöne Banknoten, doch wird in der Welt des Geldes Wert nicht an Schönheit gemessen. Marang fragt noch nach den Herstellungskosten: »Sie verstehen, ich muß die Kalkulation ...« Sir William geht an seinen Schreibtisch, blättert in irgendwelchen Papieren, scheint sich Notizen zu machen.

»Das wären 1500 Pfund, Sir, nur, die Platten sind Eigentum der Bank von Portugal, ohne deren rechtskräftig beglaubigten Auftrag wir keine einzige Note drucken werden.«

Marang nickt: »Das ist selbstverständlich, Sir, ein solcher Auftrag wird Ihnen vorgelegt. Dennoch bitte ich Sie, das Ganze vertraulich zu behandeln. Es gibt da einige Querelen im Direktorium der Banco de Portugal, und es könnte auch zu Ärgernissen seitens der Banco Ultramarino kommen, die bisher das Recht auf die Emission von Banknoten für Angola allein beansprucht hat. Nur der Gouverneur der Banco de Portugal, Senhor Rodrigues, der Vizegouverneur, Senhor Gomes, sind eingeweiht.«

Und Sir William erwidert: »Sie können versichert sein, Sir, daß unsere Firma ein in sie gesetztes Vertrauen in jeder Hinsicht zu respektieren weiß.«

Am 17. Dezember überbringt Marang persönlich zwei notariell beglaubigte Verträge: einen zwischen der *Banco de Portugal* und der Verwaltung von Angola, in dem die angolanische Verwaltung von der *Banco de Portugal* autorisiert wird, den Druck von Banknoten in Auftrag zu geben, und einen zwischen der Verwaltung von Angola und Artur Virgilio Alves Reis. Aus dem letztgenannten Vertrag geht hervor, daß Senhor Reis von der Verwaltung von Angola bevollmächtigt sei, unter bestimmten Bedingungen Banknoten »*der neuen angolanischen Emission mit Gültigkeit in der Metropole und in der Provinz Angola*« herstellen zu lassen. In einem speziellen Dokument wird die niederländische Firma *Marang en Collignon*, vertreten durch Senhor Karel Marang van Ysselveere, als von Reis beauftragter Sachwalter genannt, der berechtigt sei, Aufträge zu erteilen, Verträge zu unterzeichnen und alle Arrangements zu besorgen.

Sir William stellt die drei Dokumente einem Londoner Notar zu, der sie übersetzen und beglaubigen soll. Der Notar liefert die Übersetzung und bestätigt, daß alles korrekt sei. Und Sir William tut ein übriges. Er setzt ein vertrauliches Schreiben an den Gouverneur der *Banco de Portugal* auf, in dem er diesen um direkte Vollmacht für den Druck der Banknoten ersucht. Wegen des vertraulichen Charakters soll der Brief jedoch nicht auf dem Postweg, sondern per Kurier nach Lissabon befördert werden. Marang erbietet sich, dies durch seinen Sekretär, José Bandeira, den Bruder des portugiesischen Gesandten in Den Haag, besorgen zu lassen.

Am 6. Januar 1925 liefert Marang das korrekt gesiegelte und von I. Camacho Rodriguez, Präsident der *Banco de Portugal,* unterzeichnete Antwortschreiben. Es trägt das Datum des 23. Dezember 1924. Das Geschäft ist somit in jeder Hinsicht gesichert, und eine Vereinbarung zwischen *Waterlow & Sons Ltd., London,* und *Marang en Collignon, Den Haag,* wird ausgefertigt, nach der das Londoner Unternehmen 200 000 Vasco-da-Gama-Noten zum Nennwert von je 500 Escudos drucken und im Februar 1925 an *Marang en Collignon* liefern wird.

Als Gentleman alter Schule läßt es sich Sir William jedoch nicht nehmen, dem Gouverneur der *Banco de Portugal* den Empfang des Antwortschreibens zu bestätigen. Das Schreiben trägt das Datum vom 7. Januar 1925 und geht auf dem normalen Postweg nach Lissabon. Es lautet:

»Sehr geehrter Herr. Ich habe das Vergnügen, den Empfang Ihres vertraulichen Schreibens vom 23. Dezember zu bestätigen, dessen Inhalt ich zur Kenntnis genommen habe und für das ich Ihnen Dank sage.

gez. W. A. Waterlow«

Der Brief ist im Postausgangsbuch der Londoner Druckereifirma korrekt verzeichnet, doch bei der *Banco de Portugal* angeblich nie eingegangen.

Die Banco Angola e Metropole

Am 10. Februar 1925 nimmt Karel Marang in London die ersten 20 000 Banknoten im Nennwert von 10 Millionen Escudos in Empfang. Er packt sie in einen Reisekoffer und begibt sich auf den Weg nach Lissabon. Sein Kurierpaß, beglaubigt von António dos Santos Bandeira, dem portugiesischen Gesandten in Den Haag, enthebt ihn der zollamtlichen Prozeduren. In der Wohnung von Artur Reis angekommen, wird Rat gehalten, wie die Banknoten in Verkehr zu bringen seien. Zugegen sind auch Adolf Hennies und ein gewisser Adriano Silva. Man ist sich einig, daß sich hundert Millionen Escudos nicht im »Einzelhandel« auf dem Markt unterbringen lassen. Der Generalstabsplan von Reis sieht vor, eine eigene Bank zu gründen, die, vorsichtig agierend, Aktien der *Banco de Portugal* aufkaufen soll. Mit den entsprechenden Aktienpaketen würde man sich in den Verwaltungsrat der Zentralbank einkaufen und so, in führender Position, zu erwartende Querelen im Keim erstikken können. Denn die neuen Banknoten tragen die Seriennummern der bereits umlaufenden Noten. Früher oder später könnten die Dopplungen entdeckt werden. Aber zunächst soll Silva die Echtheit der neuen Noten testen.

Am 25. Februar und am 12. März 1925 gehen die restlichen 180 000 Vasco-da-Gama-Noten nach Lissabon. Noch bevor die Lieferung komplett ist, wird Adriano Silva in Braga, Nordportugal, verhaftet, weil die dortige Zweigstelle der *Banco de Portugal* auf den unbekannten Mann aufmerksam geworden war, der umfangreiche Geschäfte abwickelte und dabei mit Bündeln von neuen 500-Escudo-Noten bezahlte. Man prüft das Geld und kann keine Fälschungen entdecken. Silva wird freigelassen. Aber da kommen auch aus anderen Distrikten Nachrichten, die Bevölkerung sei beunruhigt durch Gerüchte, daß Falschgeld in Umlauf sei. Am 6. Mai 1925 publiziert die Zeitung *Diario de Noticias* unter der Überschrift *500-Escudo-Noten* folgende Meldung: »*Die Verwaltung der Banco de Portugal hat uns informiert, daß es keinerlei Grund gibt für die Beunruhigungen in einigen Gegenden, daß falsche 500-Escudo-Noten im Umlauf seien.*«

Reis, Hennies & Co. sind von diesen Ereignissen befriedigt und alarmiert zugleich. Sie ersuchen das Finanzministerium mit einem entsprechenden Schreiben, ein Bankinstitut mit dem hochtönenden Namen *Banco Angola e Metropole* gründen zu dürfen. Zu den Unterzeichnern der Petition gehören Artur Virgilio Alves Reis, José dos Santos Bandeira und Adriano Silva. Das Gesuch wird vom Rat der *Banco de Portugal* mit der Begründung abgelehnt, eine weitere Bank werde nicht gebraucht – für die finanziellen Belange der Provinz Angola sei die *Banco Ultramarino*[1] zuständig. Aber Reis & Co. geben nicht auf, und am 15. Juni schließlich, in dritter Instanz, befindet der Bankrat, die neue Bank könne »unter gewissen Umständen« für die Volkswirtschaft von Nutzen sein, und legt ihr Stammkapital auf 20 Millionen Escudos fest.

1 Überseebank, die portugiesische Kolonialbank

Die Gründer der Bank hatten sich einiges vorgenommen. In ihren Satzungen hieß es, die *Banco Angola e Metropole* werde alle »*kommerziellen, industriellen oder finanziellen Operationen*« betreiben, die »*mit dem Bankgeschäft verbunden sind oder mit ihm in Verbindung gebracht werden können.*« Und die neue Bank tat ihrem hochtrabenden Namen alle Ehre an. Man akzeptierte und suchte Geschäfte, man verlieh Geld gegen Sicherheiten, kaufte Mobilien und Immobilien, vor allem aber kaufte man massenweise Aktien der *Banco de Portugal,* die angesichts des desolaten Zustands der portugiesischen Wirtschaft zunächst billig zu haben waren, deren Kurswert aber schließlich, unter dem Druck dieser Aufkäufe, zu steigen begann. Alles an dieser Bank war ungewöhnlich, mit leichter Hand ging sie Verbindlichkeiten ein und mit ebenso leichter Hand wurden sie getilgt.

In Geschäftskreisen hörte man nur Gutes von der neuen Bank, die Kredite zu niedrigen Zinssätzen vergab, sich in Unternehmen einkaufte und so tatsächlich verschiedenen Branchen zu neuem Leben verhalf. Reis und Silva sonnten sich in dem Ruf, Wirtschaftskapitäne zu sein und hatten sich an die Anrede »Exzellenz« inzwischen gewöhnt. Hennies und Marang blieben im Hintergrund. Sie saßen an den Schalthebeln der Bankmaschinerie, analysierten, planten, holten Erkundigungen über Firmen und aussichtsreiche Kapitalanlagen ein. José Bandeira kümmerte sich um den Kauf von Aktien der *Banco de Portugal*, dem die Satzungen der Bank einige Hindernisse in den Weg legten (beispielsweise durfte eine Einzelperson, die zudem portugiesischer Herkunft sein mußte, nur über eine bestimmte und dabei noch relativ geringe Menge Aktien verfügen). Dennoch schien José der richtige für diese Angelegenheit zu sein. Im übrigen freute sich der kleine Mann unbändig, schließlich doch noch zu den Olympiern der Geschäftswelt aufgestiegen zu sein. Dies jedenfalls ließen ihn seine respektablen Bankkonten im In- und Ausland wissen.

Zum Leidwesen der zu so plötzlichem Ruhm gelangten Wunderkinder in Portugals Finanzwelt war sich die Presse gar nicht einig, nur das Loblied von Reis & Co. zu singen. Sie stellte unangenehme Fragen – etwa, woher denn die Bank soviel Geld habe. Schließlich wurde das ganze so akut, daß das Außenministerium eine Untersuchung verlangte.

Unterdessen wandert ein Geldbündel nach dem anderen aus dem Tresor der *Banco Angola e Metropole* in den Verkehr. Das Geschäft floriert, der Tresor leert sich. Und da der Appetit beim Essen kommt, braucht man bald mehr Geld. Am 25. Juli kündigt Karel Marang van Ysselveere einen erneuten Besuch bei der Londoner Druckereifirma an: »*Ich freue mich, Ihnen sagen zu können, daß ich gute Nachrichten aus Lissabon bringe*«, heißt es in diesem Brief. Vier Tage später steht Marang vor Sir William: »Ich habe hier ein Schreiben von Senhor Camacho Rodrigues, in dem er Ihre Firma ersucht, weitere 380 000 Vasco-da-Gama-Noten zu je 500 Escudos zu drucken. Sie können dafür die bisherigen Platten benutzen.« Sir William entschuldigt sich für einen Moment. Seine Experten prüfen das Dokument. Die Antwort fällt positiv aus. Daß da etwas nicht stimmen könnte, fällt Sir William nicht ein. Was interessieren ihn die innenpolitischen und wirtschaftlichen Probleme Portugals. Daß dort Inflation und Wirtschaftskrise herrschen, ist ihm bekannt. Wenn es die Regierung für richtig hält, die Inflation anzuheizen, ist das nicht sein Problem. Marang hat ihm die Seriennummern der neuen Banknoten übergeben. Sie sind ebenfalls Dopplungen der schon umlaufenden Banknoten, wie bei der ersten Serie. Aber das kennt Sir William aus seiner Praxis. Zudem sind ja die Banknoten für Angola bestimmt, wo sie den bewußten Aufdruck erhalten sollen.

Auch für das neue Geschäft sei strengstes Schweigen geboten, läßt Marang seinen Auftragnehmer wissen. Und Sir William, wiederum assistiert von einem führenden Manager seines Unternehmens, erteilt Order, den neuen Auftrag auszuführen.

Als der Termin der Geschäftsrealisierung naht, gibt Marang dem Büro von Sir William zu verstehen, daß er bessere Koffer für den Transport der Banknoten brauche. Die Verschlüsse der bisherigen ließen zu wünschen übrig. Die Koffer, sehr teure und mit allen Sicherheiten versehene Exemplare, gehen samt Inhalt zwischen August und November via Holland nach Portugal. Die Frachtgebühr für das kostbare Gut beträgt 18 Pence je Koffer. Marang selbst gibt sie in *Liverpool Street Station* mit der Bemerkung »billiger Tand« auf. Die Koffer selbst blieben bei der Herstellerfirma unbezahlt.

Falsches oder echtes Geld?

Die *Banco Angola e Metropole* sorgte weiter für Schlagzeilen. Das Geld wurde mit vollen Händen auf die Wanderschaft geschickt. Da nahte der für die Bande schicksalsschwere 4. Dezember 1925. Exakt ein Jahr war vergangen, seit Marang zum erstenmal bei *Waterlow & Sons* aufgetaucht war.

An diesem Tag empfängt Senhor Camacho Rodrigues in seinem Privathaus einen Bankier aus Porto, der ihm unzweideutig erklärt, das Land sei mit Falschgeld überschwemmt. »Niemals haben sich so viele neue Vasco-da-Gama-Noten herumgetrieben, und soweit mir bekannt ist, haben Sie, Senhor, seit drei Jahren keine neuen drucken lassen.« Rodrigues eilt zur Bank, wo sich der Rat bereits versammelt hat. Eine Privatbank aus Lissabon hatte in ihrer Filiale in Porto einen Juwelier verhaften lassen, der Bündel von neuen Vasco-da-Gama-Noten, die in ungeordneter Folge sortiert waren, einzahlen wollte. Der Bankangestellte, der die Noten in Empfang nahm, war schon längere Zeit auf das Geschäftsgebaren des ihm bekannten Juweliers aufmerksam geworden. So wußte er der Direktion seiner Bank auch mitzuteilen daß der Juwelier bei einer Wechselstube erhebliche Mengen von Vasco-da-Gama-Noten gegen Pfund Sterling und andere Devisen eingewechselt habe.

Der Bankrat beschloß, die Kriminalpolizei zu alarmieren. Unter der Leitung von Kriminaloberrichter Dr. Direito brach am Morgen des nächsten Tages ein Trupp von Kriminalbeamten, begleitet von dem Bankinspektor de Campos e Sa und dem Falschgeldexperten Pedroso, nach Porto auf. Eine Haussuchung bei dem erwähnten Juwelier ergab nicht nur eindeutige Beweise von gefälschter Buchführung, sondern auch direkte Verbindungen zur *Banco Angola e Metropole,* die in Untersuchung genommen wurde. Der Juwelier wurde ebenso verhaftet wie der Inhaber der Wechselstube und schließlich – auf offener Straße – Adriano Silva, der Manager der suspekten Bank, der schon im Frühjahr für kurze Zeit in Untersuchungshaft gesessen hatte. 4000 neue Vasco-da-Gama-Noten wurden in der Bank beschlagnahmt. Aber dann sollte für die Kriminal- wie auch Bankexperten die bittere Minute der Hilflosigkeit kommen. Niemand sah sich imstande, falsches von echtem Geld zu unterscheiden. Man kam zunächst zu dem Schluß, die Druckplatten seien gestohlen worden. Nach langem Suchen entdeckt schließlich der unermüdliche Luis de Campas e Sa am 6. Dezember 1925 – es ist ein Sonntag – vier Dopplungen der Seriennummern.

Was war zu tun? Noch wußte niemand von den Ausmaßen der Fälscheraktion, außer dem verhafteten Silva und Reis natürlich. Aber Silva gab sich erstmal ganz unschuldig. So schaltete man die Presse ein, gab bekannt, daß alle Vasco-da-Gama-Noten gegen andere Banknoten einzuwechseln seien. 580000 Banknoten hatten Reis & Co. bei der Firma *Waterlow and Sons* in Auftrag gegeben. Zum Glück war das Verbrechen entdeckt worden, bevor alle falschen Vasco-da-Gama-Noten in Umlauf waren. Ganze Bündel davon fand man im Haus des Botschafters von Venezuela, Graf Simon Planes-Suarez, in der Avenida de Liberdade. Don Simon war den Schwindlern tatsächlich wie ein Vogel ins Garn gegangen. Sie hatten ihn bei einem Aufenthalt in Scheveningen, dem Seebad nördlich von Den Haag, gebeten, zwei Koffer mit »vertraulichem Material« nach Lissabon mitzunehmen, und dankten dem Grafen mit dem bescheidenen Honorar von 200000 Escudos. Don Simon wurde aufgefordert, Portugal unverzüglich zu verlassen.

Am 6. Dezember wird Artur Reis verhaftet. Er war gerade von Angola zurückgekehrt, wo er zusammen mit Hennies Geschäfte abgewickelt hatte. Man war optimistisch. In Angola hatte man mit den Plänen, Industrie und Eisenbahn zu beleben, ungeteilten Beifall erhalten. Und nur noch 16000 Aktien (von 45000) fehlten, dann hatte man die *Banco de Portugal* in der Hand, war Herr über das Wirtschaftsgetriebe der Republik.

Das Schiff, das sie von Angola zurückbrachte, lag noch vor dem Hafen von Lissabon, als die beiden von einem vorbeifahrenden Boot aus gewarnt wurden. Hennies begriff sofort und ließ sich von einem Lotsenboot an Land bringen. Reis wollte von Flucht nichts wissen und blieb.

Von einem Hafenrestaurant aus beobachtete Hennies noch am selben Tag, wie sein Partner von einem Polizeiwagen abgeholt wurde. In den frühen Morgenstunden des 7. Dezember 1925 geht der Kaufmann Johann Georg Adolf Döring mit einem Koffer voller Pfund- und Dollarnoten und etwas Handgepäck an Bord eines Dampfers, der ihn nach Deutschland bringt.

Am Morgen desselben Tages hält Sir William in London ein Telegramm vom Gouverneur der *Banco de Portugal* in Händen: »große fälschung von 500-escudo-noten. sendet dringend experten. stellen sie ihrerseits untersuchungen an. stop«

Und Sir William kündigt sofort die Entsendung eines Experten an. Ein paar Tage später reist er selbst nach Lissabon.

Mittlerweile hatte auch die internationale Presse Wind von der Affäre bekommen. Am 9. Dezember 1925 schreibt der britische *Daily Telegraph* unter der Überschrift *Gefälschte portugiesische Noten, hergestellt in Rußland:* »*Sensationelle Entwicklungen sind nach der Entdeckung der Emission von gefälschten Banknoten im Gesamtwert von 60 000 Pfund oder mehr durch einen neu etablierten Bankkonzern zu erwarten. Die Noten, inzwischen aus dem Umlauf genommen, sind, wie angenommen wird, in Rußland hergestellt worden. Die Polizei glaubt, daß sie Duplikate von Noten sind, die eine englische Notendruckerei im Auftrag der portugiesischen Regierung gefertigt hatte. Das Bankinstitut war vor einiger Zeit mit einem hochtrabenden Kolonialtitel eröffnet worden, der Spiritus rector war jedoch ein Holländer mit dubiosen finanziellen Verhältnissen, der von dem jetzt durch die portugiesische Regierung abberufenen Botschafter in Holland Beglaubigungsschreiben erhalten hatte.*«

Am selben Tag, an dem die Pressemeldung im *Daily Telegraph* erscheint, wird Sir William von Oberst José dos Santos Lucas aus der portugiesischen Gesandtschaft in London angerufen. Es ist ein folgenschweres Gespräch. Kurz darauf erscheint der Oberst in den Geschäftsräumen von *Waterlow & Sons* und läßt sich die Verträge vorlegen: »Sir, die Papiere scheinen gefälscht zu sein, sie können nur gefälscht sein, obgleich ich kein Schriftexperte bin. Aber alle Umstände sagen mir, es sind Fälschungen.«

Für Sir William A. Waterlow brach eine Welt zusammen.

In Lissabon schien die Luft trotz dezemberlicher Kühle gewittergeladen. Die Bevölkerung war aufgerufen worden, bis zum 22. Dezember die in ihrem Besitz befindlichen Vasco-da-Gama-Noten bei allen Banken gegen andere

Banknoten einzuwechseln. Doch das Gerücht, daß da etwas nicht mit rechten Dingen zugehe und die *Banco de Portugal* in den Coup verwickelt sei, hielt sich hartnäckig und bekam um so mehr Nahrung, als die Presse schließlich meldete, der Gouverneur und der Vizegouverneur der Bank seien verhaftet worden. Doch hatten beide nur ein paar Tage das zweifelhafte Vergnügen, das Leben hinter Gittern zu genießen. Die Regierung intervenierte und ließ sie auf freien Fuß setzen. Um sich zu rechtfertigen, ließ der Rat der Bank am 24. Dezember für seine Aktionäre eine Ehrenerklärung drucken und zugleich den Rücktritt der Bankverwaltung verkünden. In der Erklärung wurden schwerwiegende Formfehler in dem vermeintlich echten Vertrags-.und Schriftverkehr zwischen der *Banco de Portugal* bzw. ihrem Gouverneur und der Londoner Firma angeführt, die deren Leitung unbedingt hätten auffallen müssen. Zugleich wollte man den Aktionären nachweisen, daß die Bank den Umständen gemäß rechtzeitig und energisch genug gehandelt habe, um noch Schlimmeres zu verhindern.

Interessant wiederum ist die Schlußpassage dieses Zirkulars: »*Resultiert nun nicht aus allem, was ermittelt worden ist, daß wir uns einem ungeheuerlichen Plan von gesellschaftlicher Subversion mit weiten Verzweigungen gegenübersehen, deren Zweck, mit kommunistischer Tendenz, exakt darin bestand, die Emissionsbank zu ruinieren, sie mit ihren eigenen Mitteln zu Fall zu bringen? Banknoten sollten Banknoten töten, und ihre Vertrauenswürdigkeit sollte in der angestrebten Katastrophe zerstört werden.*«

Zu der Zeit, da diese Erklärung den Aktionären der Bank und auch dem House of Lords, dem Oberhaus des britischen Parlaments, zugestellt wurde, wußte man in Portugals Regierungskreisen längst, daß da von »kommunistischer Tendenz« die Rede nicht sein konnte. Die Verwaltung der Bank erklärte übrigens zwei Tage später ihren Rücktritt für voreilig, nachdem eine Aktionärsversammlung Solidarität bekundet hatte.

Karel Marang van Ysselveere wurde Anfang Januar 1926 in den Niederlanden verhaftet und am 26. November in Den Haag vor Gericht gestellt, wo in zwei Instanzen gegen ihn verhandelt wurde. Beide Male scheute man keinen Aufwand, um alle Zeugen hören zu können: Sir William

A. Waterlow wurde ebenso geladen wie der Hohe Kommissar für Angola, Oberstleutnant Francisco da Cunha Rego Chavez, und der Gouverneur der *Banco de Portugal,* Innocencio Camacho Rodrigues. *»Ich war ein völlig unschuldiges Werkzeug in dieser Angelegenheit. Die Herren Reis und Bandeira sind sehr bedeutende Persönlichkeiten, und ich glaubte, sie seien absolut ehrenhafte und aufrechte Leute, und alles was ich tat, tat ich mit dem Glauben eines Kindes«,* so faßte Stuart Bevan, Anwalt der *Banco de Portugal,* später vor englischen Gerichten die Aussagen Marangs in Den Haag zusammen. Und so fiel auch das Urteil aus: 11 Monate Gefängnis wegen schuldhafter Hehlerei. Da er die gleiche Zeit bereits in Untersuchungshaft verbracht hatte, setzte man ihn auf freien Fuß, und Marang ergriff sofort die Gelegenheit, sich mit seiner Frau und den vier Kindern aus dem Staub zu machen, hatte er doch von seinem Anwalt erfahren, daß Revision gegen dieses Urteil eingelegt worden war. Das Urteil aus zweiter Instanz – zwei Jahre Gefängnis – hat er dann schmunzelnd in Brüssel zur Kenntnis genommen.

Fast viereinhalb Jahre nach der Entdeckung des Schwindels, am 6. Mai 1930, begann die Verhandlung gegen die Hauptangeklagten vor einem Sondergericht in der Halle des Militärgerichtshofes von Lissabon.

Es war ein seltsamer Prozeß. Für das Vergehen von Reis & Co. gab es keinerlei Präzedenzfälle. Das portugiesische Strafgesetzbuch reichte nicht aus, um die Verbrechen alle gebührend zu qualifizieren: Verschwörung, Vertragsfälschung, Fälschung von Briefen, Benutzung eines gefälschten Diploms, Fälschung von 580 000 Banknoten und deren Emission in Tateinheit waren nur die wichtigsten Anklagepunkte gegen Artur Reis.

Das Strafgesetzbuch sah für Fälschung lediglich drei Jahre Gefängnis vor. Dem hatte die Abgeordnetenkammer noch vor Beginn des Prozesses abgeholfen. Fortan galten 25 Jahre als Höchststrafe für dieses Delikt.

Dem Sondergericht, speziell für diesen Fall gebildet, präsidierte Oberrichter Dr. Simão José, dem eine Jury von sieben Zusatzrichtern und einem Ersatzrichter zur Seite stand. Die neun Angeklagten waren portugiesischer Nationalität, bis auf einen, aber der fehlte ohnehin: Adolf Hennies. Sie hatten 15 Verteidiger. Als Staatsanwalt war

Dr. Jerónimo da Sousa verpflichtet worden. Die *Banco de Portugal* hatte zwei Nebenkläger gestellt.

Nicht weniger als 85 Zeugen waren aufgerufen, darunter auch der holländische Gerichtschemiker W. F. Hesselink, der den Hergang der Dokumentenfälschung aufklärte.

Der viel zu kleine Gerichtssaal reichte nicht einmal aus, um allen Vertretern der Presse Einlaß zu gewähren, so daß das Publikum ausgeschlossen werden mußte.

Bereits am ersten Tag gab es einen Eklat, als Dr. José den Hauptangeklagten Reis mit »Exzellenz« anredete. Er biß sich auf die Lippen und gab eine förmliche Entschuldigung von sich.

Artur Reis ist nichts mehr von den Qualen der viereinhalbjährigen Untersuchungshaft anzumerken, während der er auch einen Selbstmordversuch unternommen hat. Er trägt jetzt eine Brille. Fünf Stunden spricht der kleine Mann in eigener Sache: Selbstanklage und Verteidigung zugleich. Er weist sogar stichhaltig nach, daß, folge man dem Buchstaben des Gesetzes, die *Banco de Portugal* des gleichen Verbrechens zu bezichtigen sei wie er. Sie bezeichne sich als GmbH. Eine GmbH aber habe sich gemäß dem portugiesischen Handelsrecht in ein Sonderregister eintragen zu lassen. Sie habe dies jedoch erst getan, als er, Artur Virgilio Alves Reis, während seiner Untersuchungshaft einen entsprechenden Hinweis gegeben habe. Bis dahin habe es de facto gar keine *Banco de Portugal* gegeben. Seine Handlungen, so verwerflich sie auch erscheinen mögen, seien nicht das Produkt persönlichen Gewinnstrebens. Er habe die Wirtschaft Portugals beleben, ankurbeln wollen, ebenso wie die der bedauernswerten Provinz Angola. Dabei hätten ihm nur zwei Männer assistiert, Karel Marang und Adolf Hennies. Doch seien sie ebenso als unschuldige Opfer seiner Machenschaften anzusehen wie alle anderen Beteiligten.

Artur Reis hat auch später noch an dieser Aussage festgehalten. Noch im April 1932 ließ er in der britischen Zeitung *World Dominion* eine Stellungnahme veröffentlichen, nach der seine Freunde »*uneingeweihte Agenten, blinde Mitwirkende, bloße Werkzeuge für die Erreichung meiner Ziele gewesen sind...*«

Das Lissaboner Gericht fällt am 19. Juni 1930 folgende Urteile: Artur Virgilio Alves Reis, José dos Santos Bandeira und Adolf Hennies erhalten 8 Jahre schweren Kerker mit nachträglich 12 Jahren Verbannung oder statt dessen 25 Jahre Verbannung. Die anderen Beteiligten wie Adriano Costa da Silva und António Carlos dos Santos, der Konsul, werden mit etwas niedrigeren Strafen belegt. Verbannung bedeutete Abschiebung in eine portugiesische Kolonie.

Das Urteil von London

Im Juli 1927 sieht sich Sir William gezwungen, auf die Präsidentschaft der Firma zu verzichten und sie seinem Vetter Edgar zu übertragen. Die Auftragslage bei *Waterlow & Sons* ist seit der Aufdeckung des Skandals prekär geworden. Inzwischen weiß man auch, daß auf eine gütliche Einigung mit der *Banco de Portugal* nicht mehr zu hoffen ist, und es hat heftige Auseinandersetzungen im Direktorium der Firma gegeben. Außerdem war da noch die Kandidatur für den Oberbürgermeister von London. Wohl auch deshalb mag Sir William dem Drängen des Direktoriums nachgegeben haben, ganz aus der Firma auszuscheiden.

Am 9. November 1929 wird Sir William Alfred Waterlow feierlich in das Amt des Lord Mayors, des Oberbürgermeisters von London, eingeführt.

Die *Banco de Portugal* hatte vor dem holländischen Gericht in Den Haag ihre Rechnung aufgemacht: Schadenersatz in Höhe von 10 Millionen Gulden, den Marang, A. Bandeira, J. Bandeira, A. Hennies und A. Reis zu leisten hatten. Aber mit den Gebrüdern Bandeira, mit Hennies und Reis hatte sich das holländische Gericht nicht zu befassen, und die finanziellen Ansprüche gegen Marang wurden abgewiesen.

Sir William A. Waterlow hatte sich seit der Entdeckung des Verbrechens bereitwillig allen Untersuchungen gestellt. Er war sofort nach Lissabon gereist, um der portugiesischen Untersuchungsbehörde in jeder Weise behilflich zu sein. Doch spätestens seit dem Prozeß gegen Marang war seine Hoffnung, mit ganz heiler Haut aus der Affäre herauszukommen, dahin. Der holländische Gerichtschemiker Dr. W. F. Hesselink hatte vor dem Gericht in Lissabon die Verträge eindeutig als Fälschungen qualifiziert. Sir William war der gerissensten Dokumentenfälschung in der Geldgeschichte aufgesessen. Die Berater der King's Bench, Norman Birkett, A. Bensley Wells und Theodore Turner, geschickte und in vielen Prozessen gestählte Anwälte, hatten versichert, daß kein Gericht der Welt dem Unternehmen kriminelle Absichten unterstellen könne. Trotz aller Vorsichtsmaßnahmen, die das Gericht durchaus würdigen werde, sei es dennoch schuldig des Vertragsbruchs mit der *Banco de Portugal*. Das Unternehmen sei verantwortlich gewesen für die sichere Verwahrung der Druckplatten und habe sich verpflichtet, die Platten vor jedem Mißbrauch zu schützen. Die *King's Bench Division*, eine Abteilung des Obersten Gerichtshofes für England und Wales, verurteilte *Messrs. Waterlow & Sons* am 12. Januar 1931 zur Zahlung von 569 421 Pfund Sterling. Das waren etwa 11,5 Millionen Goldmark.

Die Firma legte Revision ein. Das Berufungsgericht trat zwei Monate später zusammen und milderte das Urteil auf 300 000 Pfund. Auf diesem Urteil ließen es beide Kontrahenten nicht beruhen und riefen das *House of Lords*, die oberste Instanz, zur endgültigen Klärung an.

Sir Williams Gesundheit hatte unter dem Skandal um die Banknoten seiner einstigen Firma, den Querelen dort und auch unter dem Verlauf des Prozesses sehr gelitten. Wohl gehörte er nun nicht mehr zu den Vertretern der von der portugiesischen Notenbank verklagten Firma, doch war seine Vernehmung als Zeuge nicht vermeidbar. Es waren schwere Stunden für den Lord Mayor. Das schlimmste, der endgültige Richterspruch, sollte ihm erspart bleiben. Er starb am 6. Juli 1931, sechzigjährig, in einem Londoner Krankenhaus. Zu seiner Beerdigung auf dem *Harrow-Weald-Friedhof* erschien eine riesige Trauergemeinde.

Ebenso wie in den voraufgegangenen Instanzen berief sich die Partei von *Waterlow & Sons* auch vor der obersten Instanz darauf, daß es für die *Banco de Portugal* seit den ersten Falschgeldmeldungen durchaus nicht unmöglich gewesen sei, den Eklat rechtzeitig abzuwenden. Bei genauerer Untersuchung hätte man sehr wohl das falsche von dem echten Geld unterscheiden können. Deshalb sei es auch nicht nötig gewesen, alle, die echten wie auch die falschen Vasco-da-Gama-Noten, aus dem Verkehr abzuziehen und gegen echtes Geld zu ersetzen. *Waterlow & Sons* erklärten sich zu einem Schadenersatz von 8922 Pfund bereit, mit dem vor allem die Druckkosten für die Herstellung der in Umlauf gewesenen und aus dem Verkehr gezogenen echten 580 000 Vasco-da-Gama-Noten beglichen werden sollten.

Zwei der fünf Richter stimmten für das Angebot der Druckereifirma, drei dagegen. Sie machten eine andere Rechnung auf. Von den falschen Banknoten im Wert von 290 Millionen Escudos waren 104 859 in Umlauf gelangt. Das waren 1 092 281 Pfund. Hinzu kamen Banknoten im Wert von 6541 Pfund als »ohne Gegenwert verausgabte echte Kosten«. Von diesem Gesamtbetrag wurden 488 430 Pfund aus der Liquidation des Vermögens der *Banco Angola e Metropole* abgesetzt. *Messrs. Waterlow & Sons* wurden somit am 28. April 1932 zur Zahlung von 610 392 Pfund sowie der Prozeßkosten verurteilt. Fast eine Million Pfund (etwa 20 Millionen Goldmark) mußte das Unternehmen für die Gutgläubigkeit seines Präsidenten hinblättern...

Compagnie d' Appareils...

Von den Beteiligten an diesem einzigartigen Coup in der Geschichte der Falschgeldkriminalität lebt heute niemand mehr. Doch zum Unterschied von anderen in diesem Band dargestellten Affären ist uns überliefert, was aus den Hauptakteuren der portugiesischen Banknotenaffäre später geworden ist. Der schon eingangs erwähnte Murray T. Bloom hat den Fall in den sechziger Jahren bis zu Ende verfolgt. In England hatte Sir Cecil H. Kisch zwar bereits 1932 ein 284 Seiten starkes Buch mit dem Titel *The Portuguese Bank Note Case* herausgegeben, doch beschränkte sich Kischs Darstellung im wesentlichen auf das Verfahren vor den britischen Gerichten. In Deutschland erfuhr lediglich der Experte Näheres über die Affäre, als W. F. Hesselink 1939 in der Fachzeitschrift *Archiv für Kriminologie* den Fall aus der Sicht der Dokumentenfälschung darstellte.

Artur Virgilio Alves Reis wird am 7. Mai 1945 aus dem Gefängnis in Lissabon entlassen. Ebenso wie José Bandeira hatte er es vorgezogen, die Gesamtstrafe in Lissabon abzusitzen.

Den Rest, den der Teufel von der Seele des Erzschelms übrig gelassen hatte, widmete Reis bereits während der

Haftzeit dem lieben Gott. Nicht daß er vorher Atheist gewesen wäre, nein, nur war der durchaus gläubige Katholik allzu oft geschäftlich verhindert gewesen, Gottesdienst und Beichtvater aufzusuchen. Gott hatte ihn dafür hart bestraft. Fortan beschloß er, ihm von einer anderen Seite näherzukommen. Artur Virgilio Alves Reis wurde Protestant und war nach der Haftentlassung den kaum 20 000 Seelen der protestantischen Kirche in Portugal bis zu seinem Tod eine wertvolle Hilfe als Laienprediger, gewissermaßen als Artur der Engel.

Seiner Rückkehr ins Geschäftsleben (im Geschäft seiner Söhne) waren nur Mißerfolge beschieden. Er starb am 8. Juli 1955 an einem Herzinfarkt. Die Zeitung *Diario Popular* widmete ihm einen Nachruf, in dem es hieß: »*Der Urheber der phantastischsten Fälschung aller Zeiten, die das Land mit 500-Escudo-Noten überflutete, hatte am Ende nicht einmal mehr ein paar armselige Centavos.*«

Einem portugiesischen Schriftsteller, Eugenio Battaglia, war es Ende der zwanziger Jahre gar vorbehalten, den Schwindler in einem »Gesellschaftsroman« mit dem provokanten Titel *Die phantastische Bank: Schwindel oder patriotische Tat?* zum Wohltäter der Nation hochzustilisieren, der schließlich Premierminister der Republik wird. Den Ruf nach der »starken Hand« aber greift wenige Jahre später ein anderer auf: António de Oliveira Salazar, der 1932 Premier wird und Portugal 36 Jahre finsterer Gewaltherrschaft beschert.

Über José dos Santos Bandeira gibt es nicht mehr viel zu berichten. Anders als seine drei Kumpane hatte er gleich nach der Verhaftung Anfang Dezember 1925 den Untersuchungsbehörden seine Konten in Portugal, England und den Niederlanden ausgeliefert. Ein paar bescheidene Escudos waren seinem Gedächtnis damals offenbar entfallen. Jedenfalls kaufte er sich bald nach der Entlassung in ein zwiespältiges Vergnügungsetablissement ein, das später pleite ging. In den letzten Jahren seines Lebens ließ ihm Fie Carelsen hin und wieder etwas Geld zukommen. Am 29. März 1960 starb José an den Folgen eines Unfalls im Armenhospital.

Johann Georg Adolf Döring, alias Adolf Gustav Hennies, kam als schwerreicher Mann nach Deutschland zurück, machte seinen beiden Töchtern große Geldgeschenke und legte einen Teil des Vermögens in Wertpapieren an.

Er wohnt 1929 in Kassel, später bei einem Geschäftsfreund in Nizza und versucht, sich im Waffengeschäft zu etablieren. Doch dem alten Fuchs und Weltenbummler gelingt nicht mehr viel. Die Weltwirtschaftskrise entwertet seine Aktien. Im Jahre 1932 wohnt er in Berlin, das Vermögen ist fast aufgezehrt. Eine Freundin aus der Zeit der großen Geschäfte mit Marang (während des ersten Weltkrieges) denunziert ihn schließlich bei der portugiesischen Botschaft. Ende September 1932 wird Döring verhaftet und in das Untersuchungsgefängnis von Moabit gebracht. Doch mit der Auslieferung an Portugal wird es nichts. Eine von Dörings Töchtern ist mit einem hohen Polizeioffizier verheiratet. Im August 1934 wird Döring entlassen. Zwei Jahre später stirbt der »Mysteriöse« im Berliner *Westend-Krankenhaus* an Herzstillstand.

Der große Gewinner aus dem Quartett war schließlich der Mann mit dem gekauften Adelsbrief: Karel Marang van Ysselveere. Er hätte sich mit dem ergaunerten Vermögen ein bequemes Leben als Rentier leisten können. Aber das erscheint ihm wohl bei den Unwägbarkeiten der Zeit zu riskant. Familie Marang zieht 1928 nach Paris. Eine kleine Lampenfabrik wird erworben, die dank Marangs ausländischen Kapitalanlagen die Krisenjahre 1929/32 heil übersteht. Mit der Vergangenheit hat Karel Marang abgeschlossen. Er will auch von Hennies nichts mehr wissen, der ihn, uneingeladen, wiederholt besucht.

Aus der kleinen Lampenfabrik wird die *Compagnie d'Appareils de Chauffage Electrique S. A.* Sie ist zwar kein Riese unter den Herstellern von Elektrozubehör, wirft aber mehr ab, als Marang und die drei die Firma leitenden Söhne für ein Leben mit gehobenen Ansprüchen benötigen.

Karel Marang van Ysselveere stirbt, 76jährig, in seiner Luxuswohnung in Cannes am 13. Februar 1960.

Waterlow & Sons findet man heute in keinem Firmenregister Großbritanniens mehr. Die einst so glänzende Reputation der Firma war dahin. Vergebens suchte die Firmenleitung, Verleumdungen durch die Konkurrenz wegen der Affäre damit zu begegnen, daß sie solide genug war, der Forderung des Gerichts zu genügen. *Waterlow & Sons* wurden Anfang der sechziger Jahre von einem kapitalkräftigeren Unternehmen aufgesogen, das wenig später seinerseits in einer noch mächtigeren Kapitalgesellschaft aufging.

Der schwarze Prinz

Maxime du Camp, ein Pariser Publizist, reichte im Jahre 1869 der angesehenen Zeitschrift *Revue des Deux Mondes* eine Arbeit ein, von deren Veröffentlichung er sich einiges Aufsehen versprach. Es ging um einen Fälscherskandal, der 37 Jahre zurücklag.

Die Zensur des *Second Empire* war streng, und ein Journal wie die *Revue des Deux Mondes* konnte es sich nicht leisten, gegen Privilegien zu verstoßen, die das revoltierende Volk ein knappes Jahrhundert zuvor abgeschafft hatte. Denn der revolutionäre Geist von damals – der großen Losung *Freiheit, Gleichheit, Brüderlichkeit* verpflichtet – war längst anderen Idealen gewichen. Das Bürgertum hatte sich mit dem Adel in die Macht geteilt.

Maxime du Camp hatte seinem Bericht Dokumente beigelegt, die alle Angehörigen der blaublütigen Fälscherbande von damals namentlich benannte und ihre Schuld in allen Einzelheiten nachwies. Doch die Ergebnisse seiner Forschungsarbeit lasen sich in der *Revue des Deux Mondes* dann so:

»*Im Jahre 1832 wurde ein Bündel von zwölf falschen Banknoten zu je 1000 Francs bei einem Wechselbüro vorgelegt. Dort erkannte man sie als Fälschung und benachrichtigte die Behörden. Dort kam man nach angestrengten Untersuchungen hinter verschlossenen Türen zu dem Schluß, daß man mit Schwierigkeiten rechnen müsse, würde man die Angelegenheit bis zum Ende verfolgen. Die Scheine waren außerhalb Frankreichs, durch einen Herzog und Marschall, hergestellt worden, der in enger Verbindung zu einem aus seinem Lande vertriebenen Herrscher stand. Der ehemalige Direktor eines Hotels des Königreiches unterstützte ihn bei diesem ungesetzlichen Vorhaben. Der Haupttäter im Vertrieb der Scheine in Paris war ein Marquis und Feldmarschall, und Besitzer der Scheine war ein Prinz, Sproß einer Familie, die einst über einen Teil Osteuropas regiert hatte. Der ganze unglaubli-*

che Roman fand im September 1832 sein vorläufiges Ende vor der Sicherheitspolizei, als einer der Beschuldigten, ein gewisser Colette, verhört wurde.«

Wer sich hinter diesen Andeutungen verbarg, wissen wir nicht, unbekannt ist auch, welches Schicksal den blaublütigen Initiatoren des Unternehmens beschieden war. Gefängnis oder gar Arbeitslager? Gewiß nicht.

Fast ein Jahrhundert später, ganze sieben Jahre fehlen an dem »Jubiläum«, steht wiederum ein Vertreter des Hochadels im Mittelpunkt einer Fälscheraffäre (wobei man natürlich von jenen der Öffentlichkeit vorenthaltenen Skandalen bis dahin abstrahieren muß). Aber seitdem hat sich einiges getan. Die Flammenzeichen der Revolution in Rußland waren auch von anderen Völkern verstanden worden, und die Hohenzollern mußten ebenso Abschied nehmen von ihrer »allein dem Volke dienenden« Herrschaft wie die Wettiner und schließlich auch die Habsburger, deren K. u. K. österreichisch-ungarische Doppelmonarchie am 3. 11. 1918 mit der Proklamierung der Republik Österreich zu Ende war. In Ungarn dagegen kam es erst am 6. November 1921 zur offiziellen Entthronung der Habsburger, nachdem ein Putschversuch Karls IV. mit Unterstützung der Partei der *Christlich-Nationalen Vereinigung* (der sogenannten Legitimisten) von den Truppen des Horthy-Regimes blutig abgewiesen worden war.

Doch der Kampf der Großgrundbesitzer um die Wiedererrichtung der Monarchie ging auch nach dem Tod von Exkönig Karl (1922) weiter. Ungarn war zu jener Zeit ein stark mit feudalen Relikten behaftetes Agrarland, in dem der promonarchistische Großgrundbesitz die größten Machtpositionen hatte. Ganz in seinem Fahrwasser bewegte sich auch der im März 1920 zur Macht gekommene Schlächter der Räterepublik (März–August 1919), Konteradmiral Miklós Horthy, der sich »Reichsverweser« nannte und sich trotz der Zerschlagung des Putsches von Exkönig Karl stets als Anhänger der Monarchie präsentierte.

Nach dem Friedensabschluß von Trianon im Juni 1920 mit den Ententemächten besitzt Ungarn nur noch 32 Prozent seines einstigen Reichsgebietes und 42 Prozent der früheren Bevölkerung. Trianon besiegelt die Abtrennung der in der Mehrheit von anderen Nationalitäten bevölkerten Gebiete.

Die Antwort auf diesen Friedensvertrag besteht in einer Welle des Revanchismus. Adel und Großbourgeoisie verlangen lautstark, die »Schande von Trianon« zu revidieren, die Monarchie wiedereinzusetzen und das »Tausendjährige Stephansreich« in seinen alten Grenzen zu restaurieren. Ministerpräsident Graf Pál Teleki und sein Nachfolger Graf Stephan Bethlen, beide Großgrundbesitzer in dem von Ungarn abgetrennten Siebenbürgen, gehören ebenso zu den von Trianon direkt betroffenen wie viele andere führende Männer des Horthy-Regimes. Eine ganze Reihe von Geheimbünden wie *Etelközi szövetség*[1] (EKSZ) entsteht, deren Ziel die Revision des Trianon-Vertrages und die Wiedererrichtung der Monarchie ist. Zu ihren Führern gehören auch Teleki und Bethlen. Und der Haß der militärisch und wirtschaftlich Ohnmächtigen richtet sich vor allem gegen Frankreich, in dem sie den Hauptschuldigen an der Misere sehen.

In diese Situation fällt einer der größten Banknotenfälscher-Skandale, der seinerzeit die Weltöffentlichkeit erregte. Im Mittelpunkt stand der Sproß eines renommierten österreichisch-ungarischen Fürstengeschlechts.

Ludwig Albrecht von Windischgrätz

»Habe welchen Charakter du willst, aber habe einen Charakter! Man muß nicht mit den Wölfen heulen! Gesinnung ist notwendig! Gesinnung ist notwendig!«
Mit diesen Worten beschließt der 38jährige Verfasser eines Buches mit dem Titel *Vom roten zum schwarzen Prinzen* seine etwas verfrühten Memoiren, erschienen in Berlin anno 1920. Prinz Ludwig Albrecht von Windischgrätz sollten noch viele Jahre recht wechselhaften Lebens bevorstehen.

Was den Sproß des ehrwürdigen Adelsgeschlechts indes veranlaßt hatte, sich als ehemals »roten Prinzen« zu bezeichnen, verrät der illustre Edelmann dem Leser nicht. Offenbar galt für ihn alles als »rot«, was der Unterwelt angehörte. Denn in der hatte er sich, wenn auch vorübergehend, bewegt.

1 Etelközi: Name für das Gebiet nördlich des Schwarzen Meeres, von dem aus das Volk der Magyaren um 890 seinen Zug nach Westen angetreten hat.

Man könnte dem »schwarzen Prinzen« sogar Sympathie entgegenbringen, so wie er sich auf einem Foto vom Anfang der zwanziger Jahre vorstellt. Ein schlanker, mittelgroßer Enddreißiger mit angenehmem, schmalem Gesicht, hoher Stirn und etwas träumerischen Augen. Aber ein Träumer war Prinz Ludwig gewiß nicht. Und auch Mangel an Gesinnung konnte man ihm nicht vorwerfen. Die Bezeichnung Träumer verdient er allenfalls als Mann, der die Zeichen der Zeit nicht begriffen hatte und die unerbittlich weiterrückende Uhr der Geschichte aufhalten wollte. Das aber mit seiner ganzen Persönlichkeit.

Um der Monarchie wieder auf den Thron zu helfen, war Prinz Ludwig von Windischgrätz zu allem bereit. Es war seine Welt, die Welt seines jahrhundertealten Geschlechts, die da drohte unterzugehen. Und so gesehen, hat er in der seinerzeit so vielgeschmähten Fälscheraffäre, deren Hintermänner ihn als willkommenes Werkzeug benutzten, noch die anständigste Rolle gespielt, indem er sich, noch immer an die Restauration der Monarchie glaubend, vom schwarzen Prinzen zum schwarzen Peter degradieren ließ.

Das Geschlecht derer von Windischgrätz ist uralt. Die Reichsfreiherren, Reichsgrafen und schließlich Reichsfürsten von Windischgrätz gehörten unter der K. u. K. österreichisch-ungarischen Monarchie zu den größten Grundbesitzern und einflußreichsten Militärs. Besonders stolz war man auf Alfred, Fürst von Windischgrätz, der sich als Feldmarschall im Befreiungskrieg gegen die napoleonische Fremdherrschaft einigen Ruhm erwarb. Später, in den Jahren 1848/49, stand Fürst Alfred an der Spitze der ungarischen Truppen, die die Revolution in Wien, Prag und Budapest in blutigen Kämpfen zerschlugen.

Drei Generationen später ist wiederum ein Herr von Windischgrätz im Gespräch, eben jener Ludwig, allerdings unter für den Hochadel weniger schmeichelhaften Vorzeichen. Am 4. Januar 1926 wird der 43jährige Prinz in Budapest von drei Polizeibeamten verhaftet.

Nun war Ludwig nicht erst seit diesem Tag das *enfant terrible* der reichsfürstlichen Familie. Ihm hatte schon vor dem Sturz der Monarchie am Ende des ersten Weltkrieges das konservative, in unverrückbare Schranken gepreßte Leben des Hochadels wenig behagt. Als junger Artillerieleutnant ging er nach Port Arthur, um dort die Belagerung zu studieren, trieb sich dann im Fernen Osten herum, geriet in japanische Gefangenschaft, schlug sich nach Amerika durch, wo er das Leben in Verbrecher- und Prostituiertenkreisen genoß und auch hinter schwedischen Gardinen landete. Die nächste Station des Blaublütigen war Afrika, wo er Löwen jagte.

Schließlich war alles Geld vertan, und Ludwig kehrte wieder heim. Die reichsfürstliche Familie hatte für den »bösen Buben« alles andere bereit als einen festlichen Empfang und versagte ihm jeglichen finanziellen Beistand. Aber Ludwig hatte inzwischen einen durchaus vorurteilsfreien Geschäftssinn erworben. Fortan widmete er sich der Bewirtschaftung seiner Ländereien, ganz besonders aber den Weinbergen, die den goldgelben Tokaier spendeten, und gründete eine Aktiengesellschaft, die ihm ein schönes Stück Geld einbrachte. Damit schien die allzu lockere Vergangenheit bewältigt, und die Monarchie hielt den Fürstensproß für ehrenhaft genug, ihm während des ersten Weltkrieges gar einen Ministerposten zu übertragen. Und das war gerade der Posten, der dem durch seinen Amerikaaufenthalt geschulten Prinzen behagte. Umfangreiche Schiebungen, bei denen der hungernden Bevölkerung Kartoffelstärke statt Weizenmehl verkauft wurde, brachten dem Prinzen 4 Millionen Kronen ein. Im Volk wurde er seitdem nur noch »Kartoffelprinz« genannt. Doch das war gewissermaßen nur ein Kavaliersdelikt; Ludwig hat zudem energisch bestritten, jemals solches getan zu haben. Die Wege des Gesetzes sollte der Prinz durch ganz andere Umstände kreuzen.

Mit dem 1916 auf den Thron gekommenen Kaiser Karl I. (als König von Ungarn Karl IV.) verband den Prinzen eine fast innig zu nennende Freundschaft. Als der im November 1918 demissionierte und 1921 endgültig entthronte Habsburger am 1. 4. 1922 starb, gehörte Prinz Ludwig zu den Männern, mit denen das Haus Habsburg in erster Linie rechnen durfte.

Der das Land eigentlich regierenden Kaste des Landadels mangelte es zwar nicht an finanziellen Mitteln, um mit ihren offiziellen und inoffiziellen Parteien und Verbänden die Politik der Horthy-Diktatur maßgeblich zu beeinflussen. Doch reichten sie offenbar nicht, um in den einst ungarischen Gebieten die Irredentabewegung und schließlich die Vorbereitung und Durchführung der »habsburgischen Gegenrevolution« zu finanzieren.

Windischgrätz hatte bereits 1920/21 Erfahrungen mit der Banknotenfälschung sammeln können. Allerdings keine guten. Damals ging es um tschechische Banknoten. Bei dem Versuch, das Falschgeld unter die Leute zu bringen, wurde erst einer seiner Kumpane, Julius von Mészáros, und dann der Prinz selbst in Haft genommen, so daß er zu seinem größten Leidwesen am Putschversuch seines königlichen Herrn und Freundes im Oktober 1921 nicht teilnehmen konnte.

Bald darauf lernt Ludwig über einen monarchistischen Gesinnungsgenossen den Präsidenten der ungarischen Postsparkasse, Gabriel Baross, sowie jenen Mann kennen, der zur eigentlichen Seele der Fälscheraffäre werden sollte: Arthur Schultze. Dieser Mann, ein gebürtiger Balte, war ein »Kosmopolit« im schlechtesten Sinne des Wortes. Der gerissene Abenteurer hatte schon ein gehöriges Sündenregister, doch stets war es ihm gelungen, im letzten Moment der Polizei zu entkommen. Dabei hatte er einst als hoher Beamter der Münze zu den Spitzen der St. Petersburger Gesellschaft gehört. Noch vor dem Ausbruch des ersten Weltkrieges setzte sich der in alle Geheimnisse der Herstellung russischer Banknoten eingeweihte Regierungsbeamte nach Österreich ab. In seinem Reisegepäck befanden sich Druckplatten für russische Banknoten. Bald darauf, noch am Vorabend des ersten Weltkrieges, tauchten in Rußland größere Mengen von gefälschten Banknoten im Wert von 10, 25, 50, 100 und 500 Rubeln auf. Die Geldscheine waren nur von Experten als Fälschung erkennbar, und zwar am Papier. Die »Handschrift« des Arthur Schultze war unverkennbar.

Bei der Unterredung im Hause von Baross läßt Schultze durchblicken, daß die Fälschung französischer Banknoten mit Bewilligung einflußreicher Stellen in Deutschland bereits im Gange sei. Man betrachtete Frankreich, in dem man den Hauptschuldigen an den schmachvollen Friedensdiktaten für Deutschland und Ungarn zu sehen habe, als gemeinsamen Feind. An den folgenden Tagen kommt es zu Unterredungen mit dem Präsidenten der Politischen Polizei, Nadossy, dem Kriegsminister, Graf Czaky, dem Ministerpräsidenten, Graf Teleki, sowie mit dem Direktor des *Militär-Geographischen Instituts,* Ladislaus Gerö. Die

Herren sind sich einig, den Prinzen Ludwig von Windisch-grätz mit dem Fälschungsunternehmen zu beauftragen. Die entsprechenden Regierungsinstanzen werden in geheimen Besprechungen informiert, und Prinz Ludwig erhält den Auftrag, nach Deutschland zu reisen.

In Deutschland findet Windischgrätz durch Vermittlung des Schultze bald einen illustren Freundeskreis. Da ist Prinz Karl von und zu Löwenstein, Geschäftsführer des *Nationalklubs* in Berlin, einer Vereinigung von Großindustriellen, Großagrariern, Bankiers, Vertretern des Hochadels und Politikern, deren revanchistische Ziele mit jenen der gerade erst im Entstehen begriffenen Nazibewegung übereinstimmen. Da sind Oberst Max Bauer und Korvettenkapitän Hermann Ehrhardt, zwei besonders finstere Gestalten der extremen Reaktion. Bauer gehörte ebenso wie Ehrhardt zu den maßgeblichen Führern des Kapp-Putsches (1920). Ehrhardts »Sturmbrigade« hatte sich bereits 1918/19 damit hervorgetan, daß sie die Niederlage im Krieg durch das Abschlachten von Proletariern in Berlin, Westdeutschland und Bayern zu kompensieren gedachte.

Mit Windischgrätz sind sich die Herren bald einig. Er erfährt, daß man in der Nähe von Köln bereits eine Druckerei zur Herstellung von gefälschten Franc-Noten eingerichtet habe, die unter der Leitung von Bauer stehe. Allerdings sei die Produktion noch nicht angelaufen. Es gebe da noch einige Probleme. Die »nationale Bewegung« habe in letzter Zeit Rückschläge hinnehmen müssen, und die »rote Reaktion« sei im Moment zu stark, wenngleich man auch in höchsten Kreisen der Reichsregierung Freunde habe, die sich einer Wirtschaftssabotage gegen den Erbfeind Frankreich nicht widersetzen würden. Ungarn sei da weit besser geeignet für ein solches Unternehmen, der Ausnahmezustand sowie die straffe Hand des Reichsverwesers und seiner Regierung garantierten den Erfolg des Unternehmens in Ungarn am ehesten.

Prinz Ludwig ist einverstanden, obgleich sein Gesicht bei der Lobpreisung des Reichsverwesers für einen Moment zur Grimasse wird. Er mag den schleimigen Verräter nicht, der nicht einmal richtig ungarisch sprechen kann. Aber das geht die Deutschen nichts an. Was ihn mit diesen Deutschen hier verbindet, sind der gemeinsame Feind Frankreich und der Kampf gegen die Linken, sonst nichts.

166

Anfang 1923 besichtigt Prinz Ludwig noch die Fälscher-werkstatt bei Köln, wo ihm Druckplatten sowie Probeex-emplare von fertigen Franc-Noten vorgelegt werden. Bauer bezeichnet die Qualität des Drucks als exzellent, mit dem Papier habe man jedoch noch Sorgen. Windisch-grätz zeigt sich von dem Unternehmen sehr angetan und ist einverstanden, daß die Maschinen und die Druckplat-ten nach Budapest überführt werden, sobald die letzten Formalitäten geklärt seien.

Am 7. März 1923 ist Prinz Ludwig wieder in Budapest, wo er sich sofort mit Graf Teleki in Verbindung setzt. Teleki unterrichtet den Ministerpräsidenten Graf Bethlen von Windischgrätz' Plänen, und es wird entschieden, die Fäl-scherwerkstatt im *Militär-Geographischen Institut,* einem zweistöckigen Gebäude in der Retek utca, unterzubrin-gen. Zum Leiter der Fälschungsaktion ernennt Bethlen den Landespolizeichef Emmerich Nadossy. Die Produk-tionsleitung wird Major Ladislaus Gerö übertragen. Die Herren beschließen, »vorerst« 40 000 französische Tau-send-Franc-Scheine zu drucken.

Natürlich hatte Bethlen auch den Reichsverweser über das geplante Fälschungsunternehmen sofort informiert, und dessen Zustimmung lautet: »Ich weiß von nichts.«

Im April 1923 treffen die Maschinen und Druckplatten so-wie Arthur Schultze mit zwei Experten in Budapest ein. Letztere werden verdingt, das Personal im *Militär-Geogra-phischen Institut* einzuarbeiten.

Zu Beginn des Jahres 1925 liegen die ersten fertigen Tau-send-Franc-Noten vor. Julius von Mészáros, jener Mann, der 1921 bereits schlimme Erfahrungen mit der Unterbrin-gung gefälschter tschechischer Banknoten gemacht hatte, übernimmt den Auftrag, das Falschgeld im Ausland zu testen, und Bischof Zadravecz erklärt sich bereit, die »fertige Produktion« in seiner Villa zu lagern. Der Vertrieb wird dem Präsidenten der Postsparkasse Baross unter-stellt. Der wiederum setzt sich mit dem Direktor der Natio-nalbank Horvath in Verbindung, um die Qualität der Noten prüfen zu lassen. Das Ergebnis ist vernichtend: Das Geld sei vor allem wegen des relativ leicht zu unterscheidenden Papiers in Frankreich nicht absetzbar. Deshalb sei anzura-ten, Agenten mit dem Vertrieb im nichtfranzösischen Aus-land zu beauftragen.

Dieser Aufgabe nimmt sich Generalstabsoberst Aristide

Jankovich von Jeszenicze an, ein Intimus des Reichsverwesers. Er soll, mit einem Diplomatenpaß geschützt, das
Falschgeld in das Ausland bringen und dort eine Verteiler-
organisation aufbauen. Ende Dezember 1925 wird Jankovich nach Den Haag beordert. Das aus mehreren großen
Koffern bestehende Kuriergepäck wird im Außenministerium versiegelt. Als der mit der Versiegelung beauftragte
Beamte Jankovich fragt, was denn so Geheimnisvolles in
den Koffern sei, antwortet der humorig: »Wahrscheinlich
falsche Banknoten.«
Jankovich sollte seine als »Kurierpost« deklarierte Falsch-
geldsendung bei der ungarischen Gesandtschaft in Den
Haag abliefern. Was ihn bewogen haben mag, von dem
vorgegebenen Reiseziel abzuweichen, wissen wir nicht.
Jedenfalls fährt der Generalstabsoberst mit der gefährli-
chen »Kurierpost« nicht nach Den Haag, sondern nach
Rotterdam. Dort trifft er sich mit zwei ihm unterstellten
Offiziersagenten und öffnet in ihrem Beisein die Koffer in
seinem Hotelzimmer. Dabei steckt er sich unbemerkt
vier Tausend-Franc-Scheine ein. Das Leben im Ausland
ist teuer, und niemand wird es einem Obersten des ungarischen Generalstabes verübeln, auch hier standes-
gemäß leben zu wollen.

Der Skandal

Einen Tag nach seiner Ankunft in Rotterdam betritt Oberst
Aristide Jankovich eine Bankfiliale und schiebt eine Tau-
send-Franc-Note unter dem Schalterfenster hindurch:
»Bitte in Gulden wechseln.« Der Beamte hinter dem
Schalter nimmt den Schein in die Hand, wirft einen kurzen
Blick darauf und bittet um einen Moment Geduld, ihm sei
das Bargeld ausgegangen, er sei sofort zurück. Doch er
kommt nicht zurück. Plötzlich stehen zwei »unauffällig«
gekleidete Herren neben dem Oberst und ersuchen ihn
höflich, aber bestimmt, keine Schwierigkeiten zu machen
und sie zum Polizeirevier zu begleiten. Jankovich er-
bleicht, greift in die Brusttasche und weist seinen Diplomatenpaß vor. Die beiden Herren bleiben hartnäckig. Das
werde man auf dem Revier klären.
Dort allerdings geht man recht unstandesgemäß mit dem
Herrn Oberst um: Nachdem man in seiner Brieftasche

eine weitere Blüte entdeckt hat, wird ihm kurzerhand be-
fohlen, sich zu entkleiden. Jankovich tobt, droht mit politischen Konsequenzen, die diplomatische Immunität sei
auch in den Niederlanden Gesetz, er habe das Falschgeld
in gutem Glauben von einem Holländer angenommen.
Aber da hilft nichts. Es sind die bösesten, peinlichsten Minuten im Leben des Aristide Jankovich von Jeszenicze.
Als er die schneidige Offiziershose ausgezogen hat, steht
er vor den grinsenden Polizeibeamten in – seidenen Da-
menstrümpfen, die oben jeweils von einem dunkelblauen
Bund gehalten werden. Unter dem Bund aber stecken
zwei weitere Blüten.
Bei der sofort angeordneten Durchsuchung des Hotelzim-
mers findet die niederländische Polizei in Jankovichs Kuriergepäck Falschgeld im Wert von 10 Millionen Franc.
Die ungarische Botschaft hat noch vor der offiziellen Be-
schwerde der niederländischen Regierung von dem Deba-
kel in Rotterdam erfahren – wahrscheinlich von einem der
beiden anderen Offiziersagenten, denen der Oberst den
Kofferinhalt gezeigt hatte. Wenige Stunden später weiß
man so auch in Budapest Bescheid. Windischgrätz tobt:
»So eine hirnverbrannte Dummheit, das Geld ausgerechnet einer Bank anzubieten.« Aber das Kind lag im Brunnen.
Schon ein paar Tage zuvor war in Hamburg ein anderer
Agent verhaftet worden, der die gleiche Dummheit in Ko-
penhagen begangen hatte. Jetzt mußte gerettet werden,
was noch zu retten war. Im *Militär-Geographischen Institut* sowie in der Villa von Bischof Zadravecz wurde alles
Falschgeld in Badewannen geworfen, mit Benzin über-
gossen und verbrannt.
Noch in den letzten Dezembertagen reisen französische
Kriminalbeamte nach Budapest. Und sie werden bald
»fündig«. Vergebens sind die Bemühungen des selbst in
die Affäre verwickelten Innenministers Graf Istvan Ra-
kovszky, der Presse weiszumachen, das Geld sei ein Pro-
dukt des bolschewistischen Untergrunds und stamme
zweifellos von den Russen. Die französische Botschaft in
Budapest war da bereits besser unterrichtet.
Am Neujahrstag des Jahres 1926 wird der Sekretär des
Prinzen von Windischgrätz, Desiderius Raba, verhaftet.
Drei Tage später tritt sein Brotgeber selbst den schweren
Gang an.
Die internationale Presse hatte das Geschehen in Buda-

pest mit gespannter Aufmerksamkeit verfolgt. Der *Vorwärts*, das Blatt der deutschen Sozialdemokratie, meldet am Dienstag, dem 5. Januar 1926: »*Am Montag wurde Prinz Ludwig von Windischgrätz, der frühere Ernährungsminister, im Zusammenhang mit der Affäre der Banknotenfälschungen in Budapest verhaftet. Der Verhaftung ging eine Auseinandersetzung zwischen dem Reichsverweser Horthy und dem Ministerpräsidenten Bethlen voraus, wobei sich Horthy der Verhaftung des Windischgrätz widersetzte. Die französischen Kriminalbeamten, die seit einigen Tagen in Budapest sind, haben aber so zwingende Beweise für die Teilnahme des Windischgrätz an der Affäre der Banknotenfälschungen vorgelegt, daß Horthy die Verhaftung des Windischgrätz schließlich doch zuließ. Die ganze Angelegenheit gewinnt große politische Bedeutung dadurch, daß nun der offene Kampf zwischen der Partei des Erzherzogs Albrecht und dem Ministerpräsidenten Bethlen begonnen hat. Windischgrätz ist seit längerer Zeit mit den Legitimisten zerfallen und in das Lager der ›Rassezüchter‹, und zwar der Gruppe, welche den Putsch des Erzherzogs Albrecht vorbereitete, übergegangen. Innerhalb der Regierung steht der Unterrichtsminister Klebelsberg... und der Minister des Innern Graf Rakowski auf der Seite der Putschisten. Das gleiche trifft auf den Polizeichef, der dieser Tage auf Urlaub geschickt wurde, sowie den ganzen Hofstaat des Reichsverwesers Horthy und Horthy selbst zu. Unter anderem wird behauptet, daß Herzog Albrecht mit Horthy bereits ganz feste Vereinbarungen getroffen hat, um diesen für seinen Verzicht auf die Reichsverweserschaft zu entschädigen. Es soll ihm das Fürstensiegel versprochen sowie die Verleihung eines Großgrundbesitzes angeboten worden sein.«*

Der *Vorwärts* war also recht gut informiert, obgleich die eigentlichen Drahtzieher der Fälscheraffäre in Deutschland unerwähnt blieben. Geschah dies mit Rücksicht auf jene einflußreichen Politiker, die dem *Nationalklub* nahestanden? Schließlich gab es Vermutungen, daß Außenminister Gustav Stresemann von dem Fälscherunternehmen bei Köln wußte.

Insgesamt wurden im Zusammenhang mit dem Fälscherskandal 45 Personen verhaftet. Auch Polizeichef Nadossy sah sich schließlich hinter Gittern.

Justitias undichte Augenbinde

Das Symbol der Gerichtsbarkeit, die Dame Justitia, wird stets mit verbundenen Augen und der Waage der Gerechtigkeit dargestellt. In jenem Prozeß aber, der am 7. Mai 1926 *gegen Windischgrätz, Nadossy und Genossen* in Budapest begann, hatte die Augenbinde offenbar Mottenlöcher erhalten. Jedenfalls hatte es bis dahin in den »zivilisierten Staaten«, denen sich auch Horthy-Ungarn zurechnete, noch nie ein derartig von vornherein zurechtgestutztes Gerichtsverfahren gegeben wie dieses. Als Vorsitzender fungierte Dr. Geza Töröky, in der EKSZ Leiter der Justizabteilung und von vornherein Mitwisser der Franc-Fälscher-Affäre. Ein Mann, der folglich selbst auf die Anklagebank gehört hätte. Staatsanwalt Dr. Sztrache stammte aus dem gleichen Milieu. Ihm hatte die EKSZ die Aufgabe übertragen, mit den Angeklagten vor Prozeßbeginn einen Konsens zu finden und aus den Protokollen der Voruntersuchung all das herauszufrisieren, was die Regierung belasten konnte.

Unerwartete Schwierigkeiten bereitete Desiderius Raba, der Sekretär des Prinzen. Er hatte offenbar zu viel Rechtsempfinden und wollte nicht einsehen, daß er für etwas büßen sollte, das gewissermaßen regierungsamtlich abgesegnet war. Sein Verteidiger, Dr. Wilhelm Vaczony, der liberalen Kreisen angehörte, entfaltet bei Beginn des Prozesses eine Pressekampagne gegen die Regierung. Von einem Schlägertrupp der EKSZ bestialisch mißhandelt, stirbt Vaczony, noch bevor er seinen Mandanten verteidigen kann.

Inzwischen hat Graf Bethlen im intimen Kreis eine Absichtserklärung abgegeben: »Ich werde kein Verräter an den Deutschen sein und Frankreich keine Spionagedienste leisten. Das Zentrum der antifranzösischen Verschwörung liegt in München, und die Franc-Fälschung ist nur als Stütze für diese Verschwörung zu verstehen.« Der Öffentlichkeit gegenüber findet er freilich andere Worte. So läßt er über die ungarische Presseagentur am 7. Januar 1926 verlauten, daß er die Francfälschungen als Strafsache betrachte und ihre Aufdeckung mit unerbittlicher Strenge betreiben werde. In diesem seinem Beschluß lasse er sich von keiner anderen Rücksicht leiten als von der Verteidigung der moralischen Integrität des Landes.

Entweder gelinge es ihm, die Sache aufzuklären oder er werde seinen Posten verlassen.

Das war die Antwort auf das Verlangen der *Nepszava,* des Organs der ungarischen Sozialdemokraten, die Regierung müsse zurücktreten, da sie kollektiv für die Fälscheraffäre verantwortlich sei. Im Gerichtssaal ist die Öffentlichkeit indessen Zeuge seltsamer Vorgänge.

Prinz Ludwig Albrecht von Windischgrätz und Polizeichef Emmerich Nadossy präsentieren sich dem Gericht als Helden der Nation. So sagt Windischgrätz aus: »Ich weiß wohl, daß meine Tat gegen das Strafgesetzbuch verstößt, doch bin ich der Geschichte nicht schuldig. Ich habe für Großungarn gearbeitet. Ist vielleicht Premierminister William Pitt seinerzeit vor Gericht gestellt worden, als er Europa mit falschen Assignaten überschwemmt hat, um das Frankreich der Jakobinerdiktatur, den Feind seines Vaterlandes, in die Knie zu zwingen? Nein, meine Herren, in den Augen der britischen Öffentlichkeit war er kein Verbrecher, sondern ein Ehrenmann.« Nadossy hat offenbar ebenfalls den Ehrgeiz, den Gerichtssaal als Held zu verlassen: »Frankreich gegenüber durften wir nicht wählerisch sein. Immerhin ist es verantwortlich dafür, daß Ungarn zwei Drittel seines Reichsgebietes gestohlen wurden.«

Auch Regierungschef Bethlen läßt es sich nicht nehmen, Windischgrätz vor Gericht als Ehrenmann hinzustellen: »Ich kenne ihn als ehrenhaften Mann und weiß bestimmt, daß er die Geldfälschung nicht begangen hat, um sich persönlich zu bereichern.«

Nur ein Angeklagter war nicht bereit, seinen Kopf hinzuhalten: der schon erwähnte Desiderius Raba. Er kannte die Verschwörung und alle Hintermänner genau, einschließlich derer, die sich erdreisteten, über ihn den Stab zu brechen: »Ich war beunruhigt, aber Prinz Ludwig teilte mir mit, daß Graf Teleki und Graf Bethlen mit von der Partie seien.« Der Vorsitzende unterbricht Raba: »Das sind doch erfundene Behauptungen, die keiner Ihrer Mitangeklagten sich zu erwähnen erdreistet hat.« Raba fährt fort: »Der staatliche Charakter der Unternehmung war offensichtlich. Graf Teleki und ...« Wieder unterbricht Töröky den Angeklagten: »Also, Sie waren beunruhigt.« Raba erhält keine Gelegenheit, seine Aussage zusammenhängend vorzutragen, und beschließt seine Vernehmung mit den Worten: »Ich weiß positiv, daß der Gedanke der

Francfälschung nicht von Prinz Windischgrätz stammt.« Das Gericht beläßt es dabei und fragt natürlich nicht, von wem der Gedanke denn stamme.

Auch mehrere Zeugen wie Graf Sigray, Markgraf Pallavicini und Graf Jankovich-Besan geben zu erkennen, daß Ministerpräsident Graf Bethlen schon 1923 in die Aktion eingeweiht war. Sie werden nicht vereidigt. Und zur Krönung der Justizkomödie gibt Staatsanwalt Dr. Sztrache von sich: »Nadossy hat hier festgestellt, daß die Regierung von nichts gewußt habe. Und Nadossy muß man schon glauben.« Ein Hauptangeklagter, zudem des verbrecherischen Amtsmißbrauchs bezichtigt, muß als Kronzeuge für die Unschuld der Regierung herhalten.

Das Urteil des Hohen Gerichts fiel verhältnismäßig hart aus. Es mußte hart ausfallen, um dem Horthy-Regime nach außen hin, vor allem gegenüber den Ententemächten, den Schein des Rechtsstaates zu wahren. Ein Freispruch oder eine Bagatellstrafe hätte dem ohnehin wirtschaftlich und politisch stark geschwächten Ungarn unabsehbare internationale Konflikte und wirtschaftliche Restriktionen eingebracht. Die Angeklagten waren schon während der Voruntersuchungen darüber eingehend informiert und als »Märtyrer der Nation« bezeichnet worden. Lediglich Raba konnte sich nicht mit dem Gedanken anfreunden, hinter Zuchthausmauern zu kommen und für das Verbrechen seiner Regierung zu büßen. Windischgrätz wird zu 4 Jahren Zuchthaus und umgerechnet 600 Mark Geldstrafe verurteilt. Das gleiche Urteil wird über Nadossy verhängt. Er erhält zusätzlich noch drei Jahre Amtsverlust. General Géza Hajts, der Leiter des *Militär-Geographischen Instituts,* soll ein Jahr absitzen, Major Ladislaus Gerö zwei Jahre bei zuzüglich drei Jahren Amtsverlust und umgerechnet 120 Mark Geldstrafe. Und der »verräterische« Raba schließlich muß mit unverhohlenem Zorn seine Verurteilung zu eineinhalb Jahren Zuchthaus hinnehmen. Bei der Urteilsbegründung versäumt es das Gericht jedoch nicht, den Angeklagten »hohe patriotische Gefühle« zu bescheinigen. Sie seien keine gemeinen Verbrecher, sondern »Opfer jenes katastrophalen Unglücks, dessen Folge die Zerstückelung Ungarns war«.

Der *Vorwärts* vermerkt das Urteil am 27. Mai 1926 mit den prophetischen Worten: »*Was tut's. Es wird wohl kaum ein Jahr vergehen, und Horthy wird die Verurteilten amne-*

stieren.« Das war sogar noch untertrieben. Außer Windischgrätz und Nadossy befanden sich alle Verurteilten bereits an dem Tag in Freiheit, an dem der *Vorwärts* diese Prophezeiung verkündete. Auch die beiden Hauptbeschuldigten durften die Weihnachtsmesse als freie Männer besuchen; denn am 22. Dezember 1926 amnestierte Horthy den Prinzen von Windischgrätz und Emmerich Nadossy. Prinz Ludwig hat zudem die Gefängniszelle nicht lange bewohnen müssen. Ministerpräsident Bethlen ließ ihn in das Inquisitenhospital verlegen, wo es dem schwarzen Prinzen an nichts mangelte. Auch Emmerich Nadossy brauchte unter Entbehrungen nicht zu leiden. Seine Speisen kamen aus den besten Restaurants, er durfte täglich Besuch empfangen und fühlte sich, als sei er daheim.

Prinz Ludwig Albrecht von Windischgrätz wird für seine »Verdienste um Ungarn« 1927 von Reichsverweser Horthy zum Honved-Major befördert.

Die Tscherwonzenaffäre

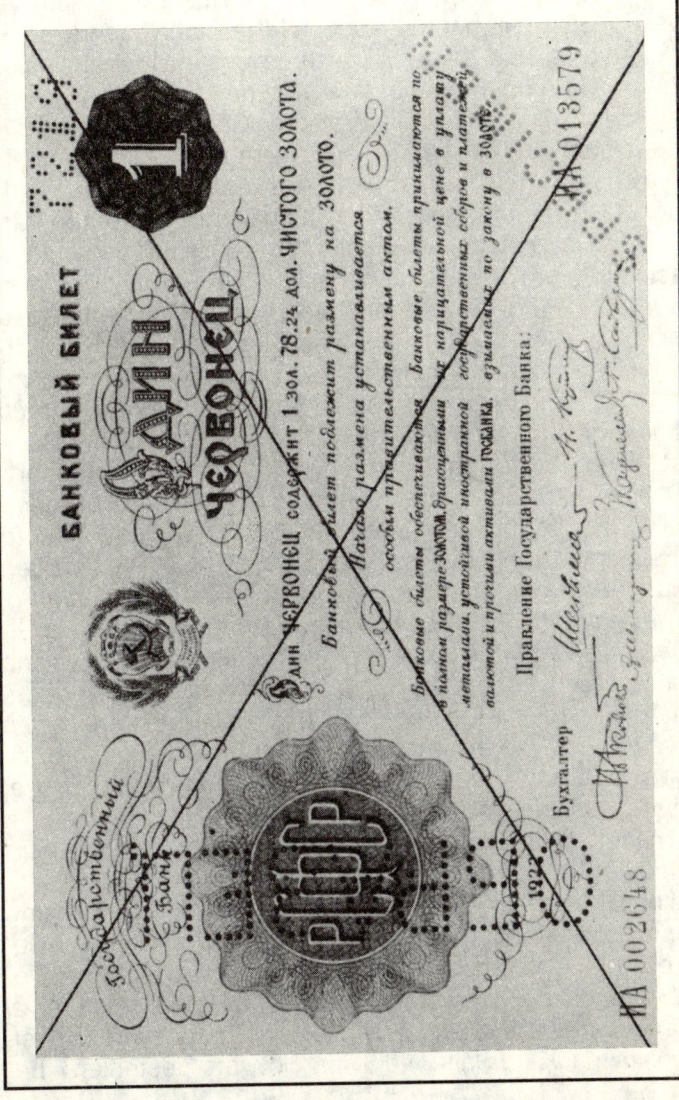

An einem Dezembertag des Jahres 1925 hat das vornehme Pariser Restaurant *La Rue* ganz exklusive Gäste: Emanuel Nobel, Neffe des Nobelpreisstifters, und seine Brüder Ludwig und Robert, einst Großaktionäre der kaukasischen Ölfelder; General Max Hoffmann, im ersten Weltkrieg Generalstabschef der deutschen Ostarmee; Schalwa Karumidse, ein emigrierter georgischer Bankier und bürgerlicher Politiker; Spiridon Kedia, Vorsitzender der Nationaldemokratischen Partei der georgischen Emigranten; Basilius Sadathieraschwili, Sproß eines georgischen Großgrundbesitzers, der seit 1917 in Deutschland weilt und im Oberammergau eine Klosterschule besucht hat, und schließlich Georg Emil Bell, ein internationaler Spion, der sowohl für den britischen Geheimdienst und den Erdölkonzern *Royal Dutch Shell* wie auch für deutsche Stellen tätig ist und der faschistischen Militärorganisation »*Reichsflagge*« angehört. Diese illustre Gesellschaft verband ein Ziel, das Hoffmann wie folgt formuliert hatte: »*Diese vereinigten Mächte (Frankreich, England und Deutschland – G. W.) müßten durch eine gemeinsame militärische Intervention die Sowjetregierung stürzen und Rußland wirtschaftlich wiederherstellen im Interesse der englischen, französischen und deutschen Wirtschaftskräfte. Bei dem allen wäre die finanzielle und wirtschaftliche Mitarbeit der Vereinigten Staaten von Amerika von Wert. Die besonderen Interessen der Vereinigten Staaten im russischen Wirtschaftsgebiet müssen gewährleistet bleiben.*«
Emanuel Nobel sprach auf dieser Konferenz nicht nur im eigenen Interesse, wenn er von einer deutschen militärischen Mitwirkung und der Möglichkeit der Gewinnung englischen Kapitals und englischer Politiker bei der »Befreiung« Georgiens sprach. Hinter ihm stand Sir Henry Deterding, Generaldirektor und Hauptaktionär der *Royal Dutch Shell*, die ebenso wie die Nobelgruppe ihre Ölquellen im Kaukasus als »von den Sowjets gestohlen« be-

trachtete. Von den 2,3 Milliarden Goldrubel, die das Auslandskapital vor der Revolution in Rußland investiert hatte, entfielen 250 Millionen allein auf die Ölgebiete von Baku, Grosny, Maikop und Emba.

Mit der militärischen Intervention in Georgien, die mit der Gründung des *Georgischen Befreiungskomitees* im Restaurant *La Rue* beschlossen wurde, sollte zunächst ein Brückenkopf gebildet werden. Von hier aus sollte dann der ganze Kaukasus und – nach den Plänen eines Hoffmann und anderer Kreuzzugsfanatiker – die ganze Sowjetunion »befreit« werden.

Im Februar 1926 fand in Hoffmanns Wohnung in Berlin eine Tagung im größeren Kreis statt. 30 Personen, darunter Mitglieder des Reichstages, hörten sich die Pläne Hoffmanns an. Zum erstenmal kam hier auch der Gedanke zur Rede, »durch Währungsfälschung eine Regierung zu stürzen«. Unter den Geladenen waren zwei alte Hasen. Sie hatten schon vor der Revolution in Rußland einen Falschgeldbetrieb unterhalten und deswegen mit der Justiz von »Väterchen Zar« enge Bekanntschaft gemacht. Karumidse war damals zum Tode, Sadathieraschwili zu 12 Jahren Kerker verurteilt worden. Beide konnten jedoch fliehen und sich auf abenteuerliche Weise nach Deutschland absetzen.

Mit von der Partie waren hier zwei weitere Verbrecher von Rang: 1. Korvettenkapitän Herrmann Ehrhardt, dessen Freikorps 1919 die revolutionären Arbeitererhebungen in Berlin, München und Braunschweig im Blut erstickt hatte und 1920 führend am Kapp-Putsch beteiligt war. Auf das Konto der von Ehrhardt 1920 gegründeten *Organisation Consul* kam u. a. die Ermordung von Reichsaußenminister Walter Rathenau.

2. Dr. Eugen Weber, Hauptmann im ersten Weltkrieg, hatte sich 1919 besondere Verdienste bei der Zerschlagung der bayrischen Räterepublik erworben. Jetzt betreute er die *Bewegung der Auslandsdeutschen*. Sein politisches Konzept war das gleiche, wie es sein engster Bundesgenosse, General Hoffmann, verfocht.

Auf einer weiteren Konferenz dieser Elite der internationalen Verbrecherwelt in Den Haag im März 1926 gab sich die graue Eminenz des Komplotts, Sir Henry Deterding, begleitet von drei führenden Managern der *Royal Dutch Shell*, selbst die Ehre. Deterding hatte inzwischen Verbindungen mit einflußreichen Stellen in vielen Ländern Europas geknüpft. Anfang Januar 1926 war in der Londoner *Morning Post* das politische Credo des Ölgottes zu lesen: »*Vor Ende dieses Jahres wird der Bolschewismus in Rußland erledigt sein; dann wird Rußland in der ganzen Welt Kredit genießen, es wird allen, die zur Mitarbeit bereit sind, seine Grenzen öffnen. Geld und Kredite und, was noch wichtiger ist, neue Aufträge werden nach Rußland strömen.*«

Drei Monate nach der Konferenz von Den Haag folgte die Londoner Konferenz, deren Teilnehmerkreis u. a. durch die baltischen Emigranten von Kleist und von Kursell sowie den Staatssekretär im britischen Außenministerium Locker Lampson erweitert war. »*Der Bolschewismus ist zu liquidieren*«, war die Hauptlosung dieser Tagung. Was hier endgültig beschlossen wurde, war ein deutsch-englisches Abkommen auf militärischem und wirtschaftlichem Gebiet zur Aggression in der Ukraine und im Kaukasus und zu deren Verwandlung in deutsche und englische Protektorate.

Immer wieder beschworen die Redner ihr »Recht« auf dieses Kriegsabenteuer. Deterding wiederholte seine seit Jahren in der rechtsbürgerlichen Presse Englands, Frankreichs und Deutschlands strapazierte Behauptung, daß 60 Prozent der kaukasischen Ölfelder sein juristisches Eigentum seien und sagte zu, soviel Geld zu dem Kreuzzug beizusteuern, wie er in zehn Jahren im Kaukasus eingebüßt habe. Das war recht viel, etwa eine Milliarde Mark, aber doch für ein derartiges Unternehmen zu wenig. Interessanterweise wurden hier noch die wirtschaftlichen Ziele der Aggression vor deren »Schutzfunktion«, Europa und die Welt vor der »bolschewistischen Expansion« zu bewahren, genannt. Die späteren Versionen waren (und sind) weniger offen. Sie setzen allein auf die »Gefahr aus dem Osten«, auf den »Kampf gegen das Böse«.

Was im Hintergrund des »Kampfes um die Befreiung Georgiens« stand, ist aus der Tagesordnung der Londoner Konferenz zu ersehen, die am 4. 2. 1930 von der bürgerlich-liberalen *Vossischen Zeitung* veröffentlicht wurde:

– Englisch-kaukasische Verhandlungen. Vorbereitung von Vereinbarungen mit Vertretern des kaukasischen Naphthabesitzes.

– Vorschlag, später auch in der Ukraine englische und deutsche Interessen festzulegen.
– Berücksichtigung deutscher Wirtschaftsinteressen bleibt späterer Verhandlung vorbehalten.
– Siedlungsmöglichkeit für deutsche Mitkämpfer.

Am Rande der Konferenz gab es vertrauliche Gespräche von Schalwa Karumidse mit führenden Vertretern britischer Wirtschafts- und Finanzkreise, darunter auch mit Deterding. Kein Geringerer als Herzog Georg von Leuchtenberg, Ururstiefenkel Napoleons I., ehemaliger Oberst der zaristischen Armee, hatte dem professionellen Geldfälscher Empfehlungsbriefe mitgegeben. In diesen Schreiben war von der »weittragenden Bedeutung« der Pläne Karumidses die Rede, die »in Deutschland auf einer breiten Basis begründet« seien. Die Idee, die Wirtschaft der Sowjetunion durch Falschgeld lahmzulegen oder wenigstens empfindlich zu treffen, ist offenbar außerhalb der offiziellen Tagesordnung Gegenstand der Londoner Konferenz gewesen. Jedenfalls ließ Deterding am 10. Juni 1926 britischen Pressevertretern gegenüber verlauten, daß in der Sowjetunion eine Inflation bevorstehe.

Aus der Tagesordnung der Londoner Konferenz ging hervor, daß man in der Türkei, in Bulgarien, Persien, Rumänien, Polen, Finnland und in der Tschechoslowakei bereits Zusicherungen einflußreicher Kräfte gewonnen hatte, an der Aktion mitzuwirken. In Regierungskreisen indes hielt man sich zurück, sicherte jedoch den Verschwörern durch gelegentliche antisowjetische Ausfälle in Presseorganen moralische Unterstützung zu. Winston Churchill, damals noch britischer Finanzminister, lobte den italienischen Faschismus Mussolinis am 20. 1. 1927 mit den Worten, er hätte, wäre er Italiener, von Anfang an die Sache Mussolinis »in seinem Kampf und Sieg über die bestialische Gier und Wildheit des Leninismus verfochten«. Als Deterding versuchte, auch in Frankreich, wo er mehrere Tageszeitungen besaß, Anhänger zu gewinnen, mußte er eine entschiedene Abfuhr quittieren: Deterdings Interessen seien nicht Frankreichs Interessen. Ebenso desinteressiert an seinem Kaukasusabenteuer zeigte sich die Standard Oil Company. Deterding erreichte lediglich, daß die USA-Administration das Komitee zur Befreiung des Kaukasus offiziell anerkannte. Von finanzieller Hilfe war keine Rede.

In England jedoch war Sir Henry Deterding auf dem besten Weg, die Regierung für seine Pläne zu gewinnen. Sir William Joynson-Hicks, der mit Deterding befreundete Innenminister, erließ am 12. 5. 1927 den Befehl, die diplomatische Immunität genießende Handelsvertretung der Sowjetunion *Arcos* zu stürmen und zu plündern. Unter dem Vorwand, bei dieser Aktion Dokumente gefunden zu haben, die die Sowjetunion der Spionage überführten, brach Englands konservative Regierung zwei Wochen später die diplomatischen Beziehungen mit dem Sowjetland ab. Die Zeitschrift *Foreign Affairs* wußte dieses Manöver wohl zu deuten: »*Die Tatsache, daß gerade jene Agenten der Arcos ausgewiesen wurden, die den Verkauf von Öl betrieben, hat den Eindruck hinterlassen, daß die Verteidigung der allgemeinen Privatinteressen allzu eng mit der Verteidigung gewisser Ölinteressen übereinstimmt.*« Fünf Monate später, am 7. Oktober 1927 kann Sir Henrys Antisowjetpropaganda auch in Frankreich einen Teilerfolg verbuchen: Der sowjetische Botschafter wird des Landes verwiesen, doch der von Deterding erhoffte Abbruch der diplomatischen Beziehungen kam nicht zustande.

Die Tscherwonzenaktion rollt an

Die Sowjetunion hatte nach der Beendigung der Interventionskriege erste Maßnahmen zur Stabilisierung des zerrütteten Währungssystems getroffen, die über den Tscherwonez zu einem neuen, stabilen Rubel führten. Dabei entsprach 1 Tscherwonez 10 Rubeln (ab 1924 21,60 Reichsmark). Diese Geldscheine mit einer 25prozentigen Golddeckung wurden zu Nennwerten von 1, 2, 3, 5, 10 und 25 Tscherwonzen emittiert. Daneben waren seit 1924 noch Staatskassenscheine zu 1 und 3 Goldrubel im Umlauf, die auf dem Gebiet der UdSSR zum Nennwert angenommen werden mußten, im internationalen Zahlungsverkehr aber zum offiziellen Kurs des Goldrubels in Zahlung gegeben wurden. Außerdem zirkulierten in den zwanziger Jahren noch Banknoten von 3 und 5 Rubeln (seit 1925 bzw. 1924) sowie Silbermünzen zum Nennwert von 1 Rubel (seit 1921).

Die georgisch-deutsche Fälscherbande (Karumidse, Sadathieraschwili, Weber und Bell) mit ihren Hintermännern und Agenten hatte sich auf jene sowjetischen Banknoten spezialisiert, die bei relativ hohem Nennwert am häufigsten in Umlauf waren: Ein-, Zwei- und Zehn-Tscherwonzen-Noten. Eine Ein-Tscherwonzen-Note bot den Fälschern zudem noch die Erleichterung, daß sie nur einseitig bedruckt war.

Man hatte es eilig und rechnete wohl auch nicht damit, daß es unter den Russen, Georgiern und Ukrainern Leute gäbe, die kundig genug wären, falsche von echten Banknoten zu unterscheiden. Die Imitation des Bildes war zwar perfekt, doch wich die Qualität des Papiers recht deutlich von dem der Originale ab. Das Papier, 10 000 Druckbogen, mit den erforderlichen Wasserzeichen kam aus einer bayrischen Papierfabrik.

In der Münchener Druckerei von Johann Schneider entstanden im Herbst 1926 etwa 15 000 falsche Tscherwonzenscheine. Ungefähr 12 000 davon fanden den Weg in die Sowjetunion.

Das Lager der Fälscherbande war in Berlin, Ziegelstraße 24, eingerichtet worden, in der Wohnung des ehemaligen zaristischen Offiziers Trapesnikow, der dort eine übelbeleumdete Kneipe unterhielt. Von Berlin aus gingen die Blüten nach Danzig, wo der weißgardistische *Bund der Heeres- und Flottenoffiziere* sein Domizil hatte. Seine Führer waren die zaristischen Exgenerale Lebedew und von Glasenapp, der dem ebenfalls emigrierten russischen Thronprätendenten Großfürst Kyrill nahestand.

Anfang 1927 wird die Fälscherzentrale von München nach Frankfurt/Main verlegt. Hier unterhält Karl Böhle, ein fanatischer Nationalsozialist, eine »völkische« Buchhandlung mit eigener Druckerei. So muß auch Sadathieraschwili von München und seiner dort wohnenden Braut Abschied nehmen. »Bete, damit es mir gelingt, dann können wir bald ein eigenes Heim gründen«, sagt er zu ihr. Man hat den Georgier bisher zwar mit Empfehlungsschreiben aller Art ausgestattet, die ihm selbst (in Hoffmanns Begleitung) eine Audienz bei Churchill verschafften, allzu üppige Geldspenden waren jedoch ausgeblieben. Für die Organisation der Falschgeldproduktion waren ihm und Karumidse 15 000 Mark anvertraut worden, die wahrscheinlich aus den Spenden Deterdings stammten.

In Frankfurt sollte das Unternehmen in ganz großem Stil

aufgezogen werden, aber Sadathieraschwilis Braut hatte wohl zu wenig gebetet.

Kommissar Erich Liebermann von Sonnenberg, Leiter der Falschgeldzentrale der Kriminalpolizei in Berlin, waren schon seit mehreren Wochen Informationen über das Auftauchen gefälschter russischer Geldscheine in Banken der Hauptstadt zugegangen. Anonyme Anrufer hatten wiederholt den Namen Dr. Leonhard Becker genannt – ein eifriger Parteigänger Hitlers, der, wie sich später herausstellte, der Fälscherbande als Dealer angehörte. Dr. Bekker wurde observiert und Anfang August 1927 in einer Berliner Bank festgenommen, als er falsche Tscherwonzen gegen Reichsmark einlösen wollte. Den Personalien Dr. Beckers entnahm man, daß er Leiter des Technischen Büros der Maschinen- und Lokomotivbaufirma *Maffei und Schwartzkopff* in München war und erinnerte sich sogleich, daß dort auch ein gewisser, aktennotorischer Mann namens Georg Bell arbeitete.

Das »perfekte Verbrechen«, in das selbst höchste Stellen (wie Außenminister Stresemann) eingeweiht waren, zerbrach an einem Kettenglied, das von dem internationalen Komplott völlig unterbewertet worden war. Die preußische Kriminalpolizei, über die Zusammenhänge nicht informiert, ließ nicht mit sich spaßen. Man griff durch, nahm die Spur Sadathieraschwilis auf, doch traf man in dessen Münchener Wohnung nur Karumidse an, der noch nicht auf der Fahndungsliste stand. Karumidse begann sofort, alle erreichbaren Komplizen zu warnen, aber es war schon zu spät. Am 11. August drang die Polizei in die Frankfurter Druckerei des Böhle ein, nahm Sadathieraschwili fest, der sich gerade mit sechs Druckplatten in der Aktentasche empfehlen wollte. Das unter der Regie von Kommissar Liebermann von Sonnenberg stehende Kommando der Kriminalpolizei beschlagnahmte in der Druckerei 120 000 halbfertige Tscherwonzenscheine und Papier für weitere 1,2 Millionen Exemplare.

Rittmeister Schiller

Im Mai 1928 findet im Berliner Hotel *Excelsior* eine Geheimkonferenz statt, an der Arvid von Sievers, Sproß eines baltischen Adelsgeschlechts und Exoffizier in zaristischen Diensten, General Peter von Glasenapp, einflußreiche Vertreter deutscher Industrie- und Finanzkreise sowie ein namentlich unbekannt gebliebener britischer General teilnahmen. Georgi Polskoi schreibt in seinem 1982 veröffentlichten Buch *Ryzari falschiwych banknot,* es gebe allen Grund zu der Annahme, daß dieser General, ein Bekannter Glasenapps aus der Judenitsch-Armee, im Auftrag Churchills handelte. Auf der Tagesordnung der Konferenz stand die Belebung und Förderung jeglicher antisowjetischer Aktivitäten, das künftige Programm des *Bundes der Heeres- und Flottenoffiziere.*

Nach Danzig zurückgekehrt, beruft Glasenapp eine Tagung des *Bundes der Heeres- und Flottenoffiziere* ein und erteilt seinen Mitgliedern exakte Aufträge: Spionage, Diversion, Förderung von Untergrundorganisationen... Unter den »Delegierten« ist auch Rittmeister Albert Schiller, Sproß einer begüterten Bauernfamilie in Litauen, der sich im ersten Weltkrieg durch Kaltblütigkeit, Tapferkeit und rasche Auffassungsgabe vom gemeinen Soldaten zum Stabsfeldwebel hochgedient hatte. Als die Februarrevolution ausbrach, wurde der mit vier Georgskreuzen dekorierte Soldat zum Offizier ernannt. In den Rang des Stabs-Rittmeisters hatte Glasenapp den jungen Mann erst später erhoben, als er 1922 zum Bund stieß.

Mit den Aufträgen, die Schiller von Glasenapp erhielt, wurde er zur Zentralfigur der Falschgeldverteilung in der Sowjetunion. Glasenapp wußte natürlich von dem traurigen Ende der Geldfabrik in Frankfurt am Main, doch war er zuversichtlich, daß seine Freunde Wege finden würden, die Produktion wieder aufzunehmen. Vorerst standen 12 000 Tscherwonzen zur Verfügung, und die in Verkehr zu bringen, hatte der Adjutant des Generals, Rittmeister Albert Schiller, übernommen.

Im September 1928 überschreitet Schiller mit Hilfe einer Bande professioneller Menschenschmuggler die litauisch-sowjetische Grenze, um das »Gelände zu rekognoszieren«, ein paar hundert Falschgeldscheine an den Mann zu bringen und sich vorsichtig nach dem Verbleib einstiger Regimentskameraden zu erkundigen. Der Rittmeister bewegt sich geschickt und unauffällig, knüpft erste Kontakte und ist eine Woche später wieder in Danzig.

Dort hört sich Glasenapp den Bericht seines Adjutanten wohlwollend an. Er ist hochbefriedigt. Es gibt da gewisse

Differenzen mit der Karumidse-Gruppe. Glasenapp geht es nicht um die Ukraine und das kaukasische Öl, sondern um Rußland. Georg Bell ist inzwischen nach Trapezunt abgereist. Dort soll der in gemeinsamem deutsch-englischem Interesse handelnde Doppelspion (er war dazu schon von Geburt her bestens geeignet: der Vater war Engländer, die Mutter Deutsche) Kontakte zu kaukasischen Nationalisten knüpfen und eine Verschwörung vorbereiten. Just zu dem Moment, da die deutschen Freikorps zum Überfall bereitstanden, sollten die Verschwörer einen bewaffneten Aufstand gegen die Sowjetmacht inszenieren. Ganz unauffällig nahm ein paar Tage später eine Gruppe von Ingenieuren und Technikern den gleichen Weg. Es waren Offiziere der Reichswehr.

Größere Mengen Falschgeld sind inzwischen aus Paris eingetroffen, wo gute Bekannte aus alten Zeiten unbehelligt eine Geldfabrik betreiben: Mjasojedow, der frühere Vizegouverneuer von Suwalki[1], Simanowitsch, der einstige Privatsekretär Rasputins, sowie die Weißgardisten Eristow und Litwinow.

Ende Oktober tritt Albert Schiller seine zweite Reise in das »Feindesland« an. Zuvor war er von der Reichswehr und anderen deutschen Stellen, vom Generalstab der lettischen Armee (der für den französischen Geheimdienst arbeitete) sowie von einem gewissen Sudakow, der in der englischen Botschaft in Lettland tätig war, ausführlich über seine Aufgaben instruiert worden.

In Leningrad sucht Schiller einen alten Bekannten, den ehemaligen Fähnrich eines Dragonerregiments Alexej Gaier auf. Schiller findet den einstigen Frontkameraden in tiefster Depression. In dem ärmlich ausgestatteten Zimmer einer »möblierten Wirtin« liegen überall leere Wodkaflaschen herum. »Hilf mir heraus, nach Deutschland«, fleht Gaier den unerwarteten Besucher an. »Dieses Leben ist nichts für mich, Arbeit in einer Lederfabrik; das Geld reicht kaum, um den Kummer zu ersäufen.« Schiller steckt dem Verzweifelten ein Bündel Falschgeldnoten zu, verspricht ihm die Ausreise nach Deutschland und verlangt als Gegenleistung, ihm bei seinen Aktionen zu helfen und den Wodka vorerst zu vergessen.

Gaier hält sein Versprechen. Zunächst bringt er Schiller mit dessen früherem Regimentskameraden, Stabs-Ritt-

1 Stadt im heutigen Nordostpolen

meister Nikolai Fedotow, und einem gewissen Karschtanow zusammen. Fedotow, der in einer Schiffswerft tätig
und mit seiner Situation ebenso unzufrieden ist wie Gaier,
erklärt sich sofort zu Spionageaktionen in dieser Werft
sowie zu allen Aufträgen bereit, wenn man ihm zur Flucht
verhelfe.

Fedotow hatte bereitwillig den Auftrag übernommen, das
Falschgeld unter die Leute zu bringen. Doch schon bei
dem ersten Versuch, in einem Kaufhaus mit einer Blüte zu
bezahlen, entging er nur mit Mühe polizeilichen Nachstel-
lungen.

Fast reute Fedotow das Schiller abgegebene Versprechen. So entschloß er sich, das gefährliche Geschäft anderen zu überlassen. Er kaufte eine Fahrkarte und fuhr
nach Swanka, einer Station mit ein paar hundert Einwoh-
nern an der Eisenbahnstrecke Leningrad—Murmansk.
Dort wohnte ein gewisser Bitkin, ein entfernter Verwand-
ter. Das gottverlassene Nest schien das ideale Versteck
für das heiße Geld zu sein.

Bitkin wohnte in einem Holzhaus, das ebenso wie er
schon bessere Zeiten erlebt hatte. Jetzt fristete er sein Leben als Kirchenältester und mit kleinen Schiebergeschäf-
ten.

Als Fedotow in der Hütte auftaucht, ist die Begrüßung von
beiden Seiten gezwungen herzlich. Beide hatten sich nie
so recht gemocht. Und der Rittmeister geht auch sogleich
in medias res, überreicht Bitkin salopp einen festver-
schnürten Schuhkarton der Firma *Skorochod* und weidet
sich an dem Schrecken des Vetters, als der den Karton geöffnet hat. Er ist vollgepfropft mit Tscherwonzen. »Nimm
dir ein paar von den Scheinchen, mach den Karton wieder
zu und vergrab ihn unter den Dielen.« Völlig verwirrt über
den unverhofften Segen springt der Hausherr auf, knallt
die Hacken zusammen: »Jawohl, Herr Rittmeister.«
»Was auch immer geschehen mag, mein Name bleibt unerwähnt«, schärft Fedotow dem Vetter noch ein, als man
sich verabschiedet.

Fedotow hat das Gefühl, als habe er eine Zentnerlast ab-
gelegt. Mit dem nächsten Zug reist er nach Leningrad zurück und berichtet seinem Auftraggeber, das Geld sei
ohne Komplikationen in Verkehr gesetzt worden.

Der gewissenhafte Postsekretär

Als der Postsekretär Sepalow an jenem frühen November-
tag des Jahres 1928 den Dienst im Telegraphenamt der
Station Swanka antritt, ahnt er noch nicht, daß sein Name
wenige Wochen später in alle Zeitungen kommt und er
selbst nach Moskau eingeladen wird, um ausgezeichnet
zu werden.

Es war ein Tag wie jeder andere, Sepalow hatte den Ofen
nachgeheizt, den Samowar in Betrieb gesetzt und die Ein-
tragungen des Nachtdienstes geprüft. Es war nicht viel los
in dieser gottverlassenen Station. Das Ministerium hatte
zwei- oder dreimal Meldungen durchgegeben, daß Falschgeld in Umlauf sei, und an die Wachsamkeit der Bank- und
Postangestellten appelliert.

Am späten Vormittag kommt der erste Kunde an diesem
Tag: der Bürger Bitkin. Man plaudert über das Wetter,
über Zeitungsnachrichten und all die kleinen Nebensäch-
lichkeiten, die sich in einem Ort wie der Station Swanka er-
eignen können. Dann schiebt Bürger Bitkin eine Postan-
weisung über 30 Rubel, adressiert an die Staatliche Versi-
cherungsgesellschaft für die fällige Versicherung des Kir-
chengebäudes, und drei Geldscheine unter dem Schalterfenster durch. Sepalow schreibt die Quittung aus, und Bitkin verabschiedet sich.

Sepalow legt die drei Tscherwonzenscheine in die Kasse,
stutzt und zieht sie wieder heraus. Es sind neue Scheine,
doch das Papier scheint ihm zu weich zu sein. Neues Geld
faßt sich härter an. Sepalow steckt die drei Scheine ein
und geht zur Filiale der Staatsbank in Swanka. Dort werden die Banknoten geprüft, man befindet aber, daß das
Bild korrekt sei. Aber mit dem Papier, da hat Bürger Sepalow Recht. Da stimmt was nicht.

Die Scheine wurden nach Leningrad gesandt, und von
dort kam sofort die telegraphische Rückfrage, wer die
Banknoten angeboten habe.

Der Stein kam ins Rollen. Angehörige der OGPU[2] kamen
aus Leningrad, verhafteten Bitkin und fanden in seiner
Wohnung den Karton mit dem Geld.

Vor dem Untersuchungsrichter in Leningrad legte Bitkin
ein volles Geständnis ab, ohne jedoch die Identität des

2 Vereinigte politische Staatsverwaltung beim Rat der Volkskommis-
sare der UdSSR (1922–1934)

Vetters aufzudecken. Der »Herr vom Ausland« habe noch
so etliches wissen wollen über die Stimmung im Volk,
über etwaige Gegner der Staatsmacht und so weiter. Nun,
was wußte er, der Bürger Bitkin, schon in dem gottverlassenen Swanka? Doch nur allzubald mußte Bitkin die Identität Fedotows preisgeben. Die bei der Haussuchung entdeckte Fotografie des Rittmeisters im vollen Ornat führte
auf die Spur. Fedotow und Karschtanow wurden verhaftet.

Die Überheblichkeit Schillers, der auf die Unfähigkeit der
Behörden gesetzt hatte, wurde dem »Meisterspion« zum
Verhängnis. Schiller war das Opfer der nun angeordneten
Ausweiskontrollen. Am 16. November 1928 stießen zwei
Milizionäre auf einen Mann, der sich Alexander Karlo-
witsch Grinberg nannte, sich jedoch nicht ausweisen
konnte. Man durchsuchte ihn und fand einen geladenen
Revolver und 222 Tscherwonzenscheine. Schiller hatte einen Punkt der ihm übertragenen Order immer wieder auf-
geschoben, weil sich die Gelegenheit nicht bot. Er sollte,
wie er vor dem Untersuchungsrichter angab, einen Mann
umbringen und sich seine Papiere aneignen. Im übrigen
legte der Rittmeister ein volles Geständnis ab. Die falschen Tscherwonzen habe er von Harald Siewert, einem
ehemaligen zaristischen Offizier, in Berlin erhalten. Er
sollte Informationen über die wirtschaftliche Situation in
der Sowjetunion, über den Zustand der Roten Armee und
der Kriegsflotte sowie über die Stimmung im Volk sammeln, konterrevolutionäre Gruppen schmieden und Auf-
stände in der RSFSR sowie in der Ukraine inszenieren.
Rittmeister Albert Schiller wurde im Januar 1929 zum
Tode verurteilt und hingerichtet.

Im Namen des Volkes

In Deutschland waren inzwischen seltsame Dinge geschehen. Kommissar Liebermann von Sonnenberg erhielt
noch im September 1927 ein Schreiben von höchster Instanz, in dem seinem Ressort für die gewissenhafte Arbeit gedankt wurde. Für weitere Untersuchungen sei eine
Sonderabteilung zur Verfolgung der Tscherwonzenfälscher gebildet worden, so daß Liebermann dieser Aufgabe enthoben sei.

Landsgerichtsrat Krüger als Untersuchungsrichter und Staatsanwalt Wasmund leiteten diese »Sonderabteilung«, es waren, wie aus einem Kassiber des in Untersuchungshaft sitzenden Dr. Eugen Weber hervorging, »gut nationale Leute«.

Der als Spion schon vorbestrafte Georg Bell würde im Mai 1928 verhaftet, trotz der ihn schwer belastenden Dossiers aber zwei Monate später wieder auf freien Fuß gesetzt.

Als die Sowjetregierung um Einsicht in die Untersuchungsakten ersuchte, »verschwanden« die Akten auf dem Weg nach München. Man hatte sie der Fälscherclique in die Hände gespielt, die nun Fotokopien anfertigte und diese Deterding, Nobel und ihren anderen Mitgliedern zustellte. Entsprechende Enthüllungen, die die *Rote Fahne* veröffentlichte, zwangen das preußische Justizministerium, Dr. Willy Wasmund vier Tage vor Beginn des Prozesses gegen die Tscherwonzenfälscher »aus gesundheitlichen Gründen« vorzeitig zu pensionieren.

Aber noch war es nicht soweit. Der Verteidiger der Angeklagten drohte unverblümt, »daß im Falle einer Hauptverhandlung Dinge zur Sprache kommen könnten, die dem Auswärtigen Amt unangenehm seien... Namentlich Bell betone, daß die ihm zur Last gelegten Handlungen mit Wissen des Auswärtigen Amtes erfolgt seien. Auch von einer Beteiligung des jungen Stresemann sei die Rede gewesen«. Der »junge Stresemann« also, Sohn jenes Außenministers, der zweifellos ebenso von dem Komplott gegen die Sowjetunion unterrichtet war wie drei Jahre vorher von der Vorbereitung der Windischgrätzaffäre. Ein Skandal von ungeheurem Ausmaß drohte, der bis in die höchsten Regierungsämter reichen konnte. Und so beschloß die Strafkammer des Landgerichts I in Berlin am 27. 7. 1928, das Verfahren einzustellen und die Angeklagten freizulassen.

Der sowjetische Volkskommissar für Auswärtiges, Maxim Litwinow, legte energischen Protest ein. Ein Eklat drohte, die Linkskräfte in Deutschland und in der ganzen kapitalistischen Welt waren eine Macht, die Enthüllungen ihrer Presse konnten unter dem Volk gefährliche Stimmungen erzeugen.

Die sowjetischen Behörden legten unwiderlegliche Beweise vor, daß die bei Schiller und Komplizen beschlagnahmten falschen Banknoten aus deutscher Produktion stammten. Der Prozeß gegen die Tscherwonzenfälscher war nun unvermeidlich geworden.

Am 6. Januar 1929 wurde der Prozeß schließlich eröffnet, ein Prozeß, der zur Farce ausarten sollte. Karumidse verfolgte das Ganze schmunzelnd beim alltäglichen »Pressefrühstück« in der Schweiz.

Einen Höhepunkt der Prozeßdemagogie erlebte das Publikum, als das Gericht einen Experten der Darmstädter Bank in die Zeugenbank rief. Den sowjetischen Gesetzen zufolge sei die Ein- und Ausfuhr von Tscherwonzen strafbar. Und so kam der Experte zu dem »logischen Schluß«, daß es Tscherwonzen außerhalb der Sowjetunion gar nicht geben könne. Also schließt man messerscharf, daß nicht sein kann, was nicht sein darf: Die in Deutschland gefälschten Tscherwonzen sind folglich gar kein Geld, und gegen niemandes Gesetz sei verstoßen worden.

Am 8. Februar 1929 war die Justizkomödie, die wahrlich einer Operette oder eines Musicals würdig gewesen wäre, zuende. Die Angeklagten hätten nicht im egoistischen Interesse gehandelt, ihr nationaler Eifer zugunsten des »Gemeinwohls« gereiche ihnen nicht zum Vorwurf.

Alle Angeklagten wurden freigesprochen.

Ernst Thälmann erklärte dazu am 11. 2. 1930 vor dem Reichstag: *»Der unerhörte Freispruch im Tscherwonzenprozeß ist eine offene Provokation gegen die Sowjetunion.«*

Einflußreiche Kreise der deutschen Industrie- und Finanzwelt äußerten sich zu dieser Zeit ebenfalls gegen dieses eindeutig antisowjetische Urteil, denn inzwischen war es zu jenem vielzitierten »schwarzen Freitag« am 25. Oktober 1929 gekommen, der die Weltwirtschaftskrise ausgelöst hatte. Die bisher von offizieller Seite mit Wohlwollen verfolgte Antisowjetpropaganda war plötzlich ins Zwielicht geraten. Der sowjetische Markt verhieß so manchem Unternehmen die Rettung.

Schließlich konnte man auch den Anspruch, als zivilisierte Nation zu gelten, nicht einem, wenn auch noch so schmerzhaften Verfahren opfern, dessen Schuldige erst zuletzt in den Angeklagten zu suchen waren. So kam es dann im Sommer 1930 unter dem Druck der deutschen Öffentlichkeit und entsprechender Demarchen seitens der UdSSR zur Berufungsverhandlung. Sie gestaltete sich, wie konnte es anders sein, erneut zur Farce: Karumidse erhielt zwei Jahre und zehn Monate Zuchthaus; er amüsierte sich darüber königlich, denn er erfuhr davon im Schweizer Exil. Sadathieraschwili akzeptierte die zwei Jahre Gefängnis ebenso lächelnd, denn ihm rechnete man die Untersuchungshaft an, so daß seine Strafe als verbüßt galt. Bell und Schmidt erhielten verhältnismäßig geringe Geldstrafen, die sie ohnehin nicht selbst zu zahlen brauchten.

Karumidse und Sadathieraschwili wurden nach dem Machtantritt der Hitlerclique in Deutschland mit offenen Armen empfangen. Georg Bell aber ereilte das Schicksal im Frühjahr 1933 in Kufstein (Tirol). Der englisch-deutsche Doppelagent war für gewisse Kreise in Deutschland zu einer Gefahr geworden. Er soll auch über die Hintergründe des Reichstagsbrandes am 27. Februar 1933 mehr gewußt haben, als offiziellen Kreisen lieb war. Am 5. April 1933 suchten ihn zwei SD-Agenten in seiner Kufsteiner Wohnung auf. Die Presse schrieb von Selbstmord.

Pfundnoten aus Sachsenhausen

Seit einer Woche wartet Alfred Naujocks in Gleiwitz auf das Schlüsselwort. Am Mittag des 31. August 1939 hält er die mit »Heydrich« unterzeichnete Geheimdepesche in den Händen, derzufolge die »Operation Himmler« um 20 Uhr desselben Tages zu starten sei. Es ist der Startbefehl zum Angriff auf den deutschen Sender Gleiwitz, inszeniert von einem Kommandotrupp der SS in polnischen Uniformen. Nachdem der Sender besetzt ist, läßt ein polnisch sprechender SS-Mann eine drei- bis vierminütige Rede vom Stapel, in der es heißt, Polen trete von nun an in den Krieg mit Deutschland ein. Vor dem Sender zurück bleibt ein KZ-Häftling, im Geheimbefehl als »Konserve« bezeichnet. Die SS hatte ihn, narkotisiert und in polnische Uniform gekleidet, dorthin geschleppt und dann kaltblütig erschossen.

Dieser Überfall sollte den deutschen Faschisten den propagandistischen Anlaß für die Aggression gegen Polen liefern, und bereits im Morgengrauen des 1. September überschritten anderthalb Millionen deutsche Soldaten die polnische Grenze. Zwei Tage später folgten die offiziellen Kriegserklärungen Frankreichs und Großbritanniens an Deutschland. Der zweite Weltkrieg hatte begonnen.

Alfred Naujocks, damals 27 Jahre alt und im Range eines SS-Hauptsturmführers, war durchaus stolz auf seine »historische« Tat. Die braunen Machthaber setzten auf die jungen, in ihrem Geist erzogenen Leute, die »hart wie Kruppstahl« und skrupellos genug sein sollten, allen Befehlen bedingungslos zu folgen. Zu dieser Garde von willfährigen, zu jedem Verbrechen bereiten jungen Männern gehörte auch der einstige Hamburger Werftarbeiter Alfred H. Naujocks, ein übler Schlägertyp und Mörder, Mitglied der NSDAP seit 1931. Der zukunftsträchtige Kader wurde schon 1934 in den *Sicherheitsdienst* (SD), die Elitetruppe der SS, aufgenommen.

Alfred Naujocks avancierte zum Chef der »Gruppe Technik« im Reichssicherheitshauptamt und erhielt noch Ende

1939 eine weitere »Sonderaufgabe«, wie es im Nazijargon hieß.

Die Naziprominenz hatte mit der sofortigen Reaktion Frankreichs und Großbritanniens in keiner Weise gerechnet. Der »Fall Weiß«, wie der faschistische Geheimcode für den Überfall auf Polen hieß, sollte bereits am 25. August 1939 stattfinden. Doch da kam die Nachricht von dem Beistandspakt zwischen Großbritannien und Polen für den Fall einer deutschen Aggression. Die Invasion wurde gestoppt. Göring äußerte dazu vor dem Kriegsverbrechertribunal in Nürnberg: Der »*Führer sagte mir, er hätte die geplante Invasion in Polen aufgehalten. Daraufhin fragte ich ihn, ob dies nur zeitweilig sei oder endgültig. Er sagte: ›Nein, ich werde sehen müssen, ob wir Englands Einmischung ausschalten können.‹*«

Aussagen anderer Kriegsverbrecher in Nürnberg zufolge war die oberste Führungsclique Nazideutschlands bis zuletzt überzeugt, die britische Regierung werde sich der deutschen Drohpolitik ebenso fügen, wie sie es im Münchener Abkommen von 1938 getan hatte. Doch Großbritannien und Frankreich waren nicht bereit, der Schande von München eine weitere folgen zu lassen; sie erklärten Deutschland den Krieg. Nach Dr. Paul Schmidt, Chefdolmetscher der Reichskanzlei, ließ Göring verlauten: »*Wenn wir diesen Krieg verlieren, dann möge uns der Himmel gnädig sein.*« Und der sonst so großmäulige Propagandachef Goebbels »*stand in einer Ecke, niedergeschlagen und in sich gekehrt*«. Vor allem die Kolonialmacht Großbritannien verfügte über schier unerschöpfliche wirtschaftliche und militärische Ressourcen. Und so wurde bereits wenige Tage nach Großbritanniens und Frankreichs Kriegserklärung begonnen, den Plan »Andreas« in die Tat umzusetzen.

Der Plan Andreas

Zu den geistigen Vätern des Plans »Andreas«, der mit einiger Wahrscheinlichkeit schon jahrelang für den Fall eines Krieges mit England und der Sowjetunion fertig vorlag, dürfte außer den »Tscherwonzenexperten« und der SD-

1 Nach dem »Z-Plan« der Kriegsmarine hätte Deutschland frühestens 1944/45 die Schlagkraft der britischen Kriegsmarine erreichen sollen.

Führung auch Hjalmar Schacht gehört haben. Schacht hatte bereits aus dem ersten Weltkrieg Erfahrungen mit gefälschten belgischen Francs, für die er damals im besetzten Belgien »einkaufen« ließ. Als Reichsbankpräsident und Reichswirtschaftsminister war er bis 1938/39 der Mann, der mit einer inflationistischen Politik ungeheuren Ausmaßes die gesamte Wirtschaft auf Kriegskurs umstellte. Zu der Zeit, da der Plan »Andreas« aktuell geworden war, hatte Schacht zwar seinen Ministerposten abgegeben, doch gehörte er auch weiterhin dem Kabinett an.

Zum unmittelbaren Chef der Fälscheraktion wurde der wegen seiner organisatorischen Fähigkeiten geschätzte Naujocks ernannt. Natürlich war das ganze »Geheime Reichssache« und fand unter strengsten Sicherheitsvorkehrungen statt. Seine Führung lag in den Händen so bewährter Verbrecher des NS-Regimes wie SS-Obergruppenführer und Chef der Sicherheitspolizei und des SD Reinhard Heydrich, seit 1942 dessen Nachfolger im gleichen Rang .Ernst Kaltenbrunner, SD-Gruppenführer Walter Schellenberg, SD-Brigadeführer Otto Rasch und SD-Hauptsturmführer Wilhelm Höttl.

Die erste Werkstatt des Falschgeldunternehmens wurde Ende September 1939 in Berlin-Grunewald, Delbrückstraße 6 a, untergebracht. Eineinhalb Jahre lang mühten sich hier versierte Experten, die selbstverständlich zu strengster Geheimhaltung verpflichtet waren und ständig von »Unauffälligen« observiert wurden, das auf dem Weltmarkt dem Gold gleichgestellte Geld des Vereinigten Königreiches von Großbritannien und Irland nachzuahmen. Denn die Sabotage der britischen Wirtschaft war nur *ein* Aspekt des Plans »Andreas«. Hitlerdeutschland brauchte dringend Devisen, um Rohstoffe für seine Kriegswirtschaft einkaufen zu können.

Die größten Schwierigkeiten gab es mit der Herstellung des entsprechenden Papiers. Hunderte von Analysen des echten Papiers wurden angestellt. Wohl fand man bald heraus, daß es auf Flachsfaserbasis beruhte. Doch das von der Firma *Hahnemühle GmbH* in Dassel, Kreis Einbeck, gelieferte Papier wich noch immer zu deutlich vom Original ab. Schließlich entdeckte man, daß es türkischer Flachs war, den die Engländer für ihr Banknotenpapier verwendeten. Und mit ihm erhielten auch die Wasserzeichen in dem handgeschöpften Papier das originalgetreue Aussehen.

Inzwischen war die Falschgeldproduktion der *Druckerei August Petrick* in Berlin übertragen worden. Die Klischees kamen aus einer vom SD für Fälschungen aller Art eingerichteten Chemigraphie. Im März 1941 wurde die Probe aufs Exempel gemacht.

Zum Leiter seines Falschgeldvertriebs-Ressorts hatte der SD einen gewissen Friedrich Schwend gemacht, der den Rang eines SS-Sturmbannführers bekleidete. Schwend schickte seinen Assistenten Rudolf Blaschke, »auf Urlaub« in die Schweiz, ließ jedoch die schweizerischen Grenzbehörden davon unterrichten, daß da ein Mann mit nicht ganz reiner Weste im Begriff sei einzureisen; man bitte deshalb, ihn sorgfältig zu überprüfen. Die Zöllner fanden nichts Auffälliges.

Dann ging ein »Kaufmann« auf die Reise. Der SD ließ über ein Bankinstitut dem Falschgelddezernat der Schweiz ein vertrauliches Schreiben zustellen, in dem es hieß, daß eine verdächtige Person beabsichtige, in Basel eine größere Summe von englischen Pfundnoten einzuwechseln, die möglicherweise gefälscht seien. Das Geld wurde für gut befunden.

Alles schien zum besten zu laufen, doch bevor die Pfundnotenherstellung richtig anlaufen konnte, wurde sie plötzlich gestoppt. Der deutsche Faschismus bereitete sich auf den Plan »Barbarossa« vor, zum Überfall auf die Sowjetunion. Hitler legte am 17. Juni 1941 das Datum des Angriffs auf den 22. Juni fest. Napoleons Heer hatte – einen Tag später – 139 Jahre zuvor den Njemen überschritten.

Sechs Wochen bevor der »Größte Feldherr aller Zeiten«, wie er sich selbst in aller Bescheidenheit nennen ließ, den Überfall auslöst, geschieht etwas Seltsames. Am 10. Mai 1941 fliegt der zweithöchste Scherge der Nazihierarchie, der »Führerstellvertreter« Rudolf Heß, in einem Messerschmidt-Zerstörer Me 110 nach Schottland und springt dort in der Nähe des Wohnsitzes des Duke of Hamilton mit dem Fallschirm ab. Über ihn, seinen Bekannten seit den Olympischen Spielen von 1936, sucht er mit der britischen Regierung Friedensverhandlungen anzubahnen. Deutschland sollte bei seinem Feldzug den Rücken freihaben. Es sollte aussehen wie das Husarenstück eines »nationalsozialistischen Helden« – wäre das Vorhaben geglückt.

Denn gerade in jenen Tagen folgten den Drohungen, »Londons Zerstörung zu Ende zu führen« (mit der den Engländern weit überlegenen Luftwaffe) Geheimdepeschen mit milderen Tönen wie »den Krieg auf den Osten zu lokalisieren und dafür den Krieg im Westen einzustellen«. Das ganze erinnerte an die Mission des schwedischen Diplomaten Birger Dahlerus, der von seinem »Freund« Hermann Göring als inoffizieller Vermittler noch am 25. August 1939 per Flugzeug nach London beordert worden war, um eine »Verständigung« mit dem britischen Außenminister Lord Halifax zu erreichen. Als die Mission des Schweden scheiterte, erteilte er der »Reichsführung« den Rat, Ministerpräsident Göring solle persönlich nach London fliegen, und setzte auch die britische Regierung davon in Kenntnis. Doch die Briten verwiesen auf ihr Ultimatum, die Aggression gegen ihren Verbündeten sofort einzustellen. Für anderweitige Diskussionen mit Herrn Göring habe die Regierung Seiner Majestät keine Zeit. Zweifellos hatte die »Reichsführung« von den Absichten des »Führerstellvertreters« gewußt.

Wahrscheinlich liegt hier die Ursache für den plötzlichen Stopp des Plans »Andreas«. Julius Mader hingegen vermutet, daß die Druckerei Petrick inzwischen zur Fälschung von Rubelnoten übergegangen sei. Er stützt sich dabei auf eine Meldung der italienischen Zeitung *Unita* vom 3. November 1963 sowie auf die Aktennotiz einer Besprechung, die Reichswirtschaftsminister und Reichsbankpräsident Walther Funk mit Reichsleiter Rosenberg, Reichsstatthalter Meyer, Stabsleiter Schickedanz, Oberbürgermeister Winkler, Reichsbankdirektor Wilhelm und anderen Größen des Naziregimes am 28. Mai 1941 in Berlin abhielt. Hier heißt es: »*Es müßte Vorsorge getroffen werden, daß genügend Rubelscheine, und zwar durch Neudruck in Deutschland und durch Anfertigung von Druckstöcken, die auch dort verwertet werden könnten, sowohl für die Truppen wie für den Einkauf zur Verfügung ständen. Eine Relation zur Reichsmark während dieser Periode der Rubelzahlung festzusetzen, sei sehr bedenklich. Eine gewisse Inflation, die sich auf Grund des Neudrucks von Rubelscheinen ergeben könnte, müßte mit in Kauf genommen werden... Es sei mit der Möglichkeit zu rechnen, daß die Russen von den (echten) Banknoten möglichst viel Scheine fortschleppen würden, und daß* auch Druckstöcke für den Neudruck von Noten nicht vorhanden wären... Er (der Oberbürgermeister von Berlin, Winkler) schlägt vor, schon jetzt mit Hilfe der Rotationspresse Rubelscheine in einer voraussichtlich benötigten Höhe in Deutschland zu drucken und dem deutschen Militär, d. h. den Intendanturen zur Verfügung zu stellen. Auf Grund von Erkundungen sei er zur Überzeugung gelangt, daß Privatdruckereien eine genügende Anzahl von Scheinen drucken könnten. Es käme nicht darauf an, daß das Papier genau dem russischen entspräche, man müsse eben der Bevölkerung beibringen, daß die Russen die Rubelscheine gestohlen hätten und daß Deutschland in der Eile und Schnelligkeit für neue Scheine hätte sorgen müssen.

Reichsbankdirektor Wilhelm bittet darum, daß auf keinen Fall die Reichsbank bei dem Neudruck der Rubelscheine in Erscheinung tritt. Man dürfe auf keinen Fall der Reichsbank den Vorwurf machen, daß sie Noten gefälscht habe. Hierfür müsse eine besondere Organisation geschaffen werden.«

Ein aufschlußreiches Dokument. In welchen Mengen sowjetische Rubel – mit hoher Wahrscheinlichkeit von der Druckerei August Petrick – hergestellt worden sind, wissen wir nicht. Bei dem allen völkerrechtlichen Prinzipien Hohn sprechenden Vorgehen der deutschen Okkupanten waren derartige landeswirtschaftliche Erwägungen später wohl überflüssig geworden. Unter denen, die in den okkupierten Gebieten der UdSSR überlebten, herrschte die Naturalwirtschaft.

Möglicherweise treffen hier beide Aspekte zu. Und als alle Illusionen bezüglich der Befriedung Großbritanniens zerstoben waren, kehrte die Naziführung zu ihrer »nordischen List« zurück, britisches Geld zu fälschen.

Operation Bernhard

Über die größte Falschgeldaktion aller Zeiten, benannt nach dem mit ihrer Leitung betrauten SD-Sturmbannführer Bernhard Krüger, ist sehr viel geschrieben worden. Da ist zunächst der akribische Dokumentarbericht des Berliner Schriftstellers Julius Mader zu erwähnen, der weder Mühe noch Mittel gescheut hat, die Tatsachen und Hintergründe der faschistischen Raub- und Fälscherpraxis sowie das Schicksal ihrer Hauptverantwortlichen aufzuhellen.[2] Und da sind Berichte der Mitbeteiligten, der »Toten auf Urlaub«: Adolf Burger und Peter Edel in Buchform[3] oder Kurt Lewinsky in der Presse[4]. Und da sind drittens jene, die versuchen, das Ganze zu verniedlichen, einen Abenteuerroman daraus zu machen, jeden unangenehmen Mißklang zu vermeiden und trotz besseren Wissens Tatsachen auf den Kopf zu stellen. Zu ihnen gehören der bereits erwähnte Wilhelm Höttl[5] und der US-Amerikaner Anthony Pirie[6].

Die folgende Darstellung lehnt sich an die Schriften von Burger, Mader, Edel und Lewinsky an, kann sich indes nur den aus der Sicht der Geldfälschergeschichte wichtigsten Aspekten widmen.

»An einem schwülen Augustmorgen des Jahres 1942 brüllte es durch die Lautsprecher in den Blocks des KZ Buchenwald: ›Alle Juden aus dem graphischen Gewerbe haben sich sofort in der Schreibstube zu melden!‹

Nach einigen Tagen ging's auf Transport, und ich landete mit weiteren zweiundzwanzig Kameraden in Sachsenhausen. Nach den üblichen Formalitäten brachte uns die SS in den Block 19, am äußersten Rande des KZ. Kurze Zeit darauf begann man die Baracke nach allen Regeln der Kunst zu isolieren... Hier eröffnete uns eines Tages ein SS-Sturmbannführer Krüger, daß wir ›auserlesen‹ seien, ein Fälscherkommando zu bilden! Lang und breit, gewürzt mit wüsten Drohungen und süßlichen Versprechungen, erklärte er uns in Gegenwart mehrerer anderer SS-Leute die Situation und unsere Aufgabe. Er kündigte uns alle Foltern der Hölle an, wenn wir es wagen sollten, durch ein Wort, eine Geste, einen Zettel oder sonstwie dieses Geheimnis nach außen dringen zu lassen.« So berichtet Kurt Lewinsky, der zu den ersten Häftlingen des Fälscherkommandos im KZ Sachsenhausen gehörte.

Im Sommer des Jahres 1942 beschloß der SD im Auftrag der »Reichsregierung«, die Banknotenfälschung wieder

2 Julius Mader: Der Banditenschatz. Berlin 1965 und 1973.
3 Adolf Burger: Des Teufels Werkstatt. Berlin 1983.
Peter Edel: Wenn es ans Leben geht. Berlin 1979.
4 Vgl. horizont, 24/1979.
5 Walter Hagen (alias Wilhelm Höttl): Unternehmen Bernhard. Wels 1955.
6 Anthony Pirie: Operation Bernhard. New York 1962.

aufzunehmen, jetzt aber auf großer, industrieller Basis. Die »Belegschaft« der Fälscherfabrik wurde ausschließlich aus KZ-Häftlingen jüdischer Herkunft rekrutiert, deren Berufe für solche Arbeiten am besten geeignet erschienen: Typographen, Graveure, Maler, Bankkaufleute, Friseure...

Sie kamen aus der ČSR, aus Deutschland, Frankreich, den Niederlanden, aus Norwegen, Österreich, Serbien, der Sowjetunion und hatten schon Todeslager hinter sich. Hier nun, im streng von jeder Außenwelt isolierten Block 18/19 des Konzentrationslagers Sachsenhausen, sollte es ihnen gut gehen, wie Sturmbannführer Bernhard Krüger versicherte. Und es ging ihnen den Verhältnissen entsprechend gut. Sie wurden gebraucht, gezwungen, am »Endsieg« mitzuarbeiten. Erst danach (oder auch schon vorher, wenn daraus nichts würde) erwartete auch sie die »Endlösung der Judenfrage«: Tote auf Urlaub oder kurzfristig angelegtes Betriebskapital.

Solange sie »gute Ware« herstellten, gesund blieben und ihren Bewachern keine Gefahr von den heranrückenden Fronten drohte, waren sie sich ihres Lebens sicher. Kranke konnte man nicht brauchen, die Krankenhausbaracke war tabu, und wer sich dennoch erdreistete, ernsthaft krank zu werden, wie der sowjetische Student Pjotr Sukiennek, der Wiener Abraham Kleinfeld oder der Tscheche Ernst Stiassny, war sicherer Todeskandidat.

Doch selbst unter diesen Verhältnissen blieb der Widerstandsgedanke unter den Häftlingen des Blocks 18/19 wach. Mit einem selbstgebastelten Rundfunkempfänger verfolgte man die Frontlage, vernahm freudig die Nachrichten von Niederlagen der Hitlerwehrmacht, vom Vorrücken der Alliierten. Man verzögerte die Fertigstellung von Klischees, brachte kleine, für den Laien unsichtbare Fehler an. Der Tscheche Oskar Skála, den die SS zum Vorarbeiter erkoren hatte, betrieb eine geheime Buchführung über die Menge, die Stückelung und die Nummern der in Sachsenhausen gefälschten Pfundnoten. Nach seinen Aufzeichnungen wurden von Ende 1942 bis Februar 1945 englische Banknoten im Gesamtwert von 134 610 810 Pfund Sterling gefälscht, von denen nach sorgfältiger Prüfung jedoch nur 10 368 430 Pfund der Gütegruppe I zugerechnet wurden. In die Gütegruppe II kamen Banknoten mit fast unsichtbaren Fehlern. Die Gütegruppe III schließlich enthielt einen kleinen Druckfehler. Alles andere galt als Ausschuß. Die Planerfüllung bezüglich des »guten« Geldes betrug folglich nur 7,5 Prozent. Bei dem Sortieren der Banknoten hatten die Häftlinge noch ein übriges getan, indem sie bewußt »gute« Noten schlechteren Gütegruppen zuordneten.

Anfang 1943 erhielt das Fälscherkommando von Sachsenhausen, das außer britischen Banknoten auch ausländische Pässe, Dokumente und Briefmarken zu imitieren hatte, eine weitere Aufgabe. In Jugoslawien war im November 1942 der *Antifaschistische Rat der Nationalen Befreiung Jugoslawiens* gegründet worden, dem die Regierungsgewalt über die von der Hitlerwehrmacht befreiten Gebiete oblag. Im Januar 1943 hatte der Rat eine allgemeine Volksanleihe aufgelegt, deren Höhe 500 Millionen Dinar betrug. Um die ohnehin geschwächte Wirtschaft der befreiten Gebiete zu unterminieren, erteilte der SD den Auftrag, in Sachsenhausen jugoslawische Obligationen, Lire und Dinare zu fälschen.

Auf 140 Mann war das Fälscherkommando im Sommer des Jahres 1944 angewachsen. Die oberste Naziführung wußte längst, daß die militärische Niederlage unabwendbar war. Dem Volk suggerierte sie nach wie vor den Glauben an den »Endsieg«. Und der »kleine Mann auf der Straße« fiel auch auf diesen Schwindel herein, den Propagandaminister Josef Goebbels ihm über den »Volksempfänger«, im Volksmund »Goebbelsschnauze« genannt, vorgaukelte: Der »ganz große Schlag« stehe noch aus. Aber bald werde der Führer seine unfehlbare Vergeltungswaffe einsetzen. Indes hatte sich längst erwiesen, daß die »Vergeltungswaffen«, die V_1 und V_2, ferngelenkte Raketen, durchaus fehlbar waren. Auch hierbei hatten Antifaschisten dazu beigetragen, daß der Plan, England mit V-Waffen »friedenswillig« zu machen, Wunschdenken blieb. In viele der Geschosse waren defekte Teile eingebaut worden, so daß sie ihr Ziel nicht erreichten. Zudem hatten polnische Partisanen von Arbeitern in Peenemünde, wo die streng geheim gehaltene Produktionsstätte lag, entsprechende Informationen erhalten und dies über Funk nach London weitergegeben. Im August 1943 wurde Peenemünde von der *Royal Air Force* bombardiert. Danach bezog die Raketenproduktion unterirdische Fabriken. Mit dem »großen Schlag« war es jedoch vorbei.

Hitler und seine Paladine begannen nun Pläne für den Übergang in ein Deutschland ohne »Endsieg« zu schmieden. Eine Geheimkonferenz von führenden Vertretern der Industrie, des Rüstungsministeriums und der Nazipartei folgte der anderen. Die bekannteste davon ist wohl jene, die am 10. August 1944 im *Maison rouge* von Strasbourg stattfand. Hier ging es um das Überleben der »nationalsozialistischen Bewegung« und ihrer Führer sowie der deutschen Industrie, um das Untertauchen der Kriegsverbrecher, um die Vorbereitung des Untergrundes, aus dem man eines Tages wieder aufzutauchen gedachte.

Dazu aber war Geld nötig, »hartes Geld« wie eben Pfund Sterling und – US-Dollars. So erging noch Ende 1944 an das Fälscherkommando von Sachsenhausen, *des Teufels Werkstatt*, wie sie Adolf Burger nennt, der Befehl, die Produktion von Dollars aufzunehmen. Nach 250 von den Häftlingen immer wieder sabotierten Versuchen lagen Anfang Januar 1945 die ersten 24 gefälschten Hundertdollarnoten vor, Fälschungen von höchster Perfektion.

Doch es war bereits zu spät. Die Produktion lief zwar an, mußte aber bald abgebrochen werden; denn die Sowjetarmee war der »Reichshauptstadt« und damit auch dem etwa 30 km nördlich von ihr gelegenen KZ Sachsenhausen bedrohlich nahegerückt. Ende Februar wird Block 18/19 geräumt. Anthony Pirie, der sich auf Ermittlungen des *Secret Service* beruft, gibt die Zahl der von den Nazis »emittierten« Hundertdollarnoten mit 5000 bis 6000 an.

Nun begann die gefährlichste Etappe für das Häftlingskommando, die Fahrt ins Ungewisse, an deren Ende der Tod der 140 Männer lauerte. Am 26. Februar 1945 verließ ein Sonderzug mit den Häftlingen und 16 Aufsehern, mit sargähnlichen Kisten, die etliche Zehntausend Pfundnoten enthielten, sowie mit den Ausrüstungen Sachsenhausen. »*Nicht ein einziger von uns machte sich große Hoffnungen, noch einmal lebend nach Hause zu kommen. Der einzige Unterschied lag nur darin, daß wir statt in Sachsenhausen nun irgendwo anders sterben sollten*«, schreibt Adolf Burger.

Die erste Station war das berüchtigte KZ Mauthausen, von wo es Ende März nach Redl-Zipf, einem Außenlager von Mauthausen, ging. Hier wurden die Kisten mit dem Falschgeld in unterirdische Stollen gelagert und die Ausrüstungen montiert. Am 1. Mai nahm man die Produktion wieder auf. Doch die *US-Army* stand bereits 25 km westlich vor dem Lager. An diesem Tag verabschiedet sich Fälscherboß Bernhard Krüger jovial von seinen »Jungs«: »spätestens in drei Wochen werdet ihr an meiner Stelle sein, und ich an eurer.«

Die SS-Schergen hatten es plötzlich mit der Angst zu tun. Noch konnten sie, die mit Maschinenpistolen Bewaffneten, den wehrlosen Häftlingen Befehle erteilen. Wohl gab es noch einen Mord: an dem erkrankten Häftling Susmann, doch diesmal nicht durch den sonst üblichen Genickschuß, sondern durch eine Injektion. Solcherart Hinrichtung ist lautlos, später kaum nachweisbar.

Am 3. Mai werden die Ausrüstungen zerstört, und die Odyssee der Häftlinge geht weiter. Endstation ist dann das KZ Ebensee, das bei der Ankunft der 139 schwer geprüften Männer bereits die weiße Fahne gehißt hatte.

Das Todeskommando von Block 18/19 war frei.

Einer von Julius Mader dokumentierten Aussage von George J. McNally, seinerzeit Major der *US-Army*, zufolge war Fälscherboß Krüger noch mit einem *Alfa Romeo* im Lager Redl-Zipf vorgefahren und hatte im Auftrag Himmlers verlangt, alle Spuren der Operation Bernhard zu tilgen, die Banknoten sowie das noch unbedruckte Banknotenpapier zu verbrennen, die Platten und Druckstöcke im Toplitzsee zu versenken, alle 140 Beteiligten der Operation Bernhard in das KZ Ebensee zu schaffen und dort umzubringen.

Die Frontlage verhinderte den teuflischen Plan.

Doch wie erging es den Leuten, die das Fälscherverbrechen initiiert und durchgeführt hatten? Das Genfer Abkommen war eindeutig in seiner Forderung, die Herstellung und den Vertrieb von Falschgeld jeglicher Art zu bestrafen. Wir wollen es kurz machen: Keiner von Himmlers Falschgeldverantwortlichen ist je bestraft worden. Alfred Naujocks kam 1946 in ein Lager für Kriegsverbrecher, aus dem er fliehen konnte. Er tauchte in Hamburg unter. Die Suche nach ihm wurde ebenso lasch betrieben wie nach seinen Komplizen Krüger und Höttl. Krüger tauchte als Kalkulator just in jener Papierfabrik in Dassel unter, die dem Fälscherkommando das Banknotenpapier geliefert hatte. Der *Secret Service* und *Interpol* gaben sich wohl nicht allzu große Mühe, den »Meisterfälscher« aufzutreiben. Im Jahre 1955 war das Geldfälscherverbrechen verjährt, und

Krüger konnte aus der Versenkung auftauchen. Am 3. Mai 1957 berichtete die Frankfurter Zeitung *Abendpost,* Bernhard Krüger habe sich beim Bundeskriminalamt als Falschgeldexperte beworben, sei aber abgelehnt worden. Krüger fand noch in den fünfziger Jahren eine Anstellung bei der *Standard-Electric-Lorenz AG* in Stuttgart.

Julius Mader hat zwar im Januar 1964 eine Anzeige gegen Krüger wegen mehrfachen Mordes an jüdischen KZ-Häftlingen an die Landesjustizverwaltung in Ludwigsburg übergeben. Doch wurde das lange hinausgezögerte Ermittlungsverfahren, das man dort »zuständigkeitshalber« der Stuttgarter Staatsanwaltschaft übergeben hatte, am 7. Mai 1965 »*mangels beweisbaren Tatverdachts eingestellt...*«.

Vielfach ist — wohl nicht zu Unrecht — vermutet worden, daß das massenhafte Auftauchen von Dollarblüten zumindest in der zweiten Hälfte der vierziger Jahre, möglicherweise aber auch später noch, das Werk untergetauchter SD-Leute gewesen sei. Denn anders als bei den Pfundnoten sind die Druckstöcke, die Klischees und die Formel für die Papierzusammensetzung nie gefunden worden. Beispielsweise hob die *Sureté* im Jahre 1949 auf Betreiben des *Secret Service* in Eguilles bei Marseille eine Falschgeldwerkstatt oder besser Falschgeldfabrik aus. Die Fälscher selbst waren gerade noch rechtzeitig gewarnt worden und hatten unter Mitnahme der Klischees und sicher auch größerer Mengen ihrer Produkte das Weite gesucht. Die Polizisten fanden immerhin noch den stolzen Vorrat von 243 Millionen Dollarblüten.

Einem anderen Hauptbeteiligten an dem Falschgeldverbrechen des SD, Sturmbannführer Wilhelm Höttl, war es vorbehalten, aus dem »Unternehmen Bernhard« einen unterhaltsamen »Tatsachenbericht«, nach dem Rezept »mehr Dichtung als Wahrheit«, zu verfassen.

Die Zusammenhänge um die Falschgeldverbrechen der Nazis waren in den vierziger und fünfziger Jahren der Öffentlichkeit noch weitgehend unbekannt. Sie hatten in den Kriegsverbrecherprozessen seinerzeit nur eine untergeordnete Rolle gespielt. Höttl behauptet in seinem »Tatsachenbericht«, die Alliierten hätten da bewußt die Bremse angelegt, weil England seinerseits gefälschte Lebensmittelkarten über Deutschland abgeworfen habe. Er, der nach eigenen Angaben damals »ewiger Zeuge« bei

Kriegsverbrecherprozessen gewesen ist, schreibt, ein amerikanischer Offizier habe ihm versichert, »die britische Anklagebehörde selbst habe die Amerikaner gebeten, die Fälschungsaffäre nicht mehr weiter zu verfolgen. Und Schellenberg wurde, wie er mir versicherte, bedeutet, daß das ›Unternehmen Bernhard‹ bis zum Tage der deutschen Kapitulation als erlaubte Kriegslist anzusehen sei.«

Noch in dem 1952 uraufgeführten bundesdeutschen Kriminalfilm *Die Spur führt nach Berlin,* in dem es um eine Dollarfälscherbande ging, hieß es, die Nazidollars seien damals im KZ Ebensee hergestellt worden, wofür man Kriminelle sowie dazu gezwungene Unbescholtene eingesetzt habe. Nun, die Produzenten des Films wußten es wohl nicht besser.

Wer es indes genau wußte, war Dr. Wilhelm Höttl oder, wie er sich als Autor des *Unternehmens Bernhard* nannte, Walter Hagen. Sorgfältig hatte er in dem dort abgebildeten Briefverkehr mit dem ehemaligen SD-Gruppenführer Walter Schellenberg[7] seinen echten Namen getilgt. Solchermaßen »entpersönlicht« glaubte Höttl nun, das Naziverbrechen in der Weise eines Mannes interpretieren zu können, für den das ganze das Abenteuer seines Lebens war. Über die 140 Häftlinge jüdischer Herkunft wußte er zu berichten: »*Krüger holte aus den Konzentrationslagern vorbestrafte Banknotenfälscher zusammen, die dort seit Kriegsbeginn in sogenannter Sicherheitsverwahrung gehalten wurden, ebenso wie andere Berufsverbrecher... So kam die praktische Durchführung des Unternehmens mehr und mehr in die Hände von professionellen Geldfälschern.*« Er selbst habe Krüger dazu veranlaßt, 12 besonders anstellige KZ-Häftlinge, darunter drei Juden, mit Kriegsverdienstkreuzen auszuzeichnen. Diese, rein erfundene, »Großtat« habe er dann vor dem gefürchteten Schlächter Kaltenbrunner[8] verantworten müssen, der habe jedoch zum Glück »einigen Humor« gehabt.

Höttl-Hagens Machwerk war der erwartete Erfolg be-

---

7 Schellenberg war in dem sogenannten Wilhelmstraßenprozeß 1949 wegen Verbrechens gegen die Menschlichkeit zu sechs Jahren Haft verurteilt worden, befand sich jedoch bereits im Dezember 1950 wieder auf freiem Fuß.

8 SS-Obergruppenführer Dr. Ernst Kaltenbrunner, seit 1942 Chef der Sicherheitspolizei und des SD, sorgte u. a. für den Polizeischutz des Falschgeldvertriebs. Als Hauptkriegsverbrecher 1946 hingerichtet.

schieden. Viele Presseorgane griffen seine Verleumdungen auf. Indes hatte sich der »unbescholtene Historiker« Hagen verrechnet, wenn er glaubte, in den einst mit hitlerstaatlichem Segen bestialisch gefolterten und dann zu Fälscherdiensten gezwungenen KZ-Häftlingen noch immer folgsame Schäfchen sehen zu dürfen. Hans Kurzweil strengte in Wien eine Verleumdungsklage an. Selbst Krüger sah sich am 23. August 1956 veranlaßt, eine eidesstattliche Erklärung zugunsten von Kurzweil und dessen einstigen Leidensgenossen abzugeben: »*Ich betone nachdrücklich, daß es sich bei diesen Häftlingen, von einer Ausnahme abgesehen, um keine kriminellen Elemente bzw. berufsmäßige Fälscher und Zuchthäusler gehandelt hat.*« Hatte der »Meisterfälscher« noch einen Rest Ehre im Leibe, fühlte sich vielleicht gar »seinen Leuten« von damals, die ihm immerhin zu einer, wenn auch zweifelhaften Reputation verholfen hatten, mehr verbunden als dem windigen Höttl? Der Grund für Krügers Aufrichtigkeit dürfte woanders liegen. Was er da eingestand, war ein längst offenkundiges Geheimnis. Peter Edel hatte bereits am 24. Januar 1948 dem *Office of Chief of Council for War Criminals* eine entsprechende schriftliche Erklärung zugestellt, die als Dokument Nr. NG 5508 in die Prozeßakten aufgenommen wurde. Es wurde im sogenannten Wilhelmstraßenprozeß (1948/49) nicht Gegenstand der Verhandlungen. Mit der »erlaubten Kriegslist« entfiel zunächst auch die Anklage wegen Mordes, zu der es in Edels Erklärung hieß: »*Schwerkranke durften, selbst wenn Heilungsmöglichkeit bestand, nicht in den Krankenbau gebracht werden. Sie wurden im Waschraum isoliert gehalten und, wenn das nicht half, liquidiert, das heißt umgebracht.*« Hans Kurzweil gewann den Prozeß im Namen seiner Leidensgenossen und damit wenigstens ein winziges Stück von dem, was sie im Rahmen der von dem Nachfolgestaat des »Dritten Reichs« so viel zitierten und selbstgepriesenen Wiedergutmachung hätten erwarten dürfen.

Im Fälscherkommando von Sachsenhausen hatte es nur einen einzigen professionellen Geldfälscher gegeben: Salomon Smolianoff, den aus Rußland stammenden »Weltbürger«, wie ihn Adolf Burger nennt. Er hatte in den dreißiger Jahren Pfund-Sterling-Noten gefälscht und in Persien in Umlauf gesetzt. Ein deutsches Gericht verurteilte ihn zu

einer mehrjährigen Zuchthausstrafe, nach deren Verbü-
ßung er im KZ Mauthausen landete. Von dort ließ ihn Krüger Anfang 1944 in den Fälscherblock von Sachsenhausen
bringen. Burger beschreibt, wie sehnsüchtig Krüger den
»größten und erfahrensten Fälscher aller Zeiten« erwartet
hat und den rundlichen kleinen Endvierziger bei dessen
Ankunft sogar umarmte. Er wird uns als guter, wenn auch
etwas zu arbeitsbesessener Kamerad geschildert, und
seine Leidensgenossen hatten bei der sorgsamen und
schnellen Arbeit Smolianoffs alle Mühe, die Produktion zu
verzögern. Salomon Smolianoff gehörte schließlich zu den
wenigen Angehörigen des Fälscherkommandos von
Sachsenhausen, die in den Genuß eines »Wiedergutma-
chungsbetrages« kamen. Mit diesem Geld soll er sich in
Brasilien eine Existenz aufgebaut haben.

Der Reinfall des Meisterspions

Es ist unangenehm kalt an jenem 23. Dezember 1970.
Nürnbergs Bürger machen die letzten Weihnachtsein-
käufe. Die Presse schreibt von einem guten Geschäft. Von
jenem schlichten Ereignis auf einem der Nürnberger
Friedhöfe erfährt der Leser erst später. Die Trauergemeinde dort ist ungewöhnlich klein; niemand von den einstigen Freunden hat sich eingefunden. Aber hat er überhaupt Freude gehabt, dieser Elyesa Bazna, der in den Akten des SD den Namen »Cicero« führte?
Daß Cicero im Dienst des SD gestanden hatte, war wohl
kaum die Erklärung dafür, daß ihn die Freunde vergessen
hatten. Schließlich war es schon Tradition, »alte Kameraden« mit viel Pomp und nostalgischen Reminiszenzen an
Deutschlands Größe und Herrlichkeit zu verabschieden.
Und Elyesa Bazna, alias Cicero, war immerhin ein Mann
gewesen, dem die Boulevardpresse und so mancher
Pseudoliterat nach dem Kriege den Titel »Deutschlands
Meisterspion Nr. 1« zugestanden hatten.
Bazna, damals Kammerdiener des britischen Botschafters
in der Türkei, Sir Hughe Knatchbull-Hugessen, hatte sich
mit Nachschlüsseln Zugang zu den Top-Secret-Dokumen-
ten des Botschafters beschafft, diese mit einer Leica-Ka-
mera abfotografiert und Ende Oktober 1943 mit Ludwig
Moyzisch, dem SD-Agenten an der deutschen Gesandt-

schaft in Ankara, Verbindung aufgenommen. Für etwa 50 solcher Fotos soll er 20 000 Pfund Sterling bekommen haben. Die Dokumente wiesen nach, daß die Türkei angesichts der drohenden Niederlage Hitlerdeutschlands im Begriff war, ihre neutrale Haltung aufzugeben und sich den Alliierten zuzuwenden.

Im Dezember 1943 verkauft Cicero dem SD Kopien der Protokolle von den Konferenzen der Alliierten in Kairo und Teheran sowie schließlich von dem beabsichtigten Bombenangriff der Alliierten auf Sofia (14. Januar 1944), den sich Reichsaußenminister Joachim von Ribbentrop, der noch immer an Ciceros Angaben zweifelte, als Prüfstein für die Echtheit der Informationen auserkor. Der »Prüfstein« kostete über 4000 Menschen das Leben. Nun war Ribbentrop überzeugt. Am 24. Februar 1944 erging ein persönliches Schreiben des Herrn Reichsaußenministers an die Direktion der Reichsbank, in dem es hieß: »*Ich bitte, dem SD über den Leiter der Gruppe Inland II für ›Cicero‹-Zwecke den einmaligen Betrag von 250 000 Mark in Gold zu zahlen.*«[9] Das Gold stammte aus dem Reptilienfonds Ribbentrops für dessen fünfte Kolonne (etwa 10 t Gold, überwiegend aus den Beständen der belgischen Staatsreserve geraubt). Moyzisch hat indes bereits für frühere Zahlungen an seinen Agenten Falschgeld aus Sachsenhausen gezahlt, das dieser vertrauensselig kassierte. Und so verschwand das Gold aus Ribbentrops Reptilienfonds in den unergründlichen Kanälen seiner Vasallen. Cicero strich auch diesmal mit dankbarem Lächeln den Lohn für seine Dienste ein: Noten aus der Produktion von Sachsenhausen.

Cicero setzte sich mit einem vermeintlichen Vermögen von 300 000 Pfund Sterling nach Südamerika ab. Doch der »Meisterspion« kam zu spät. Inzwischen hatte die Bank von England die internationale Finanzwelt alarmiert. Elyesa Bazna, im Begriff, mit seinem Agentenlohn ein Luxushotel zu errichten, mußte sich erklären lassen, daß sein Geld keinen Pfifferling wert war. Moyzisch hatte ihn offenbar mit Blüten der zweiten oder dritten Güteklasse »entlohnt«. Andererseits hatte Oskar Skála bereits Anfang Mai 1945 einer anglo-amerikanischen Untersuchungskommission seine geheimen Aufzeichnungen

9 Vgl. Kempner, Robert M. W.: Das Dritte Reich im Kreuzverhör. München/Esslingen 1969, S. 292. Zitiert bei J. Mader, a.a.O.

über die Seriennummern und die Stückelung der Falschgeldnoten übergeben und ihr darüber hinaus die typischen
Fehler jeder Serie markiert. Verbittert kehrte Bazna in die
Heimat zurück, um in der Altstadt von Istanbul ein weitaus
bescheideneres Leben zu fristen, als er es sich einst erträumt hatte.

Im Jahre 1961 taucht Bazna plötzlich in der BRD auf. Er hat
erfahren, daß sich die Bundesrepublik Deutschland als
Nachfolgeinstitution des »Dritten Reichs« versteht und
mit Pensionen für aktive Nazis nicht spart. Er verklagt die
BRD, ohne Erfolg. Doch Presseorgane zahlen recht gut für
seine Memoiren. Und er hat wiederholt Revision eingelegt gegen das ihm unverständliche Urteil. Sein Tod Ende
Dezember 1970 war für die bundesdeutsche Justiz eine
Erlösung.

Elyesa Bazna war nicht der einzige Agent, den die faschistischen Auftraggeber mit Falschgeld betrogen. Julius
Mader schildert in seinem Dokumentarbericht *Der Banditenschatz* das Schicksal weiterer SD-Agenten, die mit
Banknoten aus Sachsenhausens Geldfabrik bezahlt wurden.

Die Millionen aus der Fälscherfabrik von Sachsenhausen
haben nach Kriegsende geholfen, so manche dubiose Existenz zu begründen. Die weitaus größte Menge der Er-
zeugnisse aus dieser Fabrik hatte man jedoch in einem
recht originellen Geheimdepot untergebracht.

Das Geheimnis des Toplitzsees

Der im Salzkammergut, in rund 22 km Luftlinie südlich von
Ebensee gelegene Toplitzsee gehört zu den kleinsten stehenden Gewässern dieser Region. Er ist nur etwa 2 km
lang und bis zu 400 m breit. Doch ist der inmitten hochauf-
ragender Gebirgswände liegende See verhältnismäßig
tief: Die tiefste Stelle mißt 103 m.

Es war in den ersten Maitagen des so schicksalsträchtigen Jahres 1945, als ein Fischer ein Stück Papier erblickte,
das da vor seinem Boot schwamm. Er kescherte es heraus und erkannte, daß es sich wohl um eine ausländische Banknote handeln müsse. Am nächsten Tag brachte
er den getrockneten Geldschein zur Bank in Bad Aussee
und erhielt dafür anstandslos einen größeren Betrag in

österreichischen Schillingen. Es war eine britische 20-Pfund-Note. Nun beschloß der auf so unerwartete Weise zu Geld gekommene Mann, die »Pfundstelle« näher in Augenschein zu nehmen, und er hatte Erfolg. Erst als der Fischer zum dritten- und viertenmal bei der Bank erschien, wurde man stutzig. Schließlich erwarteten ihn zwei Offiziere der *US-Army* am Schalter, und der gute Mann mußte das Geheimnis seines plötzlichen Reichtums preisgeben.

Die Presse griff die »Sensation« auf, und bald wurde offenkundig, daß der SD den Toplitzsee zu seinem Geheimdepot erkoren hatte. Man munkelte auch von Gold, dem sogenannten Nibelungenschatz der SS.

Inzwischen war auch das Hauptquartier der anglo-amerikanischen Truppen in Frankfurt/Main alarmiert worden. Bereits im KZ Ebensee hatten befreite Häftlinge des Fälscherkommandos den Amerikanern über ihr Schicksal berichtet. Doch hatten sie keine Ahnung, wohin die sargähnlichen Kisten mit dem Falschgeld verschleppt worden waren. Etwa zur gleichen Zeit funkte ein amerikanischer Offizier aus dem Ausseer Land nach Frankfurt, er habe einen deutschen Lkw erbeutet, der Kisten mit Pfund-Sterling-Noten geladen habe. Major George McNally, ein erfahrener Falschgeldexperte, begab sich unverzüglich nach Bad Aussee, um die Spuren zu sichern und weiterzuverfolgen. Die Ladung des Lkw bestand aus 23 Kisten mit insgesamt 21 Millionen Pfund Sterling. Der Fund des Fischers lieferte dann den endgültigen Beweis für den Verbleib des Nazi-Falschgeldschatzes. Nun kamen auch weitere Hinweise aus der Bevölkerung. Man habe beobachtet, wie Hunderte von Kisten in den Toplitzsee versenkt worden seien. Eine Tauchergruppe der *US-Navy* begab sich ans Werk. Doch nicht lange. Als einer der Froschmänner nur noch tot geborgen werden konnte, wurde das Tauchunternehmen abgeblasen. Er war der erste von acht Männern, die bei Versuchen, die versenkten Kisten zu bergen, bis 1963 auf geheimnisvolle Weise ums Leben kamen.

Das Geheimnis des »Mördersees« wurde indes bereits im Sommer 1959 gelüftet. Ein Team der bundesdeutschen Illustrierten *Stern* hatte damals eine fünfwöchige Taucherlizenz erworben. Es brachte mehrere Kisten mit insgesamt 55000 Pfundnoten zutage, aber auch solche mit Geheimakten des Reichssicherheitshauptamtes. Anonyme Drohbriefe ließen es daraufhin der Redaktion des *Stern* ratsam erscheinen, das Unternehmen zwei Wochen vor Ablauf der Lizenz abzubrechen. Den geheimen Nachfolgeorganisationen des SD, die in vielen westlichen Ländern etabliert sind, war es so gar nicht recht, daß sich da ein paar Schnüffler anschickten, »Geheime Reichssachen« in die Öffentlichkeit zu tragen, die die Vergangenheit so manches bis dahin unbescholtenen Erfolgsbürgers in gar zu schlechtes Licht gerückt hätten.

Im Jahre 1963 erhielt der Österreicher Albrecht Gaiswinkler, ein ehemaliger Partisan, der sich um eine Bergungslizenz für den Toplitzsee beworben hatte, Morddrohungen einer internationalen neofaschistischen Organisation mit dem bezeichnenden Namen *Spinne*. Gleiche Drohungen ergingen offenbar an die für die Lizenz zuständige Regierung des Bundeslandes Steiermark in Graz. Sie verweigerte die Suchlizenz.

Auch in den späteren Jahren hat es noch Tauchversuche im Toplitzsee gegeben, bei denen jedoch immer wieder die lenkende oder störende Hand eines dubiosen Herrn Schmied zu spüren war, des hochgelehrten Professors für Wirtschafts- und Verwaltungskunde und einst ebenso hochdotierten Nazis: Professor Dr. Schmied war Standartenführer des SD. Bis Dezember 1964 war der »unbescholtene« Mann Direktor eines Industrieunternehmens in Wien.

Den – wenigstens vorläufigen – Schlußpunkt setzte im Herbst 1984 ein gewisser Hans Fricke. Über sein Unternehmen wußte die *Neue Ruhr-Zeitung* am 15. November 1984 zu berichten: »*Der deutsche Forscher Hans Fricke entdeckte die Pfundnoten in rund 80 Meter Tiefe mit seinem Mini-U-Boot.*

Nach Frickes Worten hat das Falschgeld, mit dem die Nationalsozialisten die britische Währung schwächen wollten, einen hohen wissenschaftlichen Wert. ›Der Fund ist einmalig. Noch nie konnte die Wissenschaft Papier, also Zellulose, untersuchen, die jahrzehntelang unter Bedingungen wie im Toplitzsee gelagert war.‹

Das Wasser in der Tiefe hat keinen Sauerstoff, und an ersten Proben konnten bisher unbekannte Bakterien an den Geldscheinen entdeckt werden, die sich von der Zellulose ernährt haben müßten. Darüber hinaus sind die aufgeweichten Noten noch in einem erstaunlich guten Zu-

stand.« Die Zeitung berichtet noch von Minen und Wrack-teilen, die bereits gehoben seien, sowie von V-1- und V-2-Raketen samt Unterwasserabschußrampen, die Pioniere des österreichischen Heeres zu bergen gedenken. Von Geheimakten des RSHA war kein Wort mehr, obgleich die Blechkisten doch keineswegs in Rost zerfallen sein kön-nen; ohne Sauerstoff geht das wohl schlecht.

Im Sommer 1985 strahlte das bundesdeutsche Fernse-hen dann noch Frickes Film aus: mit dem gleichen Kom-mentar. Die Sache mit den RSHA-Akten war nach wie vor zu heiß, niemand wollte sich die Finger verbrennen.

Travellerschecks für Palästina

Paris im Januar 1947. Die Spuren der Okkupation durch faschistische Truppen sind noch allenthalben spürbar. Die *Vierte Republik* ist erst gut zwei Jahre alt.

Das Leben in Frankreichs Metropole gleicht in vieler Hinsicht dem in anderen europäischen Hauptstädten, wenn es auch nicht unter dem trostlosen Eindruck riesiger Ruinenfelder wie etwa in Warschau, Berlin oder Budapest wieder zu pulsieren beginnt. Alle lebenswichtigen Güter sind rationiert. Der französische Franc gilt nicht viel auf dem Markt, obgleich es dem »kleinen Mann auf der Straße« auch daran mangelt. Der Kurs des Franc zum Dollar beträgt etwa 200 : 1. Was die Händler in den hübschen kleinen Läden der einst von quirlendem Leben erfüllten Geschäftsstraßen vom Montmartre oder anderswo anzubieten haben, ist rationierte Ware oder wenig gefragter Tand. Die meisten Geschäfte sind ohnehin noch geschlossen. Aus den einst so vornehmen, gepflegte Gastlichkeit versprechenden Hotels und Restaurants hört man kaum noch französische Chansons; Glenn-Miller-Melodien, Jazz und Boogie-Woogie beherrschen die Szenerie der Unterhaltungskultur.

Zu dem neuen »Lebensgefühl« gehört auch der schwarze Markt, auf dem alles zu haben ist. Man tauscht Brillantkolliers, Goldschmuck, Perserteppiche gegen Lebens- und Genußmittel. Man wechselt amerikanische Dollars zum Schwarzmarktkurs von 250 und mehr Franc. Die Arbeitslosigkeit zählt zu den schlimmsten Folgen des Krieges. Auch viele von jenen, die sich während der Okkupation der Résistance angeschlossen hatten, sehen sich nun für ihre lebensgefährliche patriotische Pflichterfüllung schlecht belohnt. So mancher Unbescholtene stößt in jenen Jahren der allgemeinen Nachkriegsnot zu dem wachsenden Heer der Fälscher, deren Produkte auf dem schwarzen Markt reißenden Absatz finden.

Gefälscht wird so ziemlich alles, was gefragt ist: US-Dollars, Schweizer Franken, Lebensmittelkarten und Bezugscheine. Das ist noch das Metier der erfahrenen, anspruchsvollen Profis. Andere bieten mit Lehm gefüllte Konservenbüchsen als amerikanisches Corned beef, Zigaretten der Marke »Bahndamm« oder »Kirschbaum« in geschickt regenerierten amerikanischen Packungen als »Lucky strike« oder »Camel« an. Nur eines wird kaum gefälscht: der französische Franc. Für dieses entwertete Geld lohnt sich das Risiko nicht, denn dem überführten Sünder droht im härtesten Falle lebenslängliches Zuchthaus.

Zur Ehre jener, die ihr Fälschergeschick einst in den Dienst der Résistance gestellt hatten, sei jedoch vermerkt, daß nicht sie es waren, die das ganz große Geschäft betrieben. Denn das verlangt erfahrene Strategen, Leute mit ausgeprägtem Geschäftssinn, die nicht nur das Fälschen selbst, sondern auch die Verteilung in großem Ausmaß zu organisieren vermögen. Und die Männer, die in den ersten Nachkriegsjahren solchen Geschäftssinn in bares Geld umzusetzen bereit waren, wußten auch, daß da in ganz Frankreich viel Fälschertechnik aus den Zeiten der Résistance brachlag und viele »Experten« nach Arbeit suchten.

Zu jenen »Großen«, die sich einst damit brüsten konnten, die Seele so manchen dubiosen Geschäfts gewesen zu sein, gehörte auch Zbigniew Poslawski, Exilpole, ein Endvierziger mit leicht ergrautem Haar, von Beruf Kellner. Zbigniew war in den zwanziger Jahren in Hotelrestaurants einer geordneten Arbeit nachgegangen. Er hatte dort die große Gesellschaft kennengelernt, auch so manches gute Bakschisch für »besondere Leistungen« eingesteckt und nicht schlecht gelebt. Aber jene, vor denen er dienern mußte, lebten halt besser.

Zbigniew haderte nicht lange mit dem Schicksal und suchte sich eine Stellung, die seinen Fähigkeiten bessere Entfaltungsmöglichkeiten bot: Er legte Bomben, schaffte so manchem biederen Geschäftsmann unliebsame Konkurrenten vom Hals und war bald ein gefragter Experte der Unterwelt. Der Krieg unterbrach dann seine Karriere. Und auch jetzt noch, im Januar 1947, war er beschäftigungslos.

Am Vormittag des 17. Januar sitzt Zbigniew Poslawski am Fenster seiner mehr schlecht als recht möblierten Mietwohnung, blättert in der neuesten Ausgabe einer Boulevardzeitung und entdeckt so sensationelle Neuigkeiten, wie die, daß die Röcke der Damen kürzer werden, Aga Khan III. in Bombay einen pompösen Geburtstag gefeiert und die Gattin eines Ministers die Scheidung beantragt habe.

Kurz vor Mittag erscheint der erwartete Besucher, ein Mann Anfang der dreißiger, den Zbigniew erst seit ein paar Tagen kennt und von dem er sich einiges verspricht. Er nennt sich Jolly, und niemand in Paris scheint seinen richtigen Vor- und Familiennamen zu kennen. Schon das war für Zbigniew ein Indiz, es mit dem richtigen Partner zu tun zu haben. Jolly trägt einen Ulster, der den guten Schneider verrät, die schillernde Krawatte mit der nackten Dame weist ihn als Bohemien und der Cowboyhut als Amerikaner aus. Ansonsten unterscheidet Jolly nicht viel von seinem Gastgeber, wenn man von einem gefälschten Paß absieht, der ihn in den Stand eines Rauchwaren- und Teppichhändlers erhebt. Jedenfalls sind beide so ziemlich »abgebrannt«.

Jolly spricht ein miserables Französisch, Zbigniew dafür um so besser Englisch, und so kommt man gut zurecht bei dem nun folgenden Gespräch, das sich um weltpolitische Ereignisse, konkret um die Lage im Nahen Osten dreht. Dort gehe es um das nationale Existenzrecht der Juden. Überall in der Welt seien zionistische Organisationen entstanden, und in dieser Zeit habe jeder rechtens denkende Mann die moralische Pflicht, den Juden in Palästina alle erdenkliche Hilfe zu bieten. Zbigniew ist getaufter Katholik, Jolly Quäker, beide haben seit ihrer Kindheit keine Kirche mehr von innen gesehen.

Dann geht man ins Detail. Da gebe es noch riesige Waffenlager aus amerikanischen und deutschen Heeresbeständen. Man könnte, ja man sei moralisch verpflichtet, die auf den Weg nach Palästina zu bringen. »Gegen entsprechendes Salair natürlich«, betont Jolly mit einem breiten Grinsen, und er setzt hinzu, daß er über alle notwendigen Verbindungen verfüge, um dem toten Heereskapital das Wandern beizubringen.

Zbigniew hat da noch einige jüdische Bekannte aus der Zeit vor dem Krieg. Die würden gern ein paar Scheine anlegen, um ihren Brüdern und Schwestern in Palästina zu helfen. Doch beide sind sich einig, daß dies nur das bescheidene Anfangskapital für ein lukratives Zwischenunternehmen sein könne, um dann das ganz große Waffengeschäft anzukurbeln. Und so wird an jenem Januartag des Jahres 1947 der Plan zu einem Fälschergeschäft ausgeheckt, das über zwei Jahre lang nicht nur die *Sureté* beschäftigen sollte. Man beschließt, Travellerschecks der *American Express Company* (AMEXCO) zu fälschen.

Solche heute in fast allen Ländern ausgegebenen Reiseschecks sind Kreditschuldscheine und zugleich Umlaufmittel. Im Vergleich zum Bargeld bieten sie eine gewisse Diebstahlsicherheit; denn wer sie bei einer Filiale der AMEXCO oder eines Reisebüros bzw. bei einer Bank erwirbt, muß sie in der linken oberen Ecke unterzeichnen. Will man sie dann im Reiseland bei einer Bank, in einem Hotel oder Geschäft einlösen, verlangt der Empfänger die Gegenzeichnung, meist unter Vorlage des Personaldokuments. Ein großer Teil aller Reisescheckbetrügereien wurde damals jedoch durch die Annahme von vorher gegengezeichneten Schecks begünstigt.

Eine Woche nach der schicksalsträchtigen Unterredung in Poslawskis Mietwohnung steht Jolly vor dem Schalter der AMEXCO-Filiale in der *Rue Scribe* und kauft ein Heft mit 10 Hundert-Dollar-Schecks. Der Angestellte hinter dem Schalter verfolgt die Schreibübungen des Amerikaners kaum, und so hat Jolly keine Mühe, zwei Schecks zu überblättern.

Der Anfang ist gemacht mit den zwei nicht unterzeichneten Schecks. Zbigniew bleibt unterdes nicht müßig. Er hat ausgezeichnete Verbindungen zur Pariser Unterwelt. Da ist Daniel Bernheim, ein Mann, der schon früh auf die schiefe Bahn gekommen war und sich beklagte, die besten Haare auf seinem Kopf hinter Gittern verloren zu haben. Er war erst Anfang der dreißiger, kannte jedoch die ganze einschlägige Unterwelt. Daniel ist sofort von dem Palästina-Plan begeistert und schleppt weitere Leute heran: Jean, den schweigsamen Setzer, der im Fälschergeschäft nicht unerfahren ist, und schließlich Albert, der das Herzstück des ganzen Unternehmens »anschafft«: Henri Perrier, einen breitschultrigen Endvierziger mit stark gelichtetem, schmutzig-blondem Haar. Perrier ist ein Grobian, der seine eingeschlagene Nase als Reverenz für finstere Unternehmungen aller Art betrachtet. Und Henri Perrier hat sich dieser Reverenz bisher meist als würdig erweisen können, obgleich sein Strafregister respektabel aussieht. Jedenfalls ist er der Mann, den die »Kämpfer für Palästina« brauchen: Perrier gilt als Experte für die Organisation von Fälscherunternehmungen großen Stils.

Um den 15. März 1947 kommt es zur ersten Konferenz des Teams in Poslawskis Wohnung, einem dürftig eingerichteten Appartement, in dem nicht einmal die Stühle reichen, um allen Gästen Platz zu bieten. Zbigniew Poslawski hat eine Flasche Cognac aufgetrieben und hält erst einmal eine schwülstige Rede über die politische Weltlage im allgemeinen und die Schwierigkeiten im Mittleren Osten speziell. Das jetzt geplante Unternehmen sei nur eine unverzichtbare Zwischenetappe auf dem Wege zur Erfüllung einer ebenso patriotischen wie kosmopolitischen Pflicht...

Perrier hat sich den Sermon zwei oder drei Minuten angehört, als dann jedoch Bernheim sogar noch Beifall klatschte, wird ihm das ganze zu viel: »Hör auf mit dem blöden Gequassel und hau ab, auch du, Jean, du säufst zu viel. Ich mache Geschäfte mit Männern, nicht mit Waschlappen und Säufern.« Das bullige Gesicht Perriers ist zu einer Grimasse erstarrt, die verheißt, daß jeder Widerspruch sinnlos wäre. Jolly fingert einen der beiden Schecks aus seiner Brieftasche und überreicht ihn schweigend dem »Meister«. Der prüft ihn kurz und nennt ohne weitere Vorreden seinen Preis: 750 000 Francs, ein Drittel sofort, das zweite Drittel auf Abruf, wenn der Papierkauf fällig werde, und der Rest, wenn das erste Bündel fertiger Travellerschecks die Druckerei verlassen habe. »Alles andere ist eure Sache, das geht mich nichts mehr an.« Mit diesen Worten empfiehlt sich der *Maître de plaisier*, die »Kämpfer« in schweren Sorgen um die Aufbringung der zweiten Rate zurücklassend.

Jolly und Poslawski setzten die Suche nach Geldgebern fort, vor allem in jüdischen und ihnen nahe stehenden Kreisen. Die meisten Adressen aus Poslawskis Notizbüchern erweisen sich als Nullen. Die Geschäftshäuser existieren nicht mehr, ihre einstigen Besitzer sind von den deutschen Okkupanten umgebracht, deportiert oder aber völlig ausgeraubt worden. Schließlich findet man doch noch den Idealisten, den keiner zuvor je gekannt hat: Alphonse Loup aus Nizza, der dort eine kleine Fabrik für »Bürsten aller Art« unterhält.

Alphonse Loup ist den weltpolitischen Ergüssen Poslawskis weit zugänglicher als Perrier und verlangt nur, daß man bei der großen Aktion seine Bürsten nicht vergessen solle. Erst das mache ihn zum überzeugten Zionisten. Und Alphonse Loup reicht 160 000 Francs sowie einen »garantiert echten« goldgefaßten Brillanten herüber

Natürlich ist der Brillant falsch, doch Perrier akzeptiert ihn.

Die Presse im Barkeller

Henri Perrier ist ein Ehrenmann, jedenfalls eilt ihm ein solcher Ruf in Ganovenkreisen voraus. So ganz eindeutig ist der allerdings nicht, und der »Meister« hat auch mehr im Kalkül, als einer Handvoll Anfängern die Dreckarbeit zu machen. Vorerst setzt er jedoch alle Hebel in Bewegung, um das Geschäft in Gang zu bringen: Ein Graveur muß her, ein Drucker und schließlich die erforderliche Technik – eine Presse.

Den Graveur findet Perrier in Michel Suty, dem früheren Zellengenossen eines Bekannten. Suty ist sehr entgegenkommend, lächelnd prüft er den Scheck, nickt ein paarmal und reicht ihn Perrier zurück: »Geht nicht.« Perrier glaubt nicht recht gehört zu haben, das ständige Grinsen des menjoubewehrten Lausbubengesichts irritiert ihn ohnehin. »Es ist das Wasserzeichen, Monsieur, das läßt sich nicht nachmachen, und sonst wird das ganze Pfusch. Ich kann da nicht mitmachen.«

Perrier ist nicht der Mann, den die erste Pleite entmutigt. Und so erhält er schließlich die Adresse eines gewissen Pierre Janin, der während der Okkupationszeit Hunderte von Dokumenten gefälscht und damit so manchem das Leben gerettet hatte. Janin ist nicht vorbestraft. Wie es Perrier gelingt, den lebhaften kleinen Mann anzuwerben, hat man nie ergründen können. Pierre Janin ist das »Genie«, das durch ein spezielles, nur ihm bekanntes Verfahren Wasserzeichen so nachmachen kann, daß dem ungeschulten Auge die Fälschung verborgen bleibt.

Nun bleibt nur noch die Technik. Auch die findet man schließlich in Gestalt einer Offsetpresse US-amerikanischer Herkunft, die gleich nach Kriegsende von einer staatlichen Institution gekauft, aber nie dort angekommen war. Sie war »fehlgeleitet« worden. Ob Ganovenkreise dabei eine Rolle gespielt haben, ließ sich später nicht mehr herausfinden. Jedenfalls ist der Mann, in dessen Hauskeller die nagelneue Presse im Dornröschenschlaf liegt, bereit, sie für eine angemessene Gebühr zu verleihen.

Ende Mai 1947 ist es schließlich soweit. Im Keller eines Lebensmittelgeschäfts mit Barbetrieb am Rande von Paris, den die Bande für drei Wochen gemietet hat, wird die Presse installiert. Wenig später kommen die Papierrollen. Michel Suty hat inzwischen die vier Druckplatten fertiggestellt. In den folgenden drei Wochen arbeitet die Offsetpresse jede Nacht, während oben, in der Bar, Boogie-Woogie-Rhythmen das Klopfgeräusch übertönen. Die Männer im Keller achten genau auf die Geräusche da oben und lassen die Arbeit ruhen, sobald die Kapelle in der Bar Pause macht.

Am 19. Juni wird die Produktion eingestellt und die Presse abgeholt. 6000 Schecks zu je 100 Dollar werden in den Kofferraum von zwei Pkw verladen und in den Lagerraum eines Putzwarengeschäfts gebracht, das der Geliebten von Alphonse Loup, des Bürstenmachers aus Nizza, gehört. Und dort taucht einen Tag später auch Henri Perrier auf, um seine letzte Rate einzutreiben. Jolly empfängt ihn und erklärt, er sei »nicht flüssig«. Perrier reißt, ohne ein Wort an den »windigen Amerikaner« zu verlieren, einen Packen auf, zählt 1000 Schecks ab, steckt sie in seine Reisetasche und verläßt ebenso wortlos das Etablissement. Bei einer Schwarzmarktpreisrate von 250 Franc je Dollar war das ein guter Schnitt. Jetzt aber begann das, was alle Geldfälscher als die schwierigste Phase betrachten: die Probe auf das Exempel, die Verteilung der gefälschten Schecks.

Wettlauf mit der Polizei

Am 21. Juni fliegen Bernheim und Jolly nach Antwerpen, um dort sowie in Brüssel einen Teil der Schecks auf den Markt zu bringen. Natürlich nicht *en detail*, sondern *en gros*, denn längst hat man auch für ein entsprechendes Vertriebsnetz gesorgt. Die Handelsspanne von 30 bis 50 Prozent ist einkalkuliert. Der Großhändler läuft relativ wenig Gefahr, ertappt zu werden, während das Geschäftsrisiko der Hehler und ihres Heeres von Dealern sehr hoch ist. Der kleine Dealer ist bei relativ geringem Salair am meisten gefährdet, gefaßt zu werden.

Eile ist geboten. Die Masse der heißen Ware muß untergebracht werden, bevor die Polizei zu Gegenmaßnahmen greift. Auf dem schwarzen Markt von Paris werden die falschen »AMEXCOs« täglich zu Dutzenden verkauft.

Am 19. Juni 1947 hatten die Falschgeldbündel die Druckerei im Keller des Lebensmittelgeschäfts mit Barbetrieb verlassen. Noch am selben Tag erhielt Mr. M. I. Soederlund, der Chef der Detektivabteilung der *American Express Company* in Europa, die Nachricht, daß ein gefälschter Reisescheck im Nennwert von 100 Dollar aufgetaucht sei. In den folgenden Tagen häufen sich die Meldungen: aus Nizza, Brüssel und auch aus Paris, wo ein unerfahrener Schwarzhändler ausgerechnet einen Beamten der *Sureté* als Käufer erkoren hat. Mr. Soederlund weiß die Anstrengungen der Fälscherbande durchaus zu würdigen. Nach stundenlanger Untersuchung der gefälschten Schecks kabelt er nach New York: »Hervorragende Arbeit..., Farben etwas blaß, Wasserzeichen und Planchetten aufgedruckt, die Seriennummern etwas zu dunkel.«

Anfang Juli greift Emile Benhamou, ein drahtiger kleiner Algerier, der bei der *Sureté Nationale* den Rang eines Hauptkommissars bekleidet, im Zusammenwirken mit Hauptkommissar Louis Poirier von der Pariser Polizei zu energischen Maßnahmen. Poirier ist das ganze Gegenteil von Benhamou: ein schnurrbärtiger Koloß mit etwas täppischen Bewegungen. Was beide indes vereint, ist ihre Spürnase, die sich stets bewährt hat, wenn es sich um schier unlösbare Fälle handelte. Und beide sind Falschgeldexperten schon seit der Vorkriegszeit. Zu ihnen gesellen sich Untersuchungsrichter Marcel Frapier und M. I. Soederlund.

Zunächst alarmiert man die Filialen der *International Criminal Police Commission* (Interpol) in ganz Westeuropa. Dann wird die Presse einbezogen, um die Öffentlichkeit vor den falschen Schecks zu warnen.

Bald treffen bei der *Sureté Nationale* Meldungen aus der Schweiz, Belgien, Westdeutschland, Skandinavien, Österreich, ja selbst aus der Tschechoslowakei ein, daß dort falsche Schecks der AMEXCO aufgetaucht seien. Am 3. Juli gelangen 20 falsche Schecks in eine New-Yorker Girobank, ihre Spur kann bis auf den Piloten eines Transatlantikflugzeuges zurückverfolgt werden, dann reißt sie ab; auf dem Pariser Schwarzmarkt ist Endstation. Dort pflegt man sich nicht auszuweisen.

Die *American Express Company* hat inzwischen Verstärkung geschickt. Am 18. Juli entsteigt J. K. Livingston, Vizepräsident der AMEXCO, ein Mann in den sechzigern mit respekterheischendem Schnauzbart, der Transatlantikmaschine in Paris. Er will es den Pariser Windbeuteln, die da im Begriff sind, sich in das Geschäft seiner Firma in Europa hineinzudrängeln, schon zeigen. Schließlich geht es um die Reputation einer Weltfirma. Viel ausgerichtet hat Livingston allerdings nicht.

Unterdessen kämpft die Bande verzweifelt um den Absatz der heißen Ware. Die Marktlage ist flau. Die Warnungen in der Presse haben das ihrige getan, ebenso die immer wieder auftauchenden Meldungen von beschlagnahmtem Falschgeld. Am 22. Juli entdecken Zollbeamte im schweizerischen Grenzstädtchen Vallorbe 50 falsche Travellerschecks, weil sie in der Zollerklärung eines Grenzreisenden nicht angegeben waren. Die Zöllner haben keine Ahnung, daß die Schecks Blüten sind, und lassen den Mann weiterreisen. Zwei Wochen später wird in Genf der erste Sekretär einer südamerikanischen Gesandtschaft in Paris von schweizerischen Polizeibeamten diskret aufgefordert, sie zum Revier zu begleiten. Der Diplomat hatte versucht, bei einer Genfer Bank 100 falsche und bereits fertig unterzeichnete und gegengezeichnete Travellerschecks einzulösen, die er auf dem Pariser Schwarzmarkt erworben haben wollte.

In diesen Tagen trifft Jean auf einen alten Bekannten, mit dem er schon vor dem Krieg bei einem Falschgeldcoup zusammengearbeitet hat: auf Paul Tallendier, einen abgebrochenen Riesen, der mit seinem vom Kautabak geschwärzten Gebiß in jedem Horrorfilm Karriere gemacht hätte. Tallendier ist der Druckereiexperte einer Bande, die sich anschickt, ebenfalls Travellerschecks zu fälschen. Er zeigt sich nicht uninteressiert, in das Vertriebsgeschäft von Poslawski & Co. einzusteigen und will dies auch seinen Leuten nahelegen. Man verabredet sich für den nächsten Vormittag im Café *Accueil*. Jean soll gleich einen ersten Posten von 400 Schecks mitbringen.

Zur verabredeten Zeit fährt am folgenden Tag ein Citroën langsam an dem Café vorbei und biegt in eine Nebenstraße ein. Zwei Minuten später betreten zwei Herren die Gaststätte und nehmen an einem Tisch in der Nähe des Eingangs Platz. In einer Ecke im Hintergrund sitzen Jean und Albert. Dann erscheint Tallendier und macht die vier Herren miteinander bekannt, allerdings nicht mit den Charakteristiken, wie sie zweieinhalb Jahre später publik werden. Höflichkeit gehört in Frankreich auch unter Ganoven zum Ehrenkodex: »Monsieur Gilbert und Comte Anton«, sagt Tallendier. Jean und Albert stellen sich selbst vor, ebenfalls nur mit dem Vornamen.

Gilbert Heisler ist ein junger Tunichtgut mit wenig Aussichten auf eine große Verbrecherkarriere. Er ist eine Schauspielernatur, die der starken Hand bedarf. Der gut zehn Jahre ältere Enddreißiger Anton Bermann ist aus anderem Holz. Er, der sich mitunter als ausgestoßenen Sproß eines österreichischen Adelsgeschlechts vorzustellen pflegt, spricht außer Deutsch ein nicht ganz akzentfreies Französisch und ein gepflegtes Oxford-Englisch. Bermann ist erfahren im Falschgeldgeschäft und steht deshalb auf der Fahndungsliste von Interpol.

Das *Accueil* ist die Stammkneipe vieler lichtscheuer Gestalten, auch der Firma *Poslawski & Co.* An diesem Vormittag des 14. Juli ist es leer. Dennoch ziehen es die fünf Männer vor, ihre Verhandlungen in einem Nebenraum zu führen. Man läßt ein kleines Frühstück servieren. Nur Jean holt sich am Büfett eine Flasche billigen Schampus.

Tallendier, Heisler und Bermann äußern sich anerkennend über die Qualität der Scheine. Bermann erklärt sich bereit, mit seinen Leuten in das Geschäft einzusteigen. Für den kleinen Posten da (er meint die auf dem Tisch liegenden Bündel von 400 Schecks) habe er schon einen Kunden. Man könne im übrigen gleich dorthin aufbrechen.

Jean packt die Bündel wieder in den Koffer und geht etwas breitbeinig (die Flasche ist leer) mit Tallendier, Heisler und Bermann zu dem in einer Nebenstraße parkenden Citroën Bermanns. Nur Albert bleibt zurück. Er traut dem Spiel nicht, und wenn schon das Geld in die falschen Hände kommen sollte, will er dafür nicht auch noch mit lädierten Knochen bezahlen.

Der Citroën fährt zu den Champs Elysées, parkt wiederum in einer Nebenstraße. Bermann nimmt den Koffer und instruiert Jean, er möge ihm in diskreter Entfernung folgen. Der Posten vor dem Hotel *Astoria*, dem Headquarter der

US-Army, kaut gelangweilt seinen Chewing gum und schaut gar nicht hin, als Bermann die »Legitimation« vorzeigt: einen Bezugschein für Textilien oder dergleichen. Jean folgt Bermann in die dritte Etage, wo zwei »Unauffällige« in hellen Trenchcoats den Geschäftspartner bereits erwarten und abführen. Jean stürzt die Treppen hinunter, als ginge es um sein Leben, geht gemessenen Schritts durch die Hotelhalle und beobachtet dann von einer geschützten Stelle aus, wie Bermann von den Polizisten in einen Pkw gestoßen wird.

Das ganze Spektakel war inszeniert, die Polizeibeamten (der eine hatte wegen Schwarzmarktgeschäften den Dienst quittieren müssen, der andere befand sich auf dem besten Wege dazu) waren gute Bekannte Bermanns. Und natürlich wanderte Bermann nicht hinter Gitter, sondern in ein Café, wo die drei den gelungenen Coup nach Kräften feierten. Etwas später kam noch Heisler dazu. Die Zeche bezahlte man großzügig mit einem Travellerscheck über 100 Dollar, der natürlich gefälscht war.

Die Abrechnung

Wieviel von den 6000 Schecks aus der Kellerfabrik unter dem Lebensmittelgeschäft mit Barbetrieb an den Mann gebracht worden sind, ist nie bekannt geworden. Etwa 1100 Exemplare konnte die Polizei in fast zweieinhalb Jahren unermüdlicher Ermittlungsarbeit sicherstellen. Aber noch viele Jahre später tauchten die falschen Schecks an der Riviera und sogar in Südamerika auf.

Die *American Express Company* erhielt für ihre Verluste (vor allem moralischer Art, denn schließlich war die Reputation ihrer »Travellers« arg betroffen) 20 Millionen Franc.

Tallendier, der von Bermanns Coup offenbar nichts geahnt hatte, schloß sich später Jean und Albert an und wurde mit ihnen verhaftet, als sie gefälschte Lebensmittelkarten in Verkehr bringen wollten. Heisler hatte sich als Dealer gefälschter Briefmarken verdingt. Er verlor die Freiheit, als er allzu große Mengen von Sachsen-Dreiern in Philatelistenkreisen unterbringen wollte. Bermann schließlich war so unvorsichtig, in der amerikanischen Besatzungszone Deutschlands gefälschte Dollarnoten in Verkehr bringen zu wollen. Ein Militärgericht verurteilte den seit Jahren von der Interpol gesuchten Fälscher zu 12 Jahren Haft. Jolly hatte, als er im Travellerscheck-Geschäft Gefahr witterte, den heißen Boden urplötzlich verlassen und konnte den Verlauf des Prozesses, der im März 1950 in Paris stattfand, in aller Ruhe anhand der Berichte in französischen und New-Yorker Gazetten verfolgen. In keinem der Presseerzeugnisse war sein richtiger Name erwähnt, obwohl er der Pariser Polizei wohlbekannt war. Aber er stand schließlich nicht vor Gericht, brauchte sich dort nicht zu legitimieren und kam mit blendend weißer Weste aus der Affäre heraus. Ebenso unbehelligt blieb der zweite Hauptinitiator des Unternehmens *Travellerschecks für Palästina*, Zbigniew Poslawski. Er hatte sich nach Israel abgesetzt und unterhielt dort ein kleines Hotel.

Von den 59 Angeklagten wurden schließlich 50 für schuldig befunden und zu Haftstrafen zwischen mehreren Monaten und neun Jahren sowie zu Geldstrafen von bis zu 6 Millionen Franc verurteilt. Zu den Hauptangeklagten gehörten Suty, Heisler, Jean, Perrier, Janin, Tallendier und Loup. In Abwesenheit verurteilt wurde Bernheim, der ebenso unauffindbar war wie Poslawski, und Jolly.

Mr. J. K. Livingston kehrt mit sich und der Welt zufrieden in »die Staaten« zurück. Auch M. I. Soederlund hat den bösartigen Anschlag auf seine Reputation als Detektiv der AMEXCO überstanden, ohne Schaden zu nehmen. Auf Monsieur Emile Benhamou aber kommen bald neue, mitunter kaum lösbare Aufgaben zu. Sein größter Fall, der ihm den Ruf eines Maigret der Falschgeldszenerie eintrug, kam im Mai 1966 vor Gericht: Der Fall des genialen Einzelgängers in der Geschichte der Geldfälscherei, der Fall Bojarski.

Ein verlorenes Genie:
der Fall Bojarski

Monsieur Emile Benhamou hat schon erfolgreichere Zeiten erlebt. Der Hauptkommissar im Dezernat für Falschgeldbekämpfung konnte so manche Schlacht gegen das Falschmünzerunwesen ausfechten. Sein letzter großer Fall lag gut sechs Jahre zurück. Damals hatte er dem Fälscher Versini zu 20 Jahren Kerker verholfen.

Doch jetzt existiert da ein Mann, gegen den offenbar kein Kraut gewachsen ist. Keine Bande von Fälschern, sondern ein Einzelgänger. Benhamou ist erfahren genug, um dies mit einiger Sicherheit behaupten zu können. Stets tauchte das Geld nur in Einzelexemplaren auf. Zuerst die 1000-Franc-Noten der alten Währung, auf die ein Experte der *Banque de France* im Jahre 1951 aufmerksam machte. Sie waren ebenso schwer als Fälschungen zu erkennen wie die sechs Jahre später eingewechselten Noten zu 5000 Franc. Und nun die jüngste Kreation des Meisterfälschers, die neuen 100-Franc-Noten. »Neu« allerdings nur im Sinne der neuen Währung[1], denn die Scheine waren auf rätselhafte Weise »gealtert« worden.

Er mochte sie kaum noch zählen, die Konferenzen und Unterredungen mit den Vertretern der Nationalbank, mit den Beamten des Innenministeriums. Nach über 12 Jahren noch keine auch nur einigermaßen sichere Spur. Wohl hatte man Analysen angestellt – vor allem das Papier betreffend, auf dem die falschen Banknoten gedruckt waren – und daraus den Schluß gezogen, daß es sich um ein und denselben Mann handeln mußte. Aber sicher war auch das nicht. Und was heißt überhaupt Mann? Ebensogut konnte es auch eine Frau sein: Diese ungeheuer subtile Arbeit, die Perfektion der Linien, der Porträts, der Schrift. Benhamou ist fair genug, seinem großen Gegner Achtung zu zollen, obwohl der temperamentvolle Südländer mit Flüchen nicht spart, sobald die Rede auf das »Phantom« kommt, das einfach nicht zu stellen ist.

1 Im Jahre 1960 fand in Frankreich eine Währungsreform statt.

Immer wieder hat der Hauptkommissar die *Banque de France* ersucht, an die Bevölkerung zu appellieren, sie um Hilfe bei der Fahndung zu bitten. Jedesmal war ihm geantwortet worden, dies sei völlig unmöglich, man könne keinerlei prägnantes Merkmal angeben, das die Noten für den Laien erkennbar mache. Man würde lediglich für Unruhe in der Bevölkerung sorgen. So blieb der französischen Nationalbank kein anderer Ausweg, als die Fälschungen anstandslos zu akzeptieren und gegen echte Noten einzuwechseln. Ein einziges unverwechselbares Merkmal hatte man inzwischen herausgefunden: Der Fälscher verlieh größeren Mengen seiner Banknoten gleiche Seriennummern. Solange die Noten jedoch einzeln in den Verkehr kamen, war dies nicht feststellbar.

Benhamou steht am Fenster. Der graue Himmel schüttet unablässig feinen Regen herab. Autokarawanen, fahles Grün auf den Squares, ein träge fließendes Meer von Regenschirmen. Ein typischer Spätnovembertag in diesem Jahr 1963, der dem schon resignierenden Hauptkommissar des Falschgelddezernats schließlich doch den ersten Lichtblick in dem fast aussichtslosen Kampf mit dem Niemand, dem Phantom, bringt.

Der Vorsteher des Postamts auf dem Boulevard Bessières meldet sich. Dort sei ein Mann erschienen, der mit einem Bündel 100-Franc-Noten Schatzanweisungen gekauft habe. Der Schalterbeamte habe anhand der Seriennummern Fälschungen erkannt, doch der Mann sei schon außer Reichweite gewesen, bestieg gerade sein Auto. Der Beamte habe jedoch die Zulassungsnummer notiert. Ein Mann in den Fünfzigern, kräftige Statur...

Benhamou läßt sich die Nummer geben, bedankt sich fast überschwenglich und legt den Hörer auf. Dann ruft er das Polizeipräsidium an. Der Besitzer des Renault ist Alexis Chouvaloff, im Jahre 1927 als Sohn russischer Emigranten in Nizza geboren, wohnhaft in... Benhamou notiert und instruiert wenige Minuten später seine Leute. Großeinsatz, vorläufig nur diskretes Observieren, keine Verhaftung, entsprechende Instruktionen an das Postamt auf dem Boulevard Bessières, die Polizeidirektion benachrichtigen...

Fast drei Wochen vergehen, bis Chouvaloff, am 23. Dezember 1963, das Postamt wieder betritt. Anstandslos nimmt der Schalterbeamte das Banknotenbündel entgegen, händigt dem Kunden die Obligationen aus. Dann wechselt Chouvaloff das Revier, wickelt seine Geschäfte auch in Bankfilialen ab: am 30. Dezember 1963, am 7. Januar 1964. Am 17. Januar greift die Polizei zu.

Alexis Chouvaloff gibt sich ganz unschuldig. Wie, Falschgeld? Aber nein doch, er habe nie Falschgeld gehabt. Woher die Noten stammen? Ja, da müsse er überlegen. Er kommt nicht darauf. Dann, als man ihn etwas eindringlicher befragt, erinnert sich Chouvaloff: »Aber ja, wie konnte ich das vergessen, mein Schwager, Antoine Dowgierd, wir hatten da noch eine kleine Rechnung.« Dowgierd macht nicht viel Federlesens. Er weiß, was die Glocke geschlagen hat. Das Geld stamme von seinem Freund, Czeslaw Bojarski. Wo er zu finden ist? Ja, der wohnt draußen, im Süden, in Montgeron. Hat sich dort ein hübsches Häuschen gebaut.

Ein paar Stunden später stoppen mehrere Fahrzeuge vor dem Haus in Montgeron, Avenue de Sénart 33, einem bescheidenen, doch geschmackvollen Anwesen mit gepflegtem Vorgarten. Man kommt ohne Haussuchungsbefehl, die Zeit ist zu knapp gewesen, um ihn zu beantragen. Doch die Spur war zu heiß, um zu warten. Bojarski protestiert, wird wortlos zur Seite geschoben: »Was ist in dem Koffer da?« »Das geht Sie nichts an.«

Borjarski ringt mit dem Polizisten: »Das ist ungesetzlich, das ist ein Überfall.«

Der Koffer wird geöffnet. Er enthält Bündel nagelneuer Banknoten: »Falschgeld, Herr Bojarski. Beschlagnahmen!«

Als man den Kofferinhalt später in der *Banque de France* untersuchen läßt, stellt sich heraus, daß es echtes Geld ist.

Die Haussuchung muß schließlich ergebnislos abgebrochen werden, doch halten die Polizeibeamten das in dem Koffer entdeckte Geld für beweiskräftig genug, Monsieur Bojarski zur Beantwortung einiger ungeklärter Fragen zu bitten, ihnen nach Paris zu folgen. Hartnäckig leugnet der Mann, für den inzwischen ein Haftbefehl erwirkt wurde, jemals Geld gefälscht zu haben. Doch auch als die Nachricht von der *Banque de France* eintrifft, das in Montgeron beschlagnahmte Geld sei echt, läßt sich Hauptkommissar Emile Benhamou nicht entmutigen. Er, der in den vielen Jahren seiner Tätigkeit im Falschgelddezernat schon über

200 Geldfälscher zur Strecke gebracht hat, kennt seine Pappenheimer, die großen wie die kleinen, die großmäuligen wie die zaghaften. Bojarski ist eher den zaghaften beizuordnen, zögernd und überlegt beantwortet er die Fragen der Beamten.

Man hat nichts gefunden in dem Haus Avenue de Sénart 33. Doch das kommt vor. Man ist zu eifrig, glaubt sich zu sicher, den Übeltäter entdeckt zu haben, und übersieht Kleinigkeiten.

Geschickt lenkt der kleine Algerier das Verhör eben auf dieses Haus. Und Bojarski ist stolz auf seine Villa. Er sei ja Fachmann, Bauingenieur, habe das Haus selbst entworfen, selbst Hand angelegt und den Bau von Anfang bis Ende beaufsichtigt. Eben das wollte Benhamou hören.

Erneut bricht ein Polizeitrupp nach Montgeron auf. Man klopft Wände und Fußböden ab, sucht nach geheimen Verliesen im Keller. Acht Stunden sind die Männer bereits am Werk. Sie sind müde geworden, resignieren. Noch einmal wird der Teppich im Fremdenzimmer der Villa aufgerollt, auf dem der große Schreibtisch des Hausherrn steht. Und just unter diesem Schreibtisch wird man schließlich fündig: Hier entdeckt man den geschickt getarnten Einstieg in einen Kellerraum. Er ist nur sechs Quadratmeter groß, jedoch ausgerüstet mit allem, was ein Geldfälscher braucht, von der Papiermühle bis zur Druckpresse.

Monate später findet ein Lokaltermin in – oder besser vor – dem kleinen Kellerraum statt. Bojarski erläutert in aller Unbefangenheit, was er alles getan hat, um schließlich die perfektesten Fälschungen der Welt herzustellen. Die Untersuchungsbeamten sind fassungslos, der Mann ist einmalig, phänomenal, vor ihm verblaßt alles, was man aus der Falschgeldgeschichte bisher kannte.

Ein Lebenslauf

Alles wirkt bedeutungsvoll an diesem Mann: die hohe Stirn mit den geräumigen Geheimratsecken, die schmale, etwas zu groß geratene Nase, das energische Kinn, die lebhaften Augen hinter der randlosen Brille und schließlich der schwergewichtige, steife Gang, mit dem er am Donnerstag, dem 12. Mai 1966, den Saal des Schwurgerichts an der Seine zum erstenmal betritt. Es sind die gewichti-

gen Schritte des Zwerges, der den Riesen spielen will. Un-
bewußt wohl, Bojarski ist nur 1,58 m groß. Dieser gewich-
tige Schritt scheint aber für viele etwas klein geratene
Leute typisch.

Doch jener Mann, den ein französischer Gerichtsreporter
spaßhaft »Professor Cosinus« nennt, dessen Kopfform
den englischen Spitznamen für den hochgelehrten Professor »Egghead«« (Eierkopf) in jeder Weise bestätigt, ist tatsächlich eine Ausnahmeerscheinung, wenn auch im nega-
tiven Sinn. Die Gerichtsreportagen sind alles andere als
boshaft. Ein melancholisches kleines Lied schwingt mit,
das Requiem für ein verlorenes Genie, dem die Gesellschaft nichts Besseres zu bieten vermochte als eine Verbrecherkarriere.

»Einen Künstler, einen Magier, ein Genie, schlau bis in die
Fingerspitzen«, nennt ihn die *l'Humanité,* und der Repor-
ter von *Le Monde* spricht von »ungewöhnlichen Fähigkeiten«, vom »originellsten Fälscher seiner Zeit«.

Dreizehn Jahre brauchten Frankreichs Ordnungshüter, bis
sie ihn faßten, den Staatsfeind, den Parasiten der Gesellschaft, der Geld im Wert von 249 Millionen Franc gefälscht hat.[2] Schon das nötigte dem Publikum im Schwur-
gerichtssaal Respekt ab, das für den dort zwischen seinen
beiden Komplizen sitzenden Mann sogar Sympathie emp-
fand, und dies um so mehr, als es von seinem Lebenslauf
erfuhr.

Czeslaw Bojarski, im Jahre 1912 in dem polnischen Städt-
chen Lancut als Sohn eines kleinen Kaufmanns geboren,
hatte am Polytechnikum von Lwow Politische Ökonomie
studiert und einige Jahre später an der Universität von
Danzig das Diplom eines Bauingenieurs erworben. Bei
Kriegsausbruch ist er Offizier der polnischen Armee. Im
Jahre 1940 schließt er sich in Marseille der Résistance an
und erlebt das Kriegsende als Angehöriger eines Batail-
lons polnischer Freiwilliger in Paris.

Viele seiner Kameraden kehren in die Heimat zurück.
Nicht so Czeslaw Bojarski. Er glaubt, seine Fähigkeiten in
Frankreich besser verwerten zu können. In Bobigny, ei-

2 Man hat hier allerdings alte und neue Franc addiert. Der wirkliche Gegenwert der gefälschten Banknoten ist nicht ausgewiesen worden. Die
französische Nationalbank stellte in dem Prozeß gegen die drei Angeklagten Schadenersatzforderungen in Höhe von 1,1 Millionen Franc.
H. Voigtländer spricht von etwa 3,6 Millionen Franc Schaden.

nem Vorort im Norden von Paris, mietet Bojarski eine kleine Wohnung, richtet dort eine Werkstatt ein, tüftelt, bastelt, baut und sammelt Patente: für die Herstellung von Plasten, elektrischen Rasierapparaten, Rotationsmotoren... Doch niemand findet sich, der sie verwerten will. Die Diplome Bojarskis werden in Frankreich nicht anerkannt, so daß ihm auch eine seinen Fähigkeiten gemäße Stellung versagt bleibt. So entwirft, bastelt, baut der nun nicht mehr ganz junge Mann weiter. Im Jahre 1948 heiratet er eine junge Französin aus wohlhabender Familie. Suzanne und auch ihre Eltern glauben an das Genie, unterstützen den ehrgeizigen Erfinder. Doch das ist kein Ausweg. Czeslaw Bojarski ist nicht der Mann, der von Almosen leben kann. Noch im selben Jahr kauft er bei einem Trödler für 200 alte Francs (AF) ein zerbeultes Bidet, das schon aus den Zeiten des *ancien régime* stammen mochte. Aus dem Bidet zaubert Bojarski eine Papiermühle. Der bislang in der Typographie völlig unerfahrene Bauingenieur liest, studiert Fachliteratur und baut sich eine kleine Tiefdruckpresse. Dann befaßt er sich mit den verwirrenden Netzen von haarfeinen Linien und Punkten auf den Banknoten, auch das ist völlig ungewohnt, weltenweit entfernt von den technischen Zeichnungen, in denen er sich in Danzig hat üben müssen. Er zeichnet, stichelt, ritzt, mischt Farben. Zäh, verbissen verfolgt er sein Ziel, das, was ihm die Gesellschaft auf normalen, ihr wohlgefälligen Wegen nicht geben will, selbst herzustellen. Und mit der gleichen Prägnanz, die er bei der Imitation des Liniengewebes und der Porträts von Molière und Hugo walten läßt, ahmt er auch die Schriftzüge nach:

»Wer gesetzlich zugelassene Banknoten nachmacht oder fälscht oder von solchen nachgemachten oder gefälschten Banknoten Gebrauch macht, wird laut Artikel 139 des Strafgesetzbuches mit lebenslänglichem Zuchthaus bestraft. Die gleiche Strafe trifft jeden, der solche Banknoten in Frankreich einführt.«[3]

Was der weder in der Papierherstellung noch in der Druckereitechnik, ganz zu schweigen von den grafischen Ar-

---

3 L'article 139 du Code pénal punit de la réclusion criminelle à perpétuité ceux qui auront contrefait ou falsifié les billets de banque autorisés par la loi, ainsi que ceux qui auront fait usage de ces billets contrefaits ou falsifiés. Ceux qui les auront introduits en France seront punis de la même peine.

beiten, ausgebildete Pole da in etwa zweieinhalb Jahren unermüdlichen Schaffens zustande bringt, verdient sehr wohl das Prädikat »genial«. Seine Banknoten sind schlechthin perfekt; selbst an die Wasserzeichen hat er gedacht. Um jedem Verdacht auf Falschgeld vorzubeugen, erfindet Bojarski noch eine Maschine, mit der er die Scheine »altert«. Experten der *Banque de France,* die in dem Prozeß als Nebenkläger auftrat, erklärten, man habe die Öffentlichkeit zu keiner Zeit warnen können. Man sei einfach nicht in der Lage gewesen, die Merkmale zu präzisieren. Selbst sie, die Experten, hätten sie nur unter größten Schwierigkeiten identifizieren können. Den »alten Hasen« seien gewisse Geräuschunterschiede beim Zerknittern der Noten aufgefallen. Aber wer zerknittert schon Geld? Das einzige unverkennbare Merkmal war schließlich die Wiederholung der Nummern, und die war letztlich nur wahrnehmbar, wenn das Falschgeld in größeren Bündeln angeboten wurde.

Mit der ersten Banknote aus seiner Werkstatt kauft Bojarski ein Hähnchen für das Weihnachtsfest 1950. Es war seit langem der erste eigene Beitrag zum Familienbudget. Bis zum Jahre 1954 stellt das von der Gesellschaft verstoßene Genie 1000-Franc-Noten der alten Währung her. Er bringt sie selbst und dabei stets einzeln, vermengt mit echten Noten, in Umlauf. So wird er schließlich aller finanziellen Sorgen ledig, stellt aber dann, obgleich vom Schweigen der Presse ermutigt, Ende 1954 das so profitable Gewerbe ein. Er hat keine materiellen Sorgen mehr und widmet sich fortan nur noch seinen Erfindungen. Doch wiederum bleibt ihm der Erfolg versagt, und so beginnt Bojarski im Jahre 1957 mit der Produktion von 5000-Franc-Noten. Die Inflation ist inzwischen kräftig vorangeschritten. Wer sieht schon untätig zu, wenn die Finanzgewaltigen den Lohn der mühseligen Arbeit mit neuen Geldauflagen abwerten? Die Arbeiter und Angestellen erkämpfen sich ihre Lebensrechte durch Streiks, Tarifverhandlungen. Czeslaw Bojarski hat diese Waffe nicht. So steigt er eben auf die Fälschung der 5000-Franc-Noten um und dehnt sie kräftig aus, bleibt aber dabei, daß nur er selbst die Verteilung besorgt. Im Jahre 1960 läßt sich Bojarski in Montgeron ein Einfamilienhaus bauen, in dessen Keller er ab 1962 mit der Produktion von neuen 100-Franc-Noten beginnt.

Ein Freund, Antoine Dowgierd, dem Bojarski schon mehrmals aus finanziellen Schwierigkeiten geholfen hat, wird schließlich zum Komplizen. Bojarski weiht ihn ein, ersucht ihn jedoch eindringlich, das Geld niemals einer Bank oder einem Postamt anzubieten. Er verkauft ihm die gefälschten 100-Franc-Noten zum Kurs von 70 echten gegen 100 falsche Franc. Dowgierd bezieht seinen Schwager, Alexis Chouvaloff, in das Geschäft ein, jedoch zum Kurs von 75 : 100. Und da weder die Polizei noch die Presse bisher Alarm geschlagen haben, wird man kühner. Bojarski ist für Chouvaloff der absolute Fälscher. Da kann nichts passieren… Chouvaloff war Bojarskis Untergang, für Hauptkommissar Benhamou jedoch der Glücksbringer, derjenige, den man als Schlüsselfigur bezeichnet.

Emile Benhamou soll nach der Urteilsverkündung gesagt haben: »Die künstlerischen Fähigkeiten Bojarskis sind ganz erstaunlich. Hätte er Dollars gefälscht, wäre er wohl nie gefaßt worden.« Und die US-amerikanische Zeitschrift *Time* schrieb über Bojarskis Falschgeld: »*Dies war eine derart saubere Arbeit, daß sich, als er vor Gericht gebracht wurde, alle darin einig waren: Selbst in Frankreich, wo 80 Prozent allen Falschgeldes hergestellt werden, verdient Bojarski den Ruf eines Leonardo da Vinci.*«

Nun mag das mit den 80 Prozent stark übertrieben sein, denn offiziellen Angaben zufolge wird gerade in den USA mindestens die Hälfte allen Falschgeldes auf der Welt hergestellt. Viel bemerkenswerter erscheint uns der in fast allen Gerichtsreportagen mehr oder weniger angedeutete Schluß: Was hätte aus diesem Mann werden können, wäre er in die richtigen Hände geraten, wäre er nach Polen zurückgekehrt? Das barbarisch verwüstete Land, dessen Wissenschaftler zu Tausenden bestialisch umgebracht worden waren, hätte Männer wie ihn mit offenen Armen aufgenommen. Was hatte ihn, den Mann mit makelloser Vergangenheit, den für einen Polen schon fast sprichwörtlichen Patriotismus vergessen lassen? Was hielt ihn in Frankreich noch, als er von den vielen Absagen bezüglich seiner Anstellung als Bauexperte, von der Weigerung, seine Patente zu verwerten, entmutigt war?

Der Prozeß

Der Mann, der nun am Donnerstag, dem 12. Mai 1966, nach über zweijähriger Untersuchungshaft, auf der Angeklagtenbank sitzt, hat nichts mehr von dem einst so energiegeladenen Erfinder und Unternehmer. Das bleiche Gesicht wirkt gequält. Czeslaw Bojarski ist schwerkrank. Er leidet an Lungentuberkulose und Knochenkrebs. Dennoch ist er bereit zu kämpfen, gegen die Gesellschaft, die ihm die Anerkennung versagte. gegen das Gericht einer solchen Gesellschaft. Pérez, der Vorsitzende, glaubt eine Glanzrolle spielen zu müssen. Er hat sehr bald herausgefunden, daß der Pole kein Meister des Wortes ist, zudem Schwierigkeiten hat, sich in gutem Französisch verständlich zu machen. Und das, was von jeher unabdingbar war für seine Erfinder- und Fälschertätigkeit, die Logik, scheint ihn hier völlig zu verlassen. Er ist ganz der Außenseiter, der Eigenbrötler, der nie ein Freund der Konversation war, doch hier muß er sich stellen, und er tappt wie ein Blinder in die Fallen, die Pérez ihm legt.

»Angeklagter, sind Sie nie auf den Gedanken gekommen, sich eine Arbeit zu suchen? Man kann auf den Gedanken kommen, zu stehlen oder zu töten. Darauf kann jeder kommen. Aber Banknoten fälschen…?«

Bojarski fühlt sich provoziert, kontert nicht einmal damit, daß er keine Arbeit finden konnte, fühlt sich beleidigt durch das – freilich einem Richter nicht gut stehende – Ansinnen, doch besser zu stehlen oder jemanden umzubringen, was allerdings die *Banque de France* weniger belastet hätte. Aber so »sozial« denkt Bojarski nicht: »Herr Präsident, ich war nie imstande zu stehlen oder gar jemanden anzugreifen. Ich habe mich in meinen Elfenbeinturm eingeschlossen, wollte etwas mit eigenen Händen herstellen. Ich wußte, daß meine Kinder mich eines Tages verachten würden, wenn ich versagt hätte.«

Pérez: »Haben Sie denn nicht den Eindruck gehabt, etwas Strafbares zu tun?«

Bojarski: »Mehr als diesen Eindruck, Herr Vorsitzender. Ich wußte es sehr wohl. Es stand auch auf meinen Banknoten. Ich hatte große Angst, aber ich hatte auch die Gewißheit, niemanden zu schaden. Die Banknoten zirkulieren, das Geld fließt zurück…«

Pérez: »Vor allem Ihnen floß es zu…«

Nun hält es Bojarski nicht mehr zurück. Erregt unterbricht er den Vorsitzenden, um dem Gericht seine Theorie zu unterbreiten. In Lwow, sagt er, habe er Politische Ökonomie studiert. »Ich hörte Vorlesungen bei einem alten Professor, der schon unter dem Zarenreich dort gelehrt und mit größtem Mißfallen beobachtet hatte, wie die Söhne hoher Beamter ihre Zigarren mit 100-Rubel-Noten anzündeten. Und er sagte, wer seine Zigarre mit einer Banknote anzündet, bestiehlt den Staat und alle Leute; eine Banknote, die zirkuliert, bringt allen Gewinn.«

Pérez: »Deshalb ist man also daran interessiert, so viel wie möglich davon in Umlauf zu halten. Das ist doch Unsinn, geradezu lächerlich. Aber nein, das ist eine Inflationstheorie, wie andere auch. Der Angeklagte hat dem Staat nur einen Dienst erweisen wollen.«

Pérez erntet einen Heiterkeitserfolg. Doch nicht bei allen. Ein großer Teil des Publikums ist empört über die Art, wie der Vorsitzende den Angeklagten lächerlich macht. Bojarski tut ihnen leid; sie selbst hat er schließlich um keinen Centime ärmer gemacht. Und sie verstehen auch, daß sich Bojarski noch immer an das klammert, was ihm geblieben ist, den Stolz auf seine Leistung: »Falsche Banknoten herzustellen, die als echt akzeptiert werden, erscheint unmöglich. Ich habe mich von allen zurückgezogen und versucht, das Unmögliche möglich zu machen.«

Pérez läßt keine Gelegenheit aus, Bojarski zu erniedrigen. Als der von den gescheiterten Bemühungen berichtet, seine Patente unterzubringen, bemerkt er: »Ich werfe Ihnen nicht vor, Erfindungen gemacht zu haben, die niemand haben wollte. Das ist kein Delikt, das ist Dilettantismus.«

Dann, als es wieder um die Erfolge Bojarskis in dessen Fälscherpraxis geht: »Die Sache ging also voran. Sie konnten Ihre Gewinne bei einer Bank in der Schweiz unterbringen. Sie waren sehr unvorsichtig, denn die Bank war wenig vertrauenswürdig. Sie ging in Konkurs«, vermerkt der Vorsitzende hämisch.

Nur ein einziges Mal ist es Bojarski vergönnt, die Lacher auf seiner Seite zu haben. Nämlich als man zur Sache selbst kommt: zu den gefälschten Noten. Dem Vorsitzenden wird ein blauer 1000-Franc-Schein von der Serie gereicht, die seit über fünf Jahren außer Kurs gesetzt ist. Pérez untersucht den Schein minutenlang, knittert nervös an ihm herum: »Ist dies vielleicht – ein echter?«

Dann erhält Bojarski die Banknote, wirft einen kurzen Blick darauf: »Gratulation, Herr Vorsitzender, die ist echt.«

Trotz dieser Demütigungen glaubt Czeslaw Bojarski noch immer an seine Chance. Er ahnt auch nicht, daß ihm nur noch wenige Monate auf dieser Welt beschieden sind. Bojarski ist gläubiger Katholik. Und er hofft, die Regierung werde Gnade walten lassen, ihm, dem Falschmünzer, eine Anstellung als Gutachter für Banknoten bieten. Er hat sogar einen Vorschlag für fälschungssicheres Papier angeboten. Doch ist diese Hoffnung sehr vage geworden, und die Verteidiger schweigen sich darüber aus.

Schließlich verhört man die beiden Komplizen Bojarskis. Natürlich ist da nichts mehr von Freundschaft, und natürlich haben beide nicht ahnen können, daß es sich um Falschgeld handelte.

Pérez: »Herr Chouvaloff, Sie haben es für normal gehalten, daß man Ihnen 100-Franc-Scheine für 75 Franc verkaufte?«

Chouvaloff: »Ich glaubte, sie seien echt, vielleicht aus der Bank von Frankreich herausgeschmuggelt...«Über das Verfahren des genialen Fälschers wird unter Ausschluß der Öffentlichkeit verhandelt. Zwei Experten sind geladen. Als später Staatsanwalt Charasse und der Präsident der Anwaltskammer, Georges Chresteit, der die Interessen der *Banque de France* vertritt, ihre Schlußplädoyers halten, klingt in all der hochgespielten Entrüstung über das gemeingefährliche Tun des Staatsverbrechers ein gut Teil Respekt vor seinem Genie mit. Pérez und die zehn Geschworenen enthalten sich jeder Bemerkung. Sie sind ganz Ohr und nicken beifällig.

Die Luft ist stickig in dem bis auf den letzten Platz gefüllten Gerichtssaal, die Verteidiger der drei Angeklagten, die Rechtsanwälte Teissedre und Debray, haben alle Mühe, aus der Rede des Staatsanwalts noch entlastende Momente herauszulesen. Er führt selbst absurde Argumente ins Feld. Charasse spricht vom »Parasiten par excellence«, der »anstatt für die Gesellschaft etwas zu leisten, ihr nur wertloses Narrengeld anbot. Und der Gipfel der Schande ist«, so donnert er mit Stentorstimme in den Saal, »er hat noch nicht einmal Steuern bezahlt.« Das war dann aber auch der Gipfel pervertierter Logik. Ein steuernzahlender Geldfälscher wäre ein absolutes Novum in der Kriminalgeschichte gewesen. Charasse verlangt die Höchststrafe, lebenslänglich Zuchthaus: »Gegen wen wollen Sie ihn anwenden, den Artikel 139, wenn nicht gegen Bojarski. Der Fälscher Versini hat im Jahre 1958 nur 20 Jahre Zuchthaus für ein ähnliches Vergehen erhalten. Aber der war nur ein kleiner Fisch, gemessen an diesem hier.«

Dann treten die Verteidiger in Aktion. Es gibt viel zu sagen zugunsten des Angeklagten, ebensoviel zuungunsten der Gesellschaft, die ihn gewissermaßen erst genötigt hat, diesen Weg zu gehen. Er war unbescholten, ein ehrlicher Mann, der in Polen und Frankreich sein Leben eingesetzt, gekämpft hat gegen den gemeinsamen Feind, für Frankreichs Freiheit, unser aller Freiheit... Über vier Stunden dauern die Plädoyers der Herren Teissedre und Debray. Doch all ihre vom menschlichen Standpunkt für den Angeklagten sprechenden Argumente gelten im Sinne des Gesetzes nicht als entlastend.

Auch auf die eigenartige Auslegung des Rechts durch Bojarski im Sinne von dessen »Theorie« hatten sich die Verteidiger berufen und von einer gewissen Unkenntnis der Gesetze gesprochen. Als sie dann wieder Platz genommen haben, bemerkt Pérez sehr wohl, daß so viel gute Worte nicht ohne Eindruck geblieben sind bei den Geschworenen. Wie er ihr Lächeln zu deuten hat, weiß er nicht. Um allen zwiespältigen Haltungen in diesem Prozeß jedoch vorzubeugen, verkündet er lautstark: »Artikel 139 des Strafgesetzbuches bestraft jeden mit lebenslänglichem Kerker, der die gemäß Gesetz ausgegebenen Banknoten fälscht. Eventuelle Unkenntnis des Gesetzes schützt vor Strafe nicht. Das trifft auch auf Bojarski zu.«

Dann erhält Bojarski Gelgenheit zu seinem Schlußwort: »Ich bedaure zutiefst, der Bank von Frankreich so geschadet zu haben, ebenso möchte ich beteuern, daß ich niemals beabsichtigt habe, irgendjemandem Böses anzutun. Nehmen Sie mir nicht die Hoffnung, meine Schuld begleichen zu können, nützlich zu sein, Gutes zu tun, lassen Sie mir die Hoffnung, meinen Kindern ein Lächeln schenken zu dürfen.«

Am 14. Mai 1966 ergeht das Urteil. Die Hoffnung, den Kindern noch ein Lächeln schenken zu dürfen, bricht jäh zusammen. Czeslaw Bojarski wird zu 20 Jahren Zuchthaus verurteilt. Man habe Milde walten lassen, begründet der Vorsitzende, weil der Angeklagte so tiefe Reue gezeigt habe. Bojarski ist fassungslos, verbirgt das Gesicht in den Händen.

Was dann folgte, sorgte für einiges Erstaunen im Publikum. Antoine Dowgierd hatte von Beginn an den Schutz des Artikels 138 des Strafgesetzbuches beansprucht, der einem Falschmünzer Straffreiheit zusichert, wenn er seine Komplizen dem Gesetz zuführt. Das war noch im Sinne des Gesetzes. Doch was sollte mit Alexis Chouvaloff werden? »Wenn Sie Dowgierd verschonen«, hatte Staatsanwalt Charasse noch am Abend vor dem Tag der Urteilsverkündung begründet, »wäre es moralisch nicht möglich, Chouvaloff, das letzte Glied der Kette, zu verurteilen.«

Eine seltsame Moral.

»Freispruch« lautet schließlich das Richterwort für Dowgierd, während Chouvaloff zu fünf Jahren Gefängnis mit Bewährung verurteilt wird.

Czeslaw Bojarski hätte auch bei einem milderen Urteil die Freiheit nicht wiedergesehen. Er starb wenige Monate später.

Der Skandal von Karlsruhe

Für viele Bürger und Besucher von Karlsruhe hatte das einstöckige klassizistische Gebäude in der Stephaniestraße 28 etwas Ehrfurchtgebietendes. Mit der Tätigkeit der etwa 50 Beschäftigten in seinen Mauern verbanden sich Vorstellungen von peinlichster Korrektheit, strengster Kontrolle, genauester Kenntnis der einschlägigen Gesetze ebenso wie von hoher Kunstfertigkeit im Umgang mit den edlen und weniger edlen Metallen. Denn das Haus in der Stephaniestraße 28 beherbergte die Staatliche Münze, eine von vier Münzstätten der BRD. Sie beherbergt sie auch heute noch, nur mit den soeben erwähnten Vorstellungen des braven Durchschnittsbürgers sollte es seit den letzten Januartagen des Jahres 1975 für einige Zeit vorbei sein. Denn am 20. Januar waren der stellvertretende Direktor Stephan Heiling und der Münzfacharbeiter Klaus Fetzner verhaftet worden.

Noch wußte niemand Genaueres. Doch schon sprachen die Gazetten vom »*Jahrhundertskandal*«, und Schlagzeilen wie »*Sammler zittern um ihre Schätze*« oder »*Hektische Betriebsamkeit in den Ministerien nach Aufdeckung der Karlsruher Falschmünzerei*« sorgten für entsprechende Unruhe.

Der Direktor der Karlsruher Münze, Willy Ott, war bald nach der Aufdeckung der Unregelmäßigkeiten in der Prägestätte vom Dienst suspendiert oder, wie es im Beamtendeutsch heißt, bis zum Abschluß der Voruntersuchungen beurlaubt worden. Ihn traf die ganze Affäre völlig unvorbereitet, vorbei war der Traum von einem festlichen Empfang für die Honoratioren der Bundesregierung anläßlich der Feier zum 150jährigen Bestehen der Karlsruher Münze, vielleicht auch von der Hebung auf eine höhere Stufe der Beamtenleiter. Die Karlsruher Münze war ein renommierter Betrieb. Sie prägte 17,3 Prozent aller Bundesmünzen und arbeitete auch nach Aufträgen aus dem Ausland. Und diese Auftraggeber erkundigten sich bald nach

Bekanntwerden des Skandals, ob auch ihre Münzen und Medaillen von dem Fälscherskandal betroffen seien.
Aber wie war der Skandal aufgedeckt worden, und was verbarg sich wirklich hinter den vor allem Sammlerkreise beunruhigenden Pressemeldungen?

Der magnetische Zweier

Ende November 1974 erhielt die *Deutsche Bundesbank* eine in Plastikfolie eingeschweißte Kursmünzenserie mit dem Zeichen 1967 »G« (»G« ist das Zeichen für die Karlsruher Münzanstalt), die das in Sammlerkreisen so begehrte verkupferte Zwei-Pfennig-Stück mit Eisenkern enthielt. Dieser »magnetische Zweier«, von dem seinerzeit nur 520 Exemplare in Umlauf gekommen waren, wurde in Sammlerkreisen mit 1800 DM gehandelt. Der Absender bat die Falschgeldexperten der Bundesbank, das Geldstück auf Echtheit zu prüfen, da ihm aufgefallen sei, daß mit der Kopplung der Avers- und Revers-Stempel etwas nicht stimme.
Die Experten prüften das Geldstück und mußten den Verdacht des aufmerksamen Sammlers bestätigen. Bald kamen noch weitere Zuschriften mit dem gleichen Anliegen, und der Verdacht, daß in der Karlsruher Münze jemand mit älteren Prägewerkzeugen manipulierte, verdichtete sich.
Nach gründlichen Recherchen durch Beamte der Bundesbank und des Bundeskriminalamtes in der Stephaniestraße 28 sowie Haussuchungen bei den Verdächtigten kam es dann zur Verhaftung des stellvertretenden Direktors der Münze, Stephan Heiling, und des Münzfacharbeiters Klaus Fetzner.
Erst über eineinhalb Jahre später, bei der Öffentlichkeit war das Thema Karlsruhe schon fast in Vergessenheit geraten, am 27. September 1976, fand vor der III. Großen Strafkammer des Landgerichts Karlsruhe der Prozeß gegen Ott, Heiling und Fetzner statt. Die Hauptanklagepunkte der Staatsanwaltschaft lauteten auf Falschmünzerei gemäß § 146 des Strafgesetzbuches sowie Betrug zum Nachteil der Käufer unberechtigter Nachprägungen bei Heiling und Fetzner. Für Münzdirektor Ott erkannte das Gericht auf Unterschlagung sowie auf eine Reihe von

dienstlichen Unkorrektheiten, die jedoch als Anklagepunkte mit der Begründung fallengelassen wurden, sie
seien Gegenstand einer Dienstaufsichtsbeschwerde.

Aus den Vernehmungen erfuhr das Publikum Einzelheiten
über die Persönlichkeit der Angeklagten.

Willy Ott, 62jährig, seit 1961 Direktor der Münze und, den
monatlichen Bezügen entsprechend, im Range eines
Oberregierungsrates, war von Beruf Maschinenbauinge-
nieur. Als solcher war er »verständlicherweise« mit den
gesetzlichen Vorschriften nicht so gut vertraut.

Auch der 40jährige Klaus Fetzner, gelernter Zimmermann
und seit 1957 in der Münze, konnte sich auf Unkenntnis
der Gesetze berufen. Er hatte es zum Münzfacharbeiter
gebracht und erfreute sich des besten Leumundes. Fetzner war tüchtig genug, jede ihm übertragene Prägung,
auch von Medaillen und Spiegelglanzmünzen[1], selbstän-
dig auszuführen, und genoß unbegrenztes Vertrauen, so
daß ihm sogar die Aufsicht über einen der vier Tresor-
räume anvertraut worden war.

Als Hauptangeklagten hatte die Presse jedoch schon im
Januar 1975 den 61jährigen Regierungsamtmann Stephan Heiling, von Beruf Lehrer, hervorgehoben. Er hatte
1948 als ungelernter Arbeiter in der Karlsruher Münze an-
gefangen und sich »von der Pike auf« hochgedient: zum
Angestellten, später zum Beamten des gehobenen Dien-
stes und zum stellvertretenden Direktor. Da ihm die operative Verwaltung der Münze oblag, mußte die Staatsanwaltschaft zu Recht annehmen, daß wenigstens er über
die einschlägigen gesetzlichen Vorschriften Bescheid
wußte. Doch weit gefehlt. Unwissenheit, sofern es Gesetze, besonders aber den Sammlerwert von Münzen an-
betraf, war gewissermaßen der Tenor der Aussagen von
der Angeklagtenbank und der Verteidiger.

Um den Tathergang zu erläutern, mußten zunächst Sach-
verständige angehört werden. Ihren Aussagen zufolge
war die Münzanstalt in keiner Weise von sich aus berechtigt, Prägungen oder Nachprägungen von Geldstücken
und Medaillen vorzunehmen. Entsprechende Weisungen
durfte nur das Bundesfinanzministerium erteilen, wo es
ein entsprechendes Referat gab. Dort lag die operative
Wahrnehmung der Münzhoheit der BRD, also die Vergabe
von Prägeaufträgen und die Kontrolle über deren Ausfüh-

1 hochglanzpolierte Geldstücke für Sammlerzwecke

rung, in den Händen von zwei Männern: Regierungsdirektor Dr. Walter Haak (58) und Oberamtsrat Robert Thermer (62).

Das war auch Heiling und Ott bekannt. Ott sah in Dr. Haak sogar seinen Vorgesetzten. Ob er dies nun von sich gab, um seine Unsicherheit in Rechtsangelegenheiten zu unterstreichen, ist wohl möglich.

Dr. Walter Haak war passionierter Sammler von Gedenkmünzen, bis 1973 jedenfalls. Just in diesem Jahr kommt ein Kollege zu ihm und bietet seine Sammlung von bundesdeutschen Geldmünzen zum Verkauf an. Haak greift zu und erhält von diesem Kollegen auch gleich eine Fehlliste. Und die muß irgendwie jenen Kurzschluß ausgelöst haben, dem der Skandal auf dem Fuß folgte. Jedenfalls händigt Haak die Liste seinem alten Bekannten Ott mit den Worten aus: »Könnten Sie mal nachsehen?« Der Münzdirektor liest die Aufstellung durch und antwortet: »Wollen mal sehen, ob davon noch was da ist.«

Es war nichts mehr da. Oder besser, der Herr Direktor hatte »vergessen«, daß da noch was war, nämlich ein geheimnisvoller Karton, dessen Inhalt schließlich die kleinen Verfehlungen erst zum ausgewachsenen Skandal machen sollte. Aber der Herr Direktor hatte ihn »vergessen«, ebenso wie niemand von der ihm vorgesetzten Dienststelle sich erinnern wollte, den Inhalt des Kartons jemals in Auftrag gegeben zu haben. Aber dazu kommen wir noch.

Um das Wohlwollen der Obrigkeit zu gewinnen oder zu wahren, tut mancher so manches, was er vordem nur manch anderem zugetraut hätte, unter der Devise: Das müßte doch zu machen sein. Ott beauftragt Fetzner, die gewünschten Stücke in Spiegelglanz nachzuprägen. Fetzner, hier noch völlig unschuldig, führt die Weisung des Chefs aus. Indes war diese Weisung bereits ein klarer Verstoß gegen das Gesetz. Die alten Prägeaufträge des Bundesfinanzministeriums waren längst erledigt und abgerechnet.

Als dann wenige Wochen später Haak und Thermer wieder in der Karlsruher Münze sind, händigt Ott dem Regierungsdirektor 14 Münzen der Fehlliste aus und läßt sie sich »ordnungsgemäß« zum Nennwert bezahlen: 13,86 DM. Hatte der Experte, der zudem seit einem Jahr Sammler (noch dazu für das verhältnismäßig enge Gebiet der Bundesmünzen) war, wirklich keine Ahnung, welche Werte er hier entgegennahm? Haak verneint. Aber man habe doch in seinem Referat einen Katalog, den »Jaeger«. Das stimme zwar, aber man benutze ihn nur, um Auskunft über Prägezahlen zu erhalten.

Wo Beweise fehlen, kann auch der beste Staatsanwalt vorgespielte Unwissenheit nicht widerlegen. Für 13,86 DM hatte Haak unter anderem die bereits erwähnte Eisenkernmünze und die 50-Pfennig-Münze von 1950 mit der seinerzeit bereits überholten Aufschrift »BANK DEUTSCHER LÄNDER« erhalten, die in Sammlerkreisen für 1800 bzw. 340 DM gehandelt wurden. Nach Haaks Aussage soll Ott behauptet haben, es handle sich um Restbestände von Posten für das Geldmuseum der Bundesbank. Erneut ein dickes Fragezeichen. Welche Restbestände?

Auch Thermer wurde mit je einem Exemplar der beiden Raritäten honoriert, die Ott ihm mit den Worten überreichte: »Herr Thermer, hier sind zwei Münzen, die sind selten, die möchte ich Ihnen vermachen.« Thermer nahm das Geschenk mit verbindlichem Lächeln und festem Händedruck entgegen, um sie später in einem Schubkasten daheim abzulegen. Er war kein Sammler.

Dem Vorwurf der Anstiftung zur Falschmünzerei konnte Haak nur knapp entgehen. Vor der Einrichtung der Sammlerstelle in Bad Homburg, der seit 1968 der Versand von Sammlermünzen oblag, waren die vier Münzanstalten der BRD selbst zuständig für den Versand und für die Abrechnung gegenüber der Bundesbank, so daß sehr wohl noch Exemplare früherer Prägungen erhalten sein konnten. Und das rettete den biederen Regierungsdirektor, Münzexperten und Sammler bundesdeutscher Münzen, der angeblich so gar keine Ahnung hatte von dem, was er da sammelte.

Münzdirektor Willy Ott hatte Fetzner die gewünschten Stücke in Spiegelglanzausführung prägen lassen, ein Fakt, der – so absurd es auch scheinen mag – vor Gericht für ihn oder besser für seine Unkenntnis von Sammlerstücken sprach. Denn in Spiegelglanz wurde erst seit 1952 geprägt.

Das Hauptargument der Angeklagten und ihrer Verteidiger lief jedoch darauf hinaus, daß für jedes Stück der nachgeprägten Raritäten, die ja formell noch in Umlauf waren, ein gleiches, allerdings »normal« kursierendes Stück entgegengenommen und »verwalzt« (verschrottet) worden sei. Das umlaufende Geld sei somit in keiner Weise vermehrt worden, so daß der Vorwurf der Falschmünzerei gemäß § 146 nicht zutreffe.

Doch dann kam das Gericht »zur Sache«. Direktor Ott hatte im Jahre 1968 angeordnet, für den Bedarf des Geldmuseums der Bundesbank alle bis dahin in Karlsruhe gefertigten Umlaufmünzen zu je 20 Stück in Spiegelglanzausführung nachzuprägen. Heiling gegenüber erklärte er, daß das Bundesfinanzministerium ihn zunächst mündlich damit beauftragt habe. Heiling behauptete vor Gericht, Bedenken gegen diese Verfahrensweise geäußert zu haben, doch habe ihm Ott versichert, der schriftliche Auftrag werde bald folgen.

Dieser Auftrag ist in der Stephaniestraße 28 nie eingegangen. Zudem bestritten alle zu der Gerichtsverhandlung anwesenden Beamten der Bundesbank, darunter auch der Leiter des Geldmuseums, entschieden, je einen derartigen mündlichen Auftrag erteilt zu haben. Also eine sehr dubiose Angelegenheit, die nie geklärt wurde und der das, was den Inhalt des geheimnisvollen Kartons bildete, seine Existenz verdankte.

Insgesamt handelte es sich bei diesem »Auftrag« um 73 Typen im Nennwert von 2020 DM. Da nicht alle Stempel vorhanden waren, wurde ein junger Praktikant angewiesen, die fehlenden nachzufertigen. Der junge Mann erledigte seinen Auftrag zu allgemeiner Zufriedenheit. Zur Zeit der Karlsruher Gerichtsverhandlung gehörte er delikaterweise zum Stamm der Sachverständigen für Falschgelderkennung der Bundesbank.

Natürlich traf ihn ebensowenig ein Vorwurf wie jenen nicht mehr feststellbaren Mann, der die Prägung ausführte. Allerdings hatte Heiling den Auftrag seines Chefs unberechtigt erweitert und von jeder Münze ein paar mehr herstellen lassen, um sie Verwandten oder Freunden zu schenken. Doch versicherte der stellvertretende Direktor, stets das entsprechende Pendant in laufender Münze zum »Verwalzen« gegeben zu haben. Man war halt korrekt. Als der schriftliche Auftrag des Bundesfinanzministeriums noch immer auf sich warten ließ, verpackte man die Münzen in einem Karton, der schließlich in einen der vier Tresore wanderte und in Vergessenheit geriet.

Später kam der Karton, um lästigen Fragen der Revisoren zu entgehen, in den von den turnusmäßigen Prüfungen stets vernachlässigten Tresor 1, der Fetzner unterstand. Heiling hatte 1973 noch 15 Exemplare der Zwei-Pfennig-Stücke mit Eisenkern nachprägen und ebenfalls in den Karton legen lassen.

Ende Dezember 1974 nahm Heiling in Vertretung seines Chefs an einer Münzleitertagung teil. So ganz beiläufig hatte er einen dort anwesenden leitenden Beamten der Bundesbank nach dem weiteren Schicksal der seinerzeit für das Museum in Auftrag gegebenen Sammlermünzen gefragt. Doch der wußte von nichts, hörte zum erstenmal davon. Ob diese Frage nun eine letzte Rückversicherung für den längst geplanten Coup war oder ob erst die Antwort des »Buba«-Experten auf eine tatsächlich beiläufig gestellte Frage ein Signal bei Heiling auslöste, ist nie geklärt worden. Jedenfalls ging Heiling gleich nach seiner Rückkehr von der Tagung schnurstracks in den Tresorraum Nr. 1 und nahm sich des Kartons an. Der Tresorverwalter, vor Gericht befragt, ob ihm solches Tun nicht ungewöhnlich vorgekommen sei, antwortete treuherzig, ihm sei das nicht »unheimlich gewäse, wie der Herr Heiling da ruffgestiege isch«.

Überhaupt wurde in der Karlsruher Münze so manches nicht so genau genommen. Man hielt es mehr mit schwäbischer Gemütlichkeit, kannte weder Eingangs- noch Ausgangskontrolle. Auf die Frage, wer denn die Schlüssel zu den Tresorräumen verwaltet habe, antwortete Klaus Fetzner: »Der, wo morgens am erschte do war, der hat se gehabt.« Und Direktor Ott entschuldigt sich bei anderer Gelegenheit mit den Worten: »Bei uns gings's, das werden Sie schon gemerkt haben, nicht so exakt zu.«

Unter solchen Verhältnissen war für Stephan Heiling der Griff in das Schatzkästlein mit nicht mehr Risiko verbunden, als wenn er seinen Hausboden entrümpelt hätte.

Zunächst läßt der brave Vizedirektor, scheinbar ganz offiziell, die Belegstücksammlung ergänzen. Die Stempel dazu befinden sich im gleichen Karton. Dann entwendet er erst einmal vier Serien. Aber was heißt »entwendet«? Entrüstet weist Stephan Heiling den Vorwurf des Diebstahls von sich. Er habe für jedes Geldstück mit gleicher Münze bezahlt und die dann verwalzen lassen.

Diese Rechtfertigung Heilings, die von den Verteidigern

der drei Hauptangeklagten, den Rechtsanwälten Eggler (für Heiling), Dr. Leser (Ott) und Dr. Caemmerer nachhaltig gestützt wurde, sollte dem Gericht einiges Kopfzerbrechen bereiten. Doch dazu kommen wir noch.

Auf die Frage des Gerichts, weshalb Heiling seinen Chef in das doch angeblich so legale Tun nicht eingeweiht habe, antwortete der, er sei verärgert gewesen, weil Ott ihm eine vorzeitige Pensionierung nahegelegt habe.

Um die Weihnachtszeit des Jahres 1974, welch schönes Geschenk, wird Klaus Fetzner in Heilings Pläne eingeweiht und an dem vielversprechenden Geschäft beteiligt. Man hat die Stempel, verfügt über alle erforderliche Ausrüstungen, und Fetzner ist Fachmann in der Münzprägung. Was braucht es also noch, um das große Geschäft zu beginnen? Fortan werden die in Sammlerkreisen so begehrten Münzen lustig nachgeprägt, und es findet sich auch ein Dealer, der das kostbare Gut auf den Markt bringt: der 39jährige Reisemonteur Mauritsch. Er zahlt für den Satz Münzen »1967 G« mit der 2-Pfennig-Eisenkernmünze 1300 DM, für die 50-Pfennig-Stücke 300 DM, für die 5-DM-Stücke von 1951 an Fetzner 300 und an Heiling 400 DM.

Insgesamt übernimmt Mauritsch von dem geschäftstüchtigen Duo nach eigenen Aussagen 500 Münzen, für die er Heiling 35 000 und Fetzner 28 000 DM zahlt. Seinen Gewinn aus dem Geschäft gibt er mit 11 000 DM an.

Die drei Fehler

Drei Fehler – für Angestellte einer Münzanstalt eigentlich ganz unentschuldbare Fehler – hatten Heiling und Fetzner begangen. Da war erstens jenes 2-Mark-Stück, dessen Prägung bei der Karlsruher und Hamburger Münze 1959 in Auftrag gegeben wurde. Die Stempel kamen aus München. Aus irgendwelchen Gründen war der Prägeauftrag jedoch annuliert worden, so daß es die »M. P. 1959 G« schließlich gar nicht gab. Doch befanden sich solche Geldstücke in dem Karton, und das Duo Heiling-Fetzner prägte sie treu und brav nach. Als es den Irrtum erkannte, war es schon zu spät, Mauritsch hatte die ersten nicht existenten Münzen bereits verkauft.

Zweitens hatte man bei dem 50-Pfennig-Stück von 1950

zwar den alten Stempel »BANK DEUTSCHER LÄNDER« für den Avers, für den Revers aber einen jüngeren Stempel verwandt, und drittens schließlich fertigte man alle Nachprägungen in Spiegelglanzausführung, weil man übersehen hatte, daß es derartige Prägungen für Sammlerzwecke erst seit 1952 gab. Das in Spiegelglanz geprägte 50-Pfennig-Stück von 1950 war somit ein absolutes Unikum.

Nun hatte der Vertreter der Anklage, Oberstaatsanwalt Dr. Adolf Müller, seines Zeichens Leiter der Abteilung Wirtschaftsdelikte in der Staatsanwaltschaft Karlsruhe, die drei auf der Sünderbank sitzenden Herren als der Herstellung und Verbreitung von Falschgeld gemäß Paragraph 146 des StGB für hinreichend verdächtig hingestellt. Falschgeld konnte nur nachgeahmtes *kursfähiges* Geld sein. Wer fälscht schon Geld, um die nachgeahmten Stücke mit Geld zum gleichen Nennwert zu bezahlen? Und darin waren Heiling und Fetzner sehr genau. Für jede nachgeprägte Münze zahlten sie mit kursierenden Geldstücken zum gleichen Nennwert, die dann verwalzt , also verschrottet wurden. Das war ein ganz einmaliger Fall in der Geschichte der Falschmünzerei, für den sich das Strafgesetzbuch als ohnmächtig erwies. Es war Münzfälschung in dem Sinne, wie sie Becker betrieben hatte und dennoch nicht vergleichbar, denn man hatte sie in einer staatlichen Münzanstalt mit dem Staat gehörenden Stempeln betrieben.

Der Staatsanwalt verharrte jedoch auf seiner Anklage. Es sei nie ein gültiger Prägeauftrag erteilt worden. So jedenfalls lauteten die Aussagen der Zeugen: von Bundesbankdirektor Dr. Weschke, dem der Verkehr mit den bundesdeutschen Münzstätten oblag, sowie der Fälschungsexperten der Bundesbank.

Auf jedem Geldschein der *Deutschen Bundesbank* findet sich der kleingedruckte Vermerk: »*Wer Banknoten nachmacht oder verfälscht oder nachgemachte oder verfälschte sich verschafft und in Verkehr bringt, wird mit Freiheitsstrafe nicht unter zwei Jahren bestraft*«. Analog trifft dies auch auf kursfähige Münzen, sogenannte *Kurantmünzen*, zu. Zwischen diesen zwei und der Höchststrafe von fünfzehn Jahren lag die Ermessensbreite des Gerichts, sofern der Tatbestand der Fälschung von *Kurantgeld* gegeben war. Indes hätte keine Kassiererin eines Supermarktes das hier zur Debatte stehende Geld als echt akzeptiert. Zudem wurden die von Fetzner nachgeprägten Stücke in Numismatikerkreisen schon zu höheren Preisen gehandelt als die echten. Beschlagnahmeaktionen bei den Hehlern und bekannt gewordenen Käufern trugen dazu bei, daß »Heilingmünzen« zu gefragten Raritäten wurden.

Oberstaatsanwalt Dr. Müller beantragte
— für Klaus Fetzner drei Jahre, drei Monate
— für Stephan Heiling vier Jahre
— für Willy Ott drei Jahre
Freiheitsentzug.

Die Plädoyers der Verteidiger dagegen liefen einstimmig auf Freispruch hinaus. Man versteifte sich auf die Unkenntnis der Rechtslage bei den Angeklagten, was schließlich, wie man gesehen habe, auch für Beamte des Bundesfinanzministeriums zutreffe. Vermögensschäden seien weder für den Staat noch für den Sammler nachweisbar, und Falschmünzerei sei schon deshalb nicht gegeben, weil alles Geld, das eine staatliche Münzanstalt verlasse und als rechtswidrige Prägung nicht erkennbar sei, von vornherein als echt anerkannt werden müsse.

Das Urteil des Landgerichts Karlsruhe lautete schließlich am 11. Oktober 1976:
— Klaus Fetzner erhält wegen fortgesetzten gemeinschaftlichen Diebstahls und fortgesetzten versuchten Betruges zehn Monate Freiheitsentzug, die gegen eine Buße von 5000 DM auf drei Jahre ausgesetzt werden.
— Für Stephan Heiling wird wegen fortgesetzten gemeinschaftlichen Diebstahls und fortgesetzten versuchten Betruges sowie Beihilfe zur Unterschlagung auf 11 Monate Freiheitsentzug und 4800 DM Geldstrafe erkannt. Die Strafe ist bei einer zusätzlichen Geldbuße von 5000 DM auf drei Jahre auszusetzen.
— Willy Ott wird wegen Unterschlagung zu einer Geldstrafe von 7200 DM verurteilt.

Der Hehler Mauritsch entging der Verurteilung, weil man unterstellte, daß er die Fälschungen wohl hätte ahnen können, aber dies nur für die Anklage des versuchten Betrugs ausreiche.

Für die Angeklagten war dies ein sehr günstiges Urteil, doch folgten sie dem Beispiel von Oberstaatsanwalt Müller und legten Berufung ein. Hofften sie tatsächlich auf Freispruch trotz des eindeutig nachgewiesenen Betruges? Am 27. September 1977 fand vor dem 1. Strafsenat des Bundesgerichtshofes die Berufungsverhandlung statt. Er kassierte das Urteil der III. Strafkammer des Landgerichts Karlsruhe mit der Begründung, daß es für die strafrechtliche Beurteilung der Falschmünzerei in erster Linie darauf ankomme, ob die Prägung im Auftrag des Münzherrn, also des Bundesfinanzministeriums, geschehe. Das treffe im vorliegenden Fall nicht zu. Letztlich sei es ein Unding, die Fälscher dafür, daß sie mit staatlichen Werkzeugen perfekte Imitationen herzustellen in der Lage waren, noch mit Freispruch von der Anklage zu belohnen. Für Ott treffe der Tatbestand der Unterschlagung nicht zu, weil er bei der angeordneten Nachprägung nicht im persönlichen Interesse gehandelt habe. Damit war auch Heiling von der Beihilfe zur Unterschlagung freigesprochen. Doch sollte ihm dieser Freispruch kaum Vorteile einbringen. Das Verfahren wird nun an die I. Große Strafkammer des Landgerichts Karlsruhe zurückverwiesen, wo vom 1. bis 14. Juni 1978 die dritte Runde des Münzfälscherprozesses stattfindet.

Das Interesse an der Verhandlung ist nicht mehr sehr groß. Nur wenige Neugierige und Pressevertreter verfolgen die Verhandlung.

Willy Ott wird zu 11 Monaten Freiheitsentzug verurteilt, die für drei Jahre bei einer Geldbuße von 10 000 DM zur Bewährung ausgesetzt werden.

Klaus Fetzner erhält zehn Monate Freiheitsentzug, die gegen 3000 DM Geldbuße auf drei Jahre Bewährung ausgesetzt werden.

Ärger trifft es Stephan Heiling. Er wird zu 18 Monaten ohne Bewährung und 3600 DM Geldstrafe verurteilt. Das war gleichbedeutend mit dem Verlust der Beamtenrechte und folglich der gesamten Pension.

Der Anfang 1975 von der Presse aufgetürmte Riesenberg des »Jahrhundertskandals« hatte ein Mäuslein geboren. Nur Stephan Heiling hatte es relativ hart getroffen.

In Sammlerkreisen war man dem Fälscherduo so böse nicht. Trotz oder gerade wegen des offiziellen Verbots, die »Heilingmünzen« in Verkehr zu bringen, erzielten sie schon während der ersten Verhandlung vor der III. Strafkammer Traumpreise.

Quellenverzeichnis

Anecdota Oxoniensa. The Chronicle of John Worcester. Oxford 1908.

Aristophanes: Komödien in zwei Bänden. Weimar 1961.

Bahrfeldt, Emil: Das Münzwesen der Mark Brandenburg von den ältesten Zeiten bis zum Anfange der Regierung der Hohenzollern. Berlin 1889.

Bahrfeldt, Emil: Das Münzwesen unter den Hohenzollern bis zum Großen Kurfürsten von 1415 bis 1640. Berlin 1895.

Johann Berckmanns Stralsundische Chronik. Stralsund 1833.

Birt, Theodor: Das Römische Weltreich. Berlin 1941.

Bloom, Murray T.: Der Mann, der Portugal stahl. Wien/ Hamburg 1967.

Burger, Adolf: Des Teufels Werkstatt. Berlin 1983.

Caulaincourt, Augustin de: Mit Napoleon in Rußland. Berlin/Leipzig 1941.

Dante Alighieri: Die Göttliche Komödie. Leipzig 1965.

Dürr, H.: Münzfälschertum. Dissertation. Erlangen 1946.

Edel, Peter: Wenn es ans Leben geht. Berlin 1979.

Ephraim, B. V.: Ueber meine Verhaftung und einige Vorfälle meines Lebens. Dessau 1808.

Eudel, Paul: Trucs et Truqueurs. Paris 1907.

Fengler, Heinz (Hg.): Numismatik. Berlin 1982.

Francke, Otto (Hg.): Das Verfestungsbuch der Stadt Stralsund. Halle 1875.

Gaettens, Richard: Inflationen. Das Drama der Geldentwertungen vom Altertum bis zur Gegenwart. München 1955.

Giesecke, Walther: Antikes Geldwesen. Leipzig 1938.

Hagen, Walter (alias Wilhelm Höttl): Unternehmen Bernhard. Wels 1955.

Henderson, E.: Verbrechen und Strafen in England von 1060 bis 1307. Dissertation. Berlin 1890.

Hill, George F.: Becker the Counterfeiter. London 1924
  (Reprint 1955).
Jahrbuch der Goethe-Gesellschaft, 7 (1920).
Les Journaux du trésor de Philippe IV. Paris 1940.
Kisch, Cecil H., Sir: The Portuguese Bank Note Case.
  London 1932.
Lamprecht, Karl: Deutsches Wirtschaftsleben im Mittel-
  alter. Band II. Leipzig 1885.
Lexikon der Antike. Leipzig 1982.
Luschin von Ebengreuth, Anton: Allgemeine Münzkunde
  und Geldgeschichte des Mittelalters und der neueren
  Zeit. München/Berlin 1926.
Mader, Julius: Der Banditenschatz. Berlin 1965 und
  1973.
Martin, Peter-Hugo: Die anonymen Münzen des
  Jahres 68 nach Christus. Dissertation. Frankfurt/Main
  1974.
Mommsen, Theodor: Geschichte des römischen
  Münzwesens. Berlin 1860.
Mommsen, Theodor: Der Verfall des römischen Münz-
  wesens. Leipzig 1851.
Das entlarffte Müntz=Wesen/Oder vielmehr Das heut zu
  Tage im Schwang gehende schänd= und schädliche
  Kippen und Wippen. Wie solches von denen Müntz-
  meistern/derselben Bedienten und Lieferanten
  getrieben wird/Entdeckt Durch Filargirium
  Anno MDCXCI.
Norden, Albert: Fälscher. Berlin 1967.
Nürnberger Ratsverlässe über Kunst und Künstler. Wien/
  Leipzig 1904.
Pinder, Moritz: Die Beckerschen falschen Münzen. Berlin
  1843.
Pirie, Anthony: Operation Bernhard. New York 1962.
Polskoi, Georgi: Ryzari falschiwych banknot. Moskau 1982.
Rice, Robert: The Business of Crime. London 1956.
Rostovtzeff, Michael: Geschichte der Alten Welt. Leipzig
  1941/42.
Schmidt, Paul: Statist auf diplomatischer Bühne. Bonn
  1949.
Schrötter, Friedrich Freiherr von: Das Preußische Münz-
  wesen im 18. Jahrhundert. Münzgeschichtlicher Teil.
  Bd. 1–3. Berlin 1904/10.
Shaw, W. A.: History of Currency. London 1890.

Shirer, William: Aufstieg und Fall des dritten Reiches.
    München 1963.
Steinbüchel von Rheinwall, Anton von: Die Beckerschen
    falschen Münzstempel. Wien 1836.
Strayer, Joseph R.: The Reign of Philip the Fair. Princeton,
    New Jersey 1980.
Suhle, Arthur: Die Münze. Leipzig 1969/71.
Voigtländer, Heinz: Falschmünzer und Münzfälscher.
    Geschichte der Geldfälschung aus 2½ Jahrtausenden.
    Münster/Westf. 1976.
Wenck, Karl: Philipp der Schöne von Frankreich. Marburg
    1905.

Zeitungen und Zeitschriften
Verschiedene Ausgaben von:
Archiv für Kriminologie, Berlin.
Berliner Münzblätter.
Berliner Zeitung.
Die Rote Fahne, Berlin.
Frankfurter Allgemeine Zeitung.
Geldgeschichtliche Nachrichten, Frankfurt am Main.
Handelsblatt, Düsseldorf.
horizont, Berlin.
L'humanité, Paris.
Le Monde, Paris.
Neue Berliner Illustrierte, Berlin.
Neues Deutschland, Berlin.
Neue Zürcher Zeitung.
Numismatische Zeitschrift, Wien.
Vorwärts, Berlin (Jg. 1925/26).
Zeitschrift für Numismatik, Berlin.